# 住まいをつくる相談室

日本建築家協会関東甲信越支部［編］

井上書院

# ごあいさつ

　阪神・淡路大震災（1995年1月）では，6000名を超す貴重な人命が失われました。犠牲者の大部分は木造住宅の倒壊によるものでした。その後も，新潟県中越地震や福岡県西方沖地震など，耳新しい事例もあります。私ども㈳日本建築家協会（JIA）では，被災地の応急危険度判定や各種調査などを行い，それらを貴重な教訓として，専門家ばかりでなく一般市民向けにもいろいろな提言をしております。住まいの耐震安全性とは，単に建物が倒壊しなければよいというだけでなく，少なくとも生活が続けられる必要があります。施工の良否や，完成後のメンテナンスが安全性を大きく左右することなども明らかになりました。

　本書の前身である『イラストによる 家づくりハンドブック』は，1986年初版以来4万部を超すJIAのベストセラーで今読み返しても新鮮な内容ですが，今回の全面改訂は，この地震以来一般市民の安全性等に対する認識が変わってきたことも一つの動機になっているように思います。

　2000年ごろ，建築関係法規が大きく改正されました。消費者保護と品質確保，また，従来の仕様規定から性能規定への移行などが大きな変更点です。これからは，発注者の望む性能について，供給者により確実に伝えることが大切です。よりよい住まいを得るためには，消費者も建築を勉強する時代がきたともいえそうです。

　本書は図版が豊富でわかりやすく，新しい視点，たとえばバリアフリーやサステイナブルデザインといったものを加えた，ユーザーにとっても，専門家にとってもたいへん有益なガイドブックです。執筆メンバーは，ベテラン建築家が自身の経験を踏まえながら当たりました。

　ぜひ安全で安心な住まいづくりに本書をご活用いただきたいと願っております。

2005年7月

社団法人 日本建築家協会関東甲信越支部<br>支　部　長　松　原　忠　策

# 発刊にあたって

　㈳日本建築家協会（JIA）は，さまざまな専門分野ごとに委員会・部会活動を行っています。その対外活動の一つである「建築相談委員会・相談室」は発足以来20年の歳月を数えます。内容は大半が戸建住宅やマンションの瑕疵にまつわるトラブル相談です。当初は数えるほどの件数しかありませんでした。それがバブル崩壊後急速に増え，特に阪神・淡路大震災以後，欠陥住宅問題が大きくクローズアップされるなか，一般市民の関心も高まり，相談事例も年間500～700件にもなりました。

　この「建築相談」を通じて私たち建築家も多く学ぶところがありました。トラブルに巻き込まれたユーザーがもう少し建築生産の仕組みや建築についての常識的な知恵があったなら，その多くは防げたであろうことがわかりました。そこで，「ころばぬ先の杖」の役割を果たしたいとの発想から，1986年に『イラストによる 家づくりハンドブック』を企画・出版しました。それから20年近くが経過した今，当委員会・相談室員も世代交代の時期にきております。したがって，ここに執筆担当者，書名も一新してこの一冊に取り組んでまいりました。一般の方々にももっと建築を知ってもらうために，前書の良い点を活かしながら図版を一新し，内容そのものも現代に合わせて書き直しています。内容の充実を願い2割近く増頁してしまいました。

　日本の風土と伝統にはぐくまれた木造軸組工法を中心に，住宅建設にかかわる種々の事柄を過不足なく記述したつもりです。自分の住居を定めるということは人生の一大事です。ことに現今の家づくりは，多額の借金を負わなければならないのが一般的な状況ですから，何が各自の生活に最も大切なことかをはっきり見極め，そのうえでしっかりした家を建てなければならないでしょう。ローンが終わらないうちに耐用年限がきてしまうようでは困ります。生活の変化に対応できない家であっても困ります。

　また，本書が建築を勉強している学生諸君のため，カリキュラムの盲点になっている「建築生産のプロセス」の手引きとしても役立つものと期待しています。

　末筆ながら長年御交誼いただいている井上書院の編集長鈴木泰彦氏，山中玲子氏には，常に私どものわがままをお聞き入れ下され心より感謝致します。

2005年7月

　　　　　　　　　　　　　　　　　　　社団法人 日本建築家協会関東甲信越支部
　　　　　　　　　　　　　　　　　　　建築相談委員会　編集ワーキンググループ

# CONTENTS

ごあいさつ……………………………………………………………………… 2
発刊にあたって ……………………………………………………………… 3
住まいづくりのプロセス…………………………………………………… 6

## PART I 基本知識

### 1 住まいの性能 ─────────────────── 12
住まいの性能……12／安全な住まい（安全性）……14／丈夫な住まい（耐久性）……18／心地よい住まい（快適性）……20／新しい視点……26

### 2 住まいの種類 ─────────────────── 30
住まいの種類……30／木造……32／鉄筋コンクリート造……36／鉄骨造……38／プレファブ工法……39／その他の構造……40

### 3 住まいの構造 ─────────────────── 42
構造のなりたち……42／地盤と基礎……44／骨組と耐力壁……45／構造強度……47／構造欠陥……49

### 4 住まいの材料 ─────────────────── 52
住まいの材料……52／構造材……53／下地材と補助材……54／開口部の部材……56／仕上材と安全性……58

### 5 住まいの設備 ─────────────────── 66
性能ごとの設備の選び方……66／イニシャルコストとランニングコスト……73

### 6 住まいの法規 ─────────────────── 74
法令の体系……74／建築基準法集団規定……76／建築基準法単体規定……79／建築確認と工事完了検査……81／住宅の品質確保の促進等に関する法律……83／相隣関係，所有形態等に関わる法律……85

## PART II 計画編

### 1 土地選び ─────────────────── 88
敷地調査……88／不動産業者（宅地建物取引業者）……91／土地の利用（所有権と借地権）……92／不動産（土地）売買条件……94

### 2 だれに頼むか ─────────────────── 96
ハウスメーカー……96／工務店……97／建築家と建築士……98／設計と監理（設計・施工の分離）……101／設計・施工の一括発注……106

### 3 資金づくり ——————————————————— 108
どんな費用が必要か……108／建設費……109／資金調達……113

### 4 見積りと工事発注 ——————————————— 114
施工者の選び方……114／見積り……115／工事請負契約……118

### 5 契約と手続き ————————————————— 122
契約とは……122／土地売買契約……125／借地権の設定と売買……126／「建て売り」と「売り建て」……128／設計監理業務委託契約……132／登記と納税……134

## PART III 実施編

### 1 プランニング ————————————————— 140
配置・ゾーニング……140／二世帯住宅……142／玄関……144／廊下と階段……145／居間……146／食事の場（ダイニング）……151／台所（キッチン）……153／ユーティリティ……155／便所・洗面所・浴室……156／個室……158／収納……161／地下室……162／外構計画と街並み……164／家相・風水について……166

### 2 設計図書の内容 ———————————————— 168
仕様書・設計図……168／造園・外構図……174／構造図……175／設備図……177

### 3 現場管理と工事監理 —————————————— 180
工事の仕組み……180／工事の内容……182／竣工……185／工事に関する儀式……188

## PART IV 完成，その後

### 1 住まいの維持管理 ——————————————— 190
老化は竣工時から……190／日常の維持管理……191

### 2 住まいの更新 ————————————————— 194
リフォーム……194／改築……196／増築……198

## 付録

耐震診断 ——————————————————————— 200
欠陥住宅と瑕疵担保責任 ———————————————— 202

参考図書……………………………………………………………204
社団法人・日本建築家協会について…………………………205
おわりに……………………………………………………………206

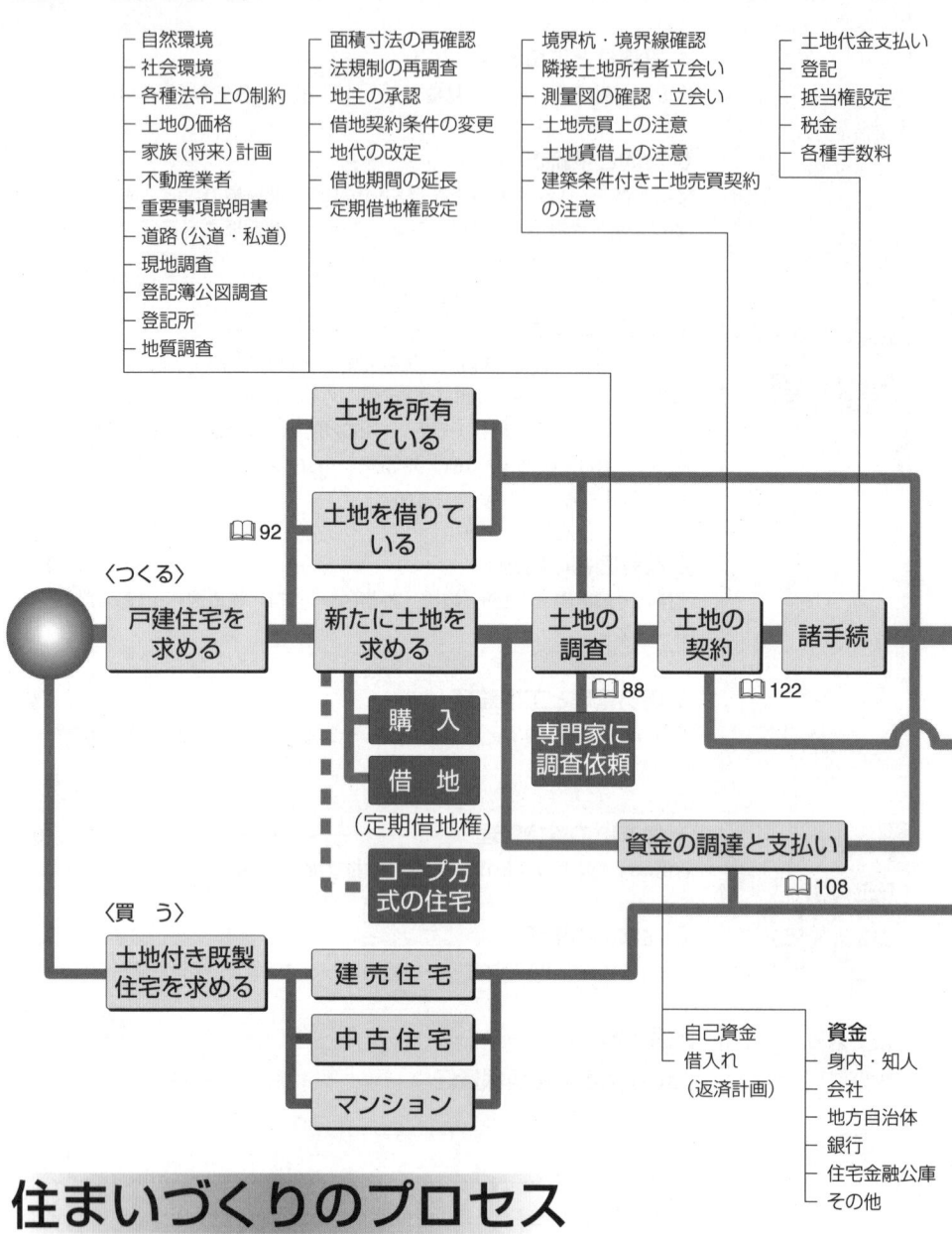

# A. 土地

## 住まいづくりのプロセス

*本フロー図は、一般木造住宅を中心に作成しています。
*📖マークの後ろの数字は、本書の掲載ページを示しています。

# B. 設計

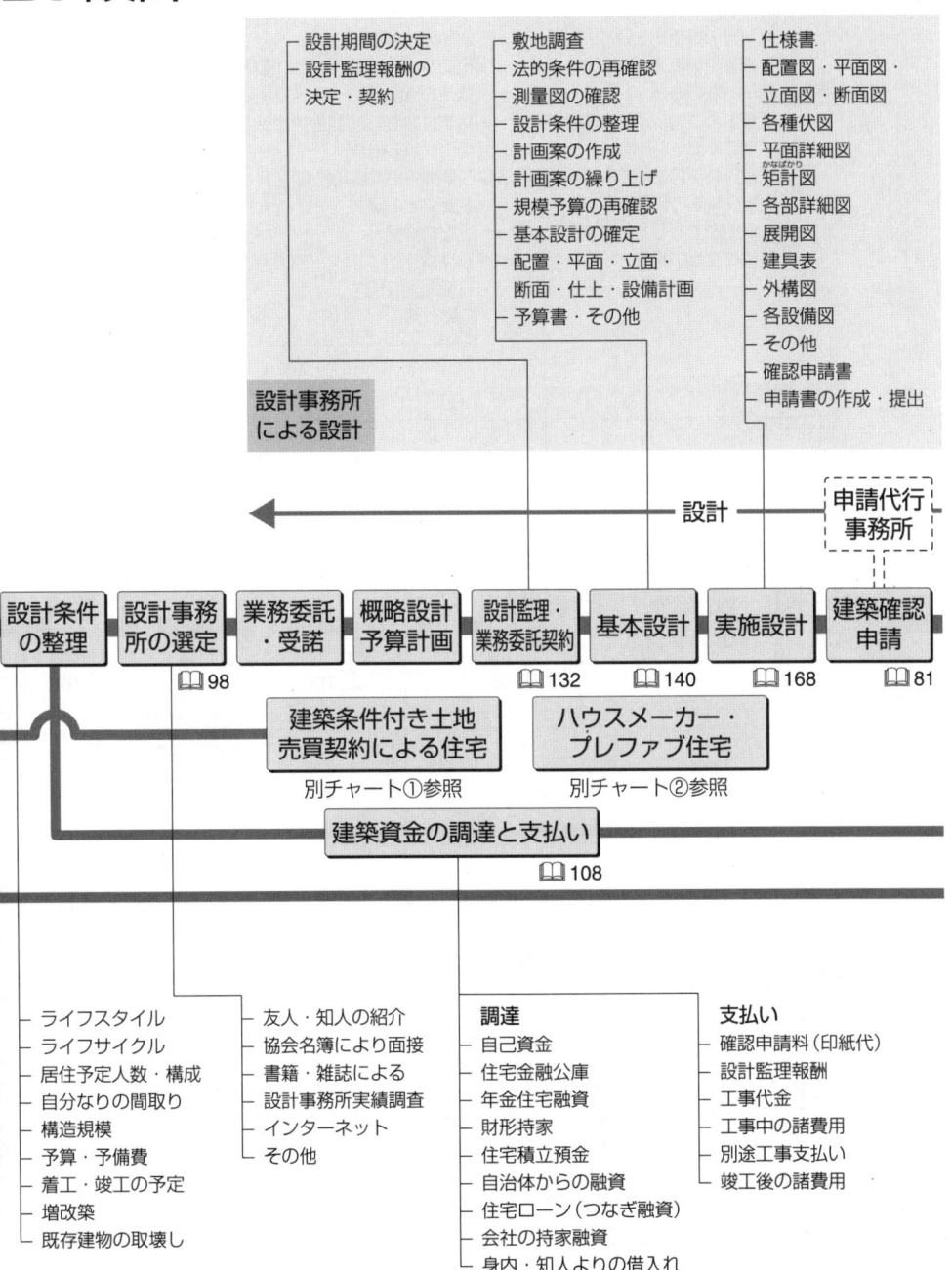

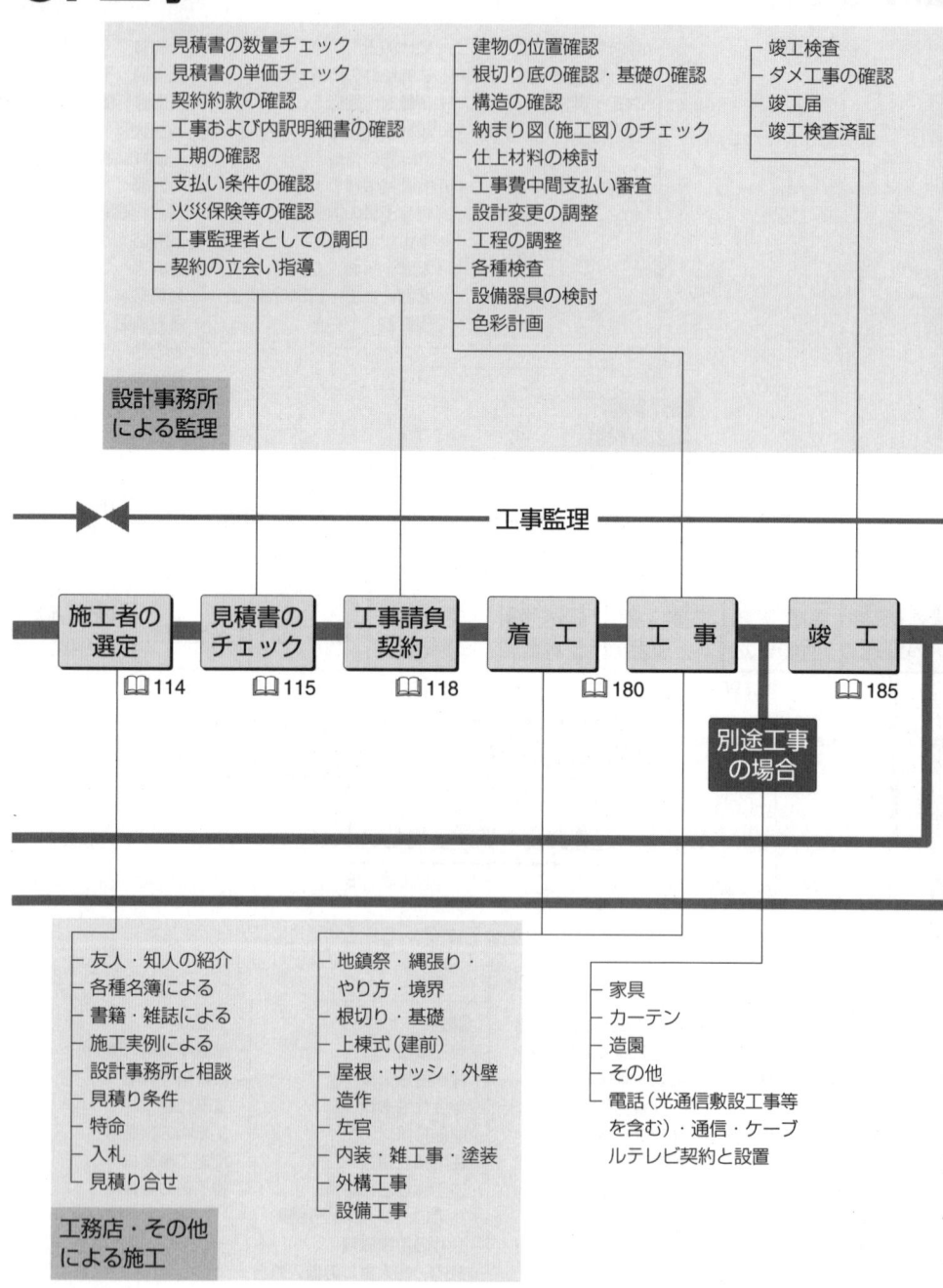

# D. 完成

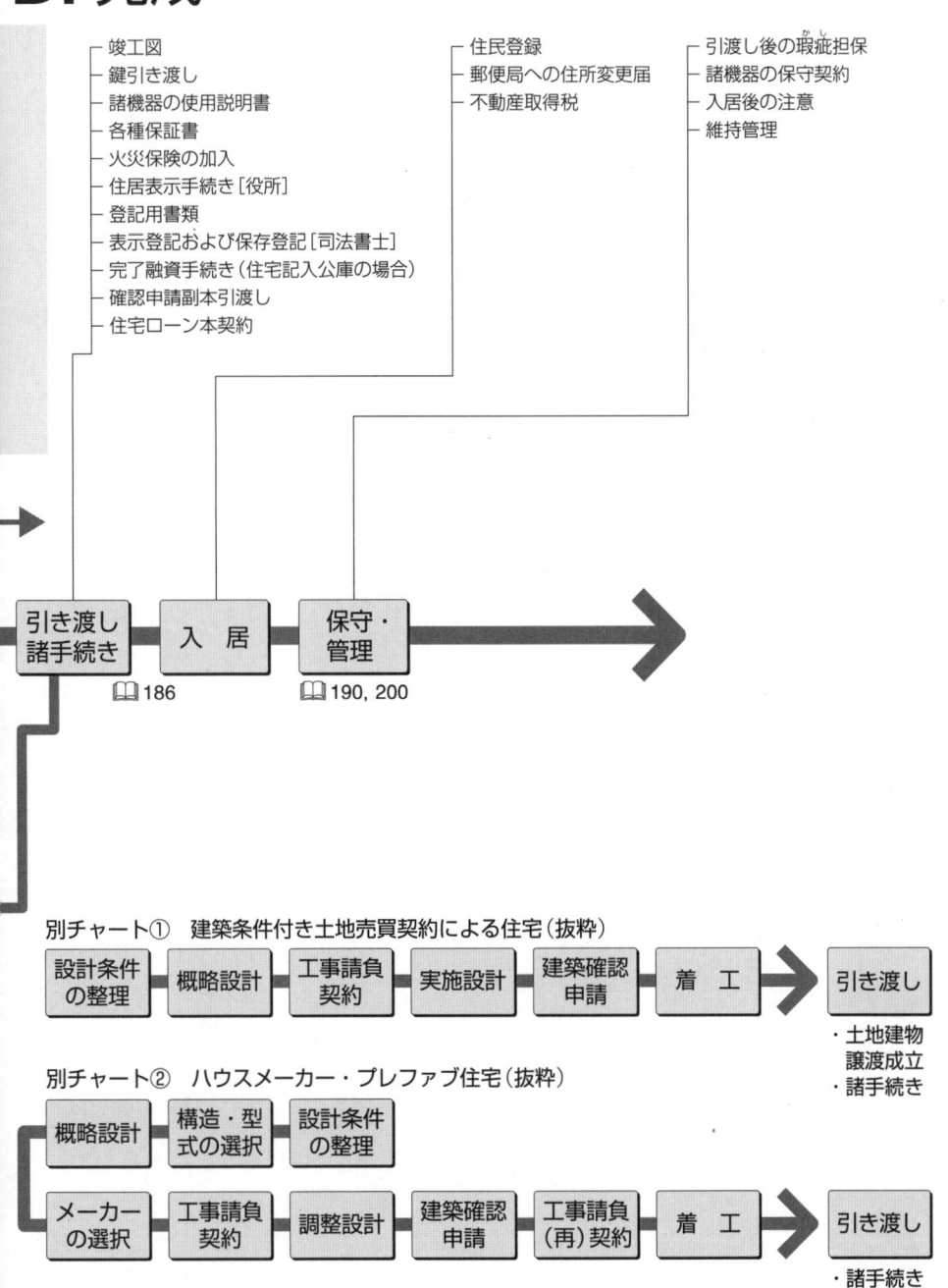

# PART I 基本知識

1 住まいの性能

2 住まいの種類

3 住まいの構造

4 住まいの材料

5 住まいの設備

6 住まいの法規

# 1 住まいの性能

　住み心地がよく，地震や火事，風水害にも強く，かつ長持ちする。これらの要素がそろって初めて住宅の基本的条件を満たした住まいといえます
　それに加えて，家族全員のライフスタイルや夢を映し込んだ住まいが，本当にすてきな住まいということになるのでしょう。これらをどう実現するか，慎重に計画することが大事です。

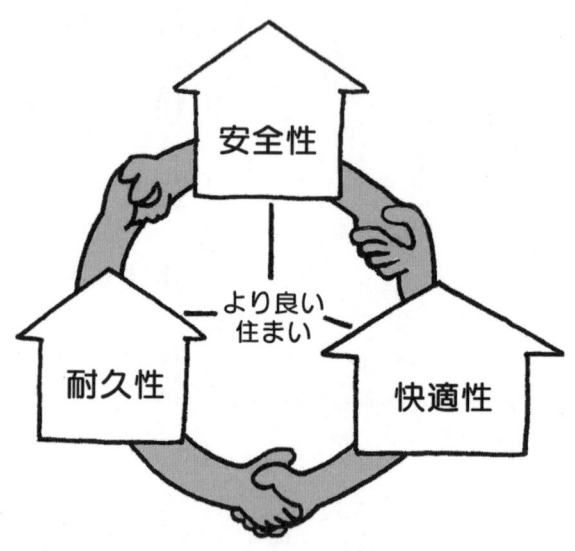

快適な住まいづくりに求められる要素

## 住まいの性能

　住まいの性能は，物理的性能も当然確保しなければならない重要なものですが，住む人にくつろぎや活力を与える空間をつくることも大切です。

　専業主婦は，一日中家のなかで過ごす場合も多くあります。また，幼児は数年間同じ空間で過ごすこともあるでしょう。住まいの与える影響は，かなり大きいといっても過言ではありません。

　家族各自が想いをもって，それぞれが憩える場をつくる。そんな住まいが，家族関係をなごませ，仕事などで受けたストレスを解消することにつながります。

　住まいの空間づくりについては，工務店やハウスメーカーのパターン化されたオプションの範囲だけではなく，生活環境に大きな影響を与えるさまざまなシーンの演出が必要です。思いきって創造する機会は，住まいづくりにこそあるのです。

　ライフスタイルの変化，高齢化対応なども

# 1 住まいの性能

クッキングエリア
（アイランドキッチン）

ファミリールーム（ホームシアター）

プライベートエリア（書斎）

含めて，配慮すべきことはいろいろあります。計画している住宅がローコストだからといって，豊かな空間づくりを放棄してはいけません。本で勉強されるか，建築家などに相談してみることも大切です。

■技術的性能
・安全な住まい（安全性）
・丈夫な住まい（耐久性）

■空間的性能
・心地よい空間（快適性）

## 安全性

### 1 自然災害などへの備え

1. 耐震

シッカリ骨組とシッカリ基礎

2. 耐風

吹き飛ばされないシッカリ構造

3. 耐積雪

重さに耐える構造　　雪を積もらせない構造　　雪に埋もれない構造
（堅固な骨組）　　　（急勾配の屋根）　　　　（高床式）

### 安全な住まい（安全性）

　安全ということばには，3つのとらえ方があると思います。

　1つ目は，地震・火災・風・雨・雪などに対する建物の抵抗力。2つ目は，ふだんの生活の安全性。そして3つ目は，人の健康にかかわる安全性です。これについては「新しい視点」の項（26ページ）に記します。

　最初に，建物の抵抗力についてみてみます。

　まず，地震に対しては，一戸建住宅の場合，地震で基礎が壊れたり，沈下したりしなければ，建物本体に大きな影響を与える可能性は低いといえます。そして，建物上部の梁・柱・構造壁が壊れなければ，建物は倒壊しません。特に3階建など背の高い住宅は，柱と壁のバランスがとれていることが重要で，下の階ほど配慮が必要です。

　地震の二次災害にも注意が必要です。屋内では，ガラス・陶磁器など割れ物，棚上に置いたもの，家具のガラス，照明器具，額縁類，鏡，窓ガラスなどの，飛来や破壊による事故，

# 1 住まいの性能

## 4. 火災と避難

火を出さない
（燃えるものは使わない）

避難路の確保

## 2 日常生活での安全確保

①段差の解消

破片の飛散，家具・暖房器具の転倒，屋外では屋根材の落下，塀の転倒などがあります。家具を造付けにするか壁に固定し，家具のガラス扉には飛散防止フィルムを張ったり，開き止めのロックを付けるなどの対策が効果があります。また地震時の火災には，耐震に配慮したコンセントも効果があります。

　次に風への対策です。被害が目立つのは屋根材のはがれ，屋根の吹き上がり（飛ぶこと）や窓ガラスの破壊です。屋根材や屋根全体の固定や補強，窓ガラスの飛散防止対策，雨戸の設置などの備えをする必要があります。

　火災対策は，火元への措置と延焼防止に分けて考えます。発生源対策として，寝たばこの禁止など日常の注意とともに，これからはオール電化を考えてみてはどうでしょうか。また，延焼に対しては，可能性の高い部分の壁下地・仕上げを燃えない建材，燃えにくい建材を使用することが大事です。

　次に，建物の自然災害に対する対策ではな

②転落防止

手すりの設置箇所

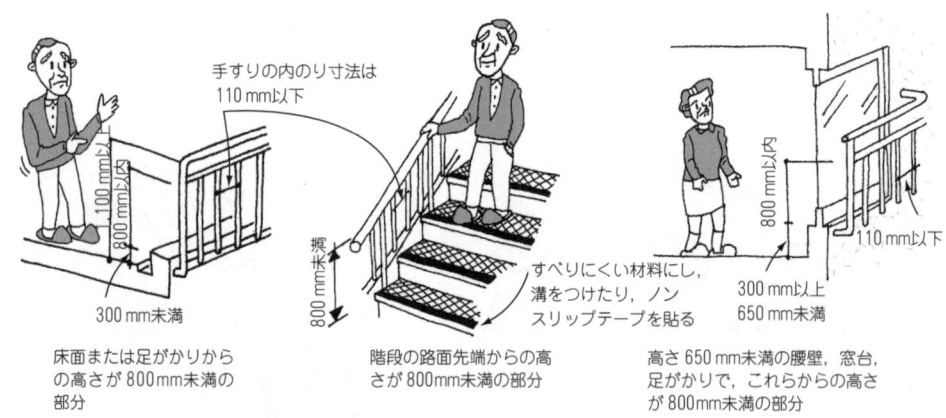

手すり子の内のり寸法の基準

く、毎日生活するうえでの安全を考えてみます。危ないと思うところに、安全な手すりを設けるとか、滑りにくい床材を使うなど、家族の年齢や生活形態にあわせた配慮が必要でしょう。

たとえば、水のかかる洗面所の床に滑りやすい床材を使わない、床のワックスは滑りやすいものは避ける、階段の踏み面（床面）と蹴上げ（段と段との間隔）のバランスがよく上りやすい階段にしたり、階段の段端にノンスリップ加工をする、床の段差に気を配る、ぶつかりやすい部分にガラスを使わず代替材（ポリカーボネート板、ステンレス鏡など）を使う、階段に手すりを途切れずに付ける、人どうしが出合いがしらにぶつかりやすい動線（通行形態）を避けることやドアの開き勝手（開く方向）に十分配慮する、ドアの高さに余裕（背の高い人）をもたせるなど、日常危険に直面する住まいの部分で、事前に考えておく要素はいろいろあります。

# 1 住まいの性能

③出入り口の幅員の確保

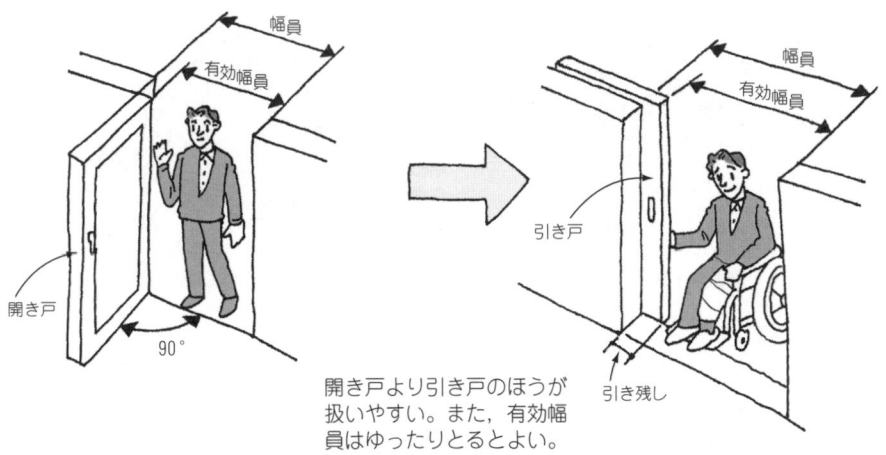

開き戸より引き戸のほうが扱いやすい。また，有効幅員はゆったりとるとよい。

④便所のスペースの確保

トイレの広さは，車いすの出入りと介助者の動きを考慮して決めます。介助される方に合わせて，手すり，手洗い，緊急呼出スイッチの配置を検討することが重要です。

　ガス漏れセンサー，連絡ベル（インターホン）などにも対応しているか，設計時点で確認することがよりよいでしょう。
　また，犯罪が多発化し，穏やかではない社会情勢になりつつあると思われるので，これからは，セキュリティ（防犯対策）などにも十分配慮するほうがよいでしょう。
　特に玄関回りでは，ドアに錠を2か所取り付けることや，錠の近くに割れると手が入りやすいガラスを設けないようにするとか，外部から死角になるようなエントランスのしつらいを避けるなどの検討が必要です。また，セキュリティ会社と契約をする場合，事前の工事が必要なときがあります。
　ただし，デザイン上の目的がはっきりしている場合には，技術的に解決する方法を設計者と相談することも必要です。

## 耐久性

### 1 耐久性のある建物

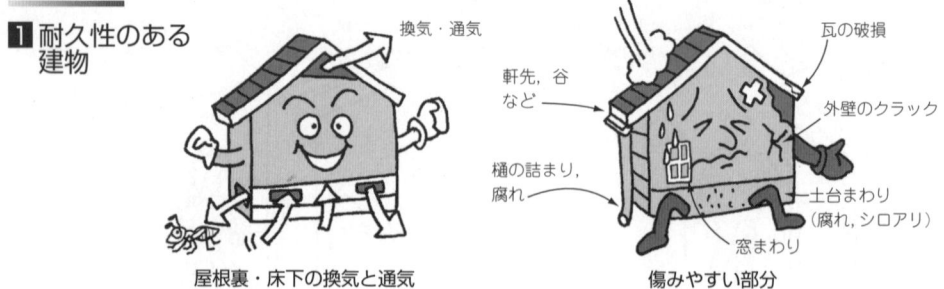

屋根裏・床下の換気と通気　　傷みやすい部分

### 2 すが漏り（れ）

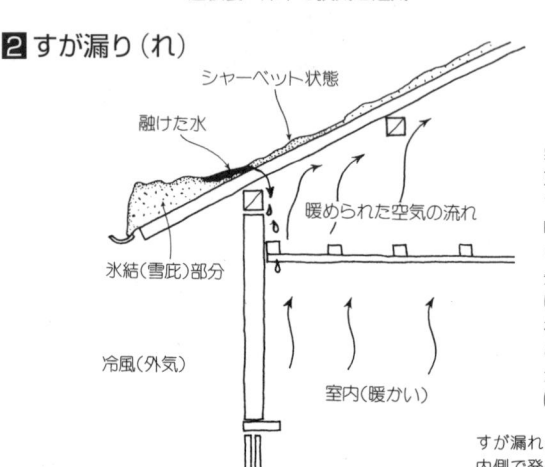

寒冷地では，積雪が30cm以上残り，夜になれば冷え込み建物外部に露出した軒の雪は凍てついて氷状態になります。一方，部屋の暖房などで暖められた空気は天井を通過して屋根の裏側から積雪を暖めます。部屋の上の積雪のほうが軒先よりも先に融ける状態になり，融け出した水は軒先近くで凍りついた氷状態の積雪に邪魔されてダム状態になります。
このときに瓦やカラーベストの屋根材の重なりから水が浸入します。これが「すが漏れ」と呼ばれる現象です。
すが漏れが室内側で発生してもわからないのですが，室内側で発生した場合は外部壁に近い場所で雨漏りがでます。特に回り廊下に発生して夜にはこれが氷結します。

雪解け時の雨漏り

## 丈夫な住まい（耐久性）

耐久性に配慮された建物とは，ただ単に壊れにくい，腐らない，汚れないだけではなく，
・簡単に修理できる
・腐ったら取り替えられる
・汚れたら掃除しやすい
・メンテナンスをひんぱんにしなくてよい
・維持管理が簡単
なども重要な要素です。

【配置計画】（敷地に対する建物位置）
日本の気候は，北海道を除き梅雨があり，比較的湿潤なので，隣棟間隔を十分あけて，風通しを良くし，建材の腐敗への配慮が必要でしょう。また，軒の出を長めにして，雨が建物のきわにあまり落ちないようにすることも，建物のためになる方法です。

【建物計画】
同じ部材を使っても，使い方によって耐久性が異なりますので，適材適所に建物計画をすることが重要です。

# 1 住まいの性能

## 3 シロアリ

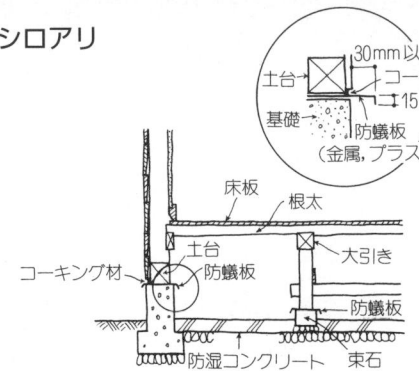

日本では、ヤマトシロアリとイエシロアリがおり、有翅の成虫は5～7月ごろ群飛、落翅して繁殖します。建物外周に飛来し高温多湿の浴室・台所周辺の土台・柱などを好みます。事前対策の一つとして、防蟻板などを取り付けます。防除薬剤は化学系物質を含有する場合は、特に留意し専門家の意見に従うとよいでしょう。

防蟻板取付け図

## 4 メンテナンス

住まいの手入れ表

| | 2年 | 3～5年 | 5～10年 | 10～15年 |
|---|---|---|---|---|
| 外壁 | ― | ・ひび割れ点検<br>・吹替え | ・サイディングのすき間, サビ | ・総点検 |
| 屋根 | ― | ・鉄板ペンキ塗り | ・瓦の割れ, ずれの点検 | ・総点検 |
| 外回り | ・木部塗装 | ・鉄板はサビ注意 | ・総点検 | ― |
| 内装 | ・カビ注意 | ・タタミ表替え<br>・じゅうたんクリーニング<br>・クロス張替え | ・塗装壁の塗替え | ・しっくい壁の塗替え |
| 設備 | ・トイレタンク洗浄<br>・洗浄槽は毎年点検 | ・トイレのパッキン交換 | ・風呂釜のバーナー取替え | ・風呂釜の交換<br>・湯沸器の交換 |
| 建具 | ・障子の張替え<br>・戸車の注油は毎年 | ・ふすま張替え<br>・戸車交換 | ・玄関ドア塗装<br>・戸の修理, 取替え | ― |
| 水回り | ・水道蛇口のパッキン取替え | ・排水マス清掃<br>・排水管の総点検 | ・給排水管の総点検 | ― |

【素材】

外部のペンキなども、地域特性、場所、下地材料、ディテール（納め方）などによって違いますが、一般に使われている材料では5年もたせるのはなかなか難しいことです。

耐久性を発揮させるためには、素材ごとにある程度のメンテナンスは必要です。これを避けたい場合は、部材を変更する必要があります。

【住まいの耐用年限】

現在、一般的にいわれている耐用年限は、税法上の償却期間からきており、構造種別により年数が異なります。堅固につくられていてメンテナンスがよい場合や、補強・補修・改修を適宜行うことで、耐用年限は2～3倍にもなり得ます。

# PART I 基本知識

## 快適性

### 1 採光

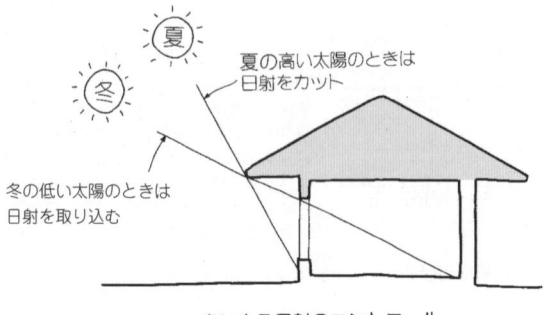

庇による日射のコントロール

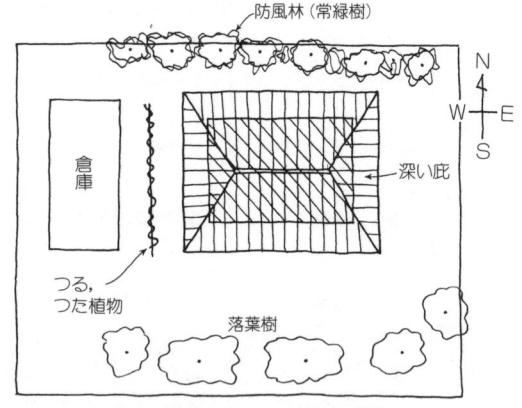

日本の気候に適した建物の配置例

## 心地よい住まい（快適性）

　心地よい住まいを技術的側面からみると，住居空間の採光・換気・通風・温度・湿度環境などに大きく依存します。

　正倉院の校倉造りは，木の湿度による膨張と収縮を利用して，梅雨時には木の膨張で気密性を保ち，ほかの季節ではすき間が空いて換気を行うというシステムをつくり上げています。

　日本の住まいは，昔から，自然に対応する知恵として，庇が深い建物を敷地の北側に風が抜ける程度の空きをとって建て，南面を広い庭にして南側を大きく開放し，冬の太陽高度の低い日光がたくさん入るようにしつらえています。

　春秋は気候が温暖なので，建具を開放して換気だけで過ごします。梅雨時は，深い庇で建物を雨から守ります。

　真夏には，太陽は真上にあるので，屋根によって日射は遮られます。そして，北面の開口部もすべて開放し，蔀戸や無双窓と簾・茅

# 1 住まいの性能

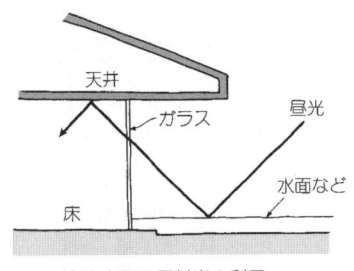
床や水面の反射光の利用

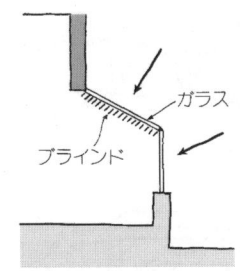
積極的な外光の利用（トップライト）

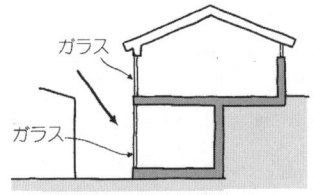
開放的な地階と北側のトップサイドライト

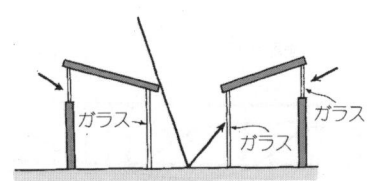
光庭（ライトコート）

上からの採光（トップライトとハイサイドライト）
普通の窓より採光効率が高い。
ただし，雨漏りや結露に要注意。

**採光の工夫**

を利用して，日傘の下を風が抜ける要領で，暑さをしのいでいたのです。

庭に植える植木は，南に落葉樹を植えて冬の日差しが通るように，北には常緑樹を植えて北風を遮りました。また，西には倉を置いて西日を避ける工夫をしていました。

現代においても，できるだけ自然の条件を利用した建物計画が望ましいでしょう。しかし，広い敷地を安く手に入れるのは至難のワザですから，隣家との関係で開放的につくることができないなど，いろいろな障害がでるのが現実です。

厳しい条件のなかで，日照権・眺望権・通風権・プライバシーなどを確保して，かつ自然となじむ計画をするのにはかなりの経験と工夫が要求されることになります。

専門家の適切なアドバイスを受けることが必要な時代になってきたようです。

また，上下階の騒音・部屋どうしの音抜けも，気になる要素でしょう。外部からの騒音

## 2 通風と換気

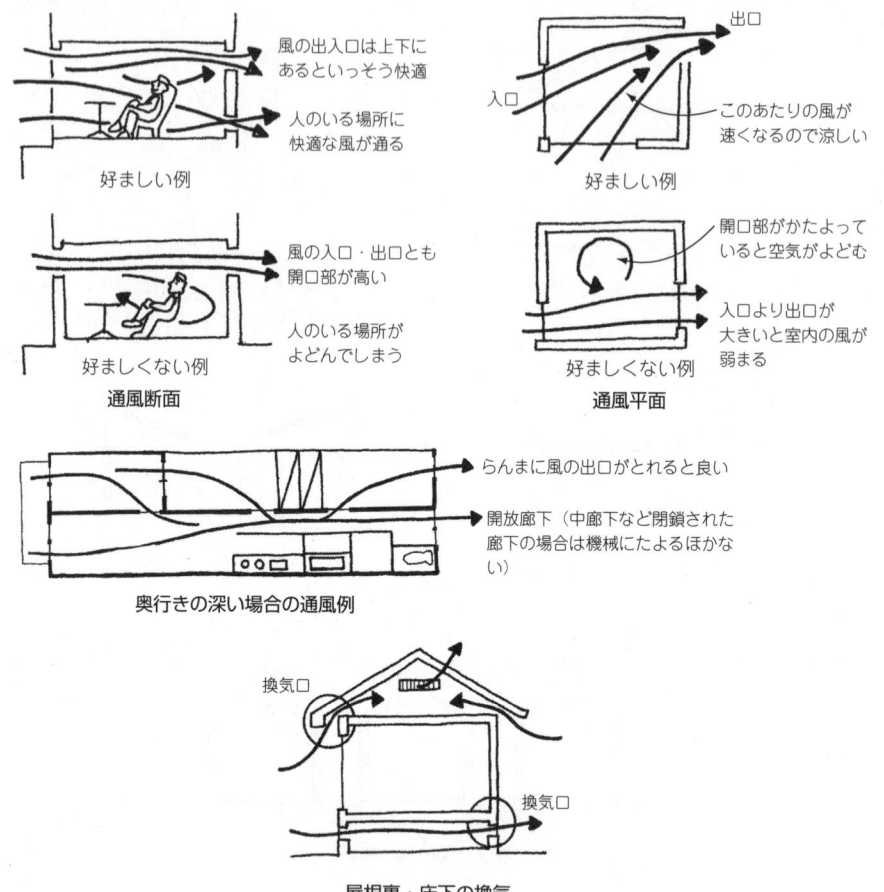

などを含めて処理しましょう。

マンションなどで、地域の規制で本来は3階建までしか建てられない敷地に、半地下部分をドライエリア（空堀り）にして法規に適合させ、4階建風のマンションを建てて販売するケースがあります。地盤の常水面（地下水位）が高い場合などは、考えものです。一般のコンクリートは水をはじくことはできませんし、毛細管現象で水を吸うのは否めません。技術的に解決する方法はいくらでもあり

ますが、販売価格があまり上げられないという社会要因を振り返れば、これらの条件を克服するのは難しい場合もあるでしょう。入居する方の健康を考えると気になるところです。

マンションの地上階でも、結露（65ページ参照）が起きる事例はあります。結露しやすい壁の場合は、冷房をすれば壁紙がはがれてきたり、暖房をすれば結露します。戸建住宅とちがい、隣家・上下階の騒音のことも気

## 1 住まいの性能

### ③ 断熱

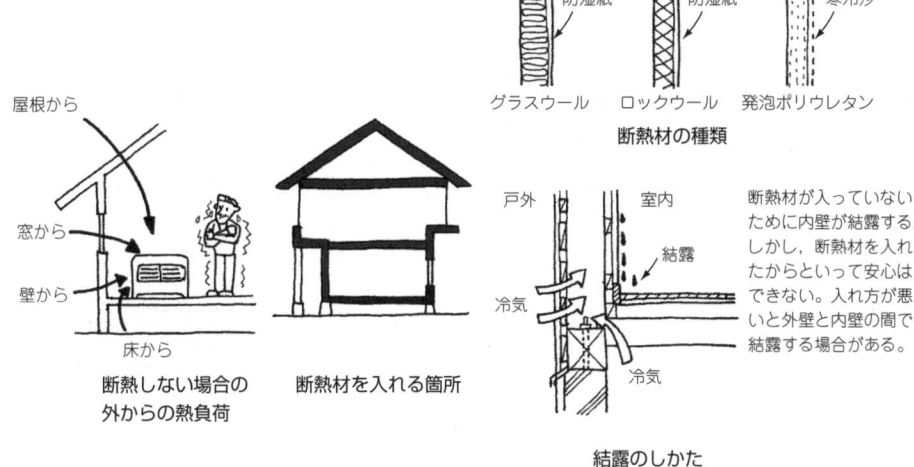

### ④ 防音

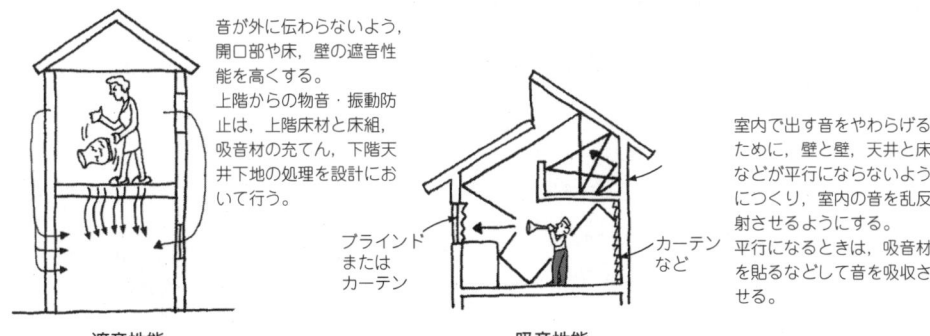

になる要素でしょう。

これらの項目が、マンション購入の技術的要チェック項目の一部です。専門家に意見を聞きましょう。

**【空間のつながり】**

使い勝手がよいようにつくられていることは住まいの重要な要素です。主婦にとって毎日の仕事場である台所とその他のスペースとのつながり方の合理性、いわゆる動線が錯綜していなくて短いとか、作業スペースや収納場所の広さ、かたち、あるいはスイッチやコンセントの数と位置、家具や設備機器の納まり具合など、こまごまとしたことへの配慮いかんがものをいうわけです。もっともそうした条件のなかには、たとえば、動線の合理性を優先させると家族間のプライバシーの確保が難しくなるといった矛盾があり、簡単には片づかないこともいろいろあります。

動きの激しいスペースと落ち着いて過ごすスペースとの分離や、個室は個室群としてま

## 5 機能性と雰囲気

Aタイプ：動線→短　プライバシー→悪

A・B複合タイプ

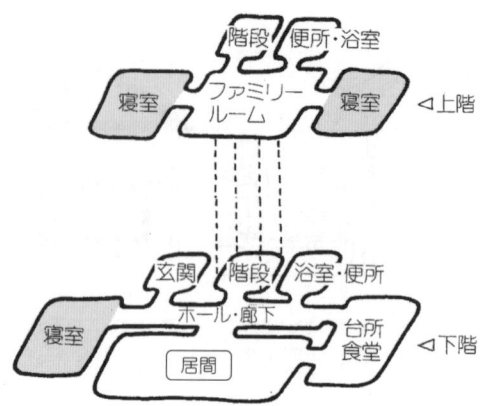

Bタイプ：動線→長　プライバシー→良

▨ ：プライバシーの必要な部分

□ ：接客も行う団らんの部分

これに広さや構造の条件，道路や周辺の環境などを考慮したプランをつくります。

● 雰囲気（ゆとり）づくりのためのポイント
　・光影　・色　・緑　・眺め
　・変化　・余裕　・あそび　など

とめ，家族が集まったり来客の応対をするところとは切り離して配慮するなど，スペースをグルーピング（ゾーニング）することも検討項目になります（140ページ参照）。

【自分空間の実現】
・住まいの性能のはじめにも述べた空間のデザインについては，十分時間をかけましょう。
・喫茶店・美術館・コンサートホールなど家族それぞれの気に入った空間さがしをする

る。
・住宅雑誌などを囲み，家族で意見を交わす
・設計担当者と納得ゆくまで話し合い，生活のしかたや空間について，家族全員が将来とも納得できる空間をイメージできるようにする。

などが検討のポイントです。

【街並み・外観】
　近隣環境との調和も，一つの条件となります。まわりの景色になごみを与えるような外

# 1 住まいの性能

## 6 環境との関わり

近隣の人々との対話と専門家のアドバイスで,調和のとれた住まいと緑の街づくりを目指しましょう。

街並みの質を高める共有空間と建物配置

観や緑化,リズムを感じさせるような外観など,周囲との対話ができるような配慮があると,その地域全体の街並み景観のグレードを引き上げることにもなります。

落ち着きのある整った街並みのなかに一軒だけイレギュラーな建物を建てることは,他人にとっては不愉快のもとになる可能性もあり,周辺の環境が美しければ,当然その恩恵にあずかるわけですから,それを害さないことが大切です。

これらの要素として,ゆとり,雰囲気のよさ,趣味のよさなどもトータルな快適さとしての要素です。隣地環界の関連や美観地区など法律にも規定はありますが,最低限ですので,その枠をこえて配慮するのが,その街に住む人のよりよいマナーといえるでしょう。

# これからの住まいづくりを考える

## 1 ユニバーサルデザイン

**ユニバーサルデザインの7つの原則**
1：だれにでも公平に利用できること
2：使ううえで自由度が高いこと
3：使い方が簡単ですぐわかること
4：必要な情報がすぐに理解できること
5：うっかりミスや危険につながらないデザインであること
6：無理な姿勢をとることなく，少ない力でも楽に使用できること
7：アクセスしやすいスペースと大きさを確保すること

ユニバーサルデザインを考慮し，すべての人が使用できることも必要ですが，住宅には身体状況に合わせて配慮，あるいは安全上他者をいれてはならない箇所があります。

**幼　児：**
危険性があるため立入禁止とする箇所

**健常者：**
身体トレーニングのための適度なバリア（段差など）が必要な箇所

**老人，ハンディのある人，病人：**
手すりの設置，段差の解消，介護・車いすなどのためのスペース

**親しい来訪者：**
プライバシーを守るため立入禁止とする箇所

**用心すべき来訪者：**
セキュリティのために立入禁止スペース，危険に際しての防御避難する施設

**少ない改修で対応できること**

| 後からでは改修困難なもの |
|---|
・段差解消機，エレベーター，車いすや介護のスペースの確保
・安全に通行するための幅広のスペース
・防災・避難への間取りに関する配慮
・スロープ設置のためのスペース

| 後からでも改修可能なもの |
|---|
・手すりの設置（あらかじめ壁の補強）
・適度な照明
・転倒防止のための床仕上げ変更
・機械式警備設備

## 新しい視点

**【ユニバーサルデザイン】**
　最近，自動車のコマーシャルなどでもユニバーサルデザインという言葉が使われています。このユニバーサルデザインとは，すべての人が利用できるようにあらかじめ考えてデザインするという概念です。住宅の計画においても，一般的に言われている7つの原則を配慮して方針を決められるとよいでしょう。
　高齢化が確実に進み続けており，また土地購入難で多世代居住も進んでいます。そして，在宅介護なども今後増加する傾向にあると思います。今後建てる住宅は，これらに対してできるだけ少ない改修で対応できるように配慮しておくことが大切です。
　バリアフリーという言葉もよく聞きますが，これは，ご家族のどなたかが特殊な身体事情になられて，それに対応しなければならないときなどに，そのバリアー（障壁）を取り除くことが前提です。建て方にある程度の順応性をもたせて，バリアフリー，アクセシ

# 1 住まいの性能

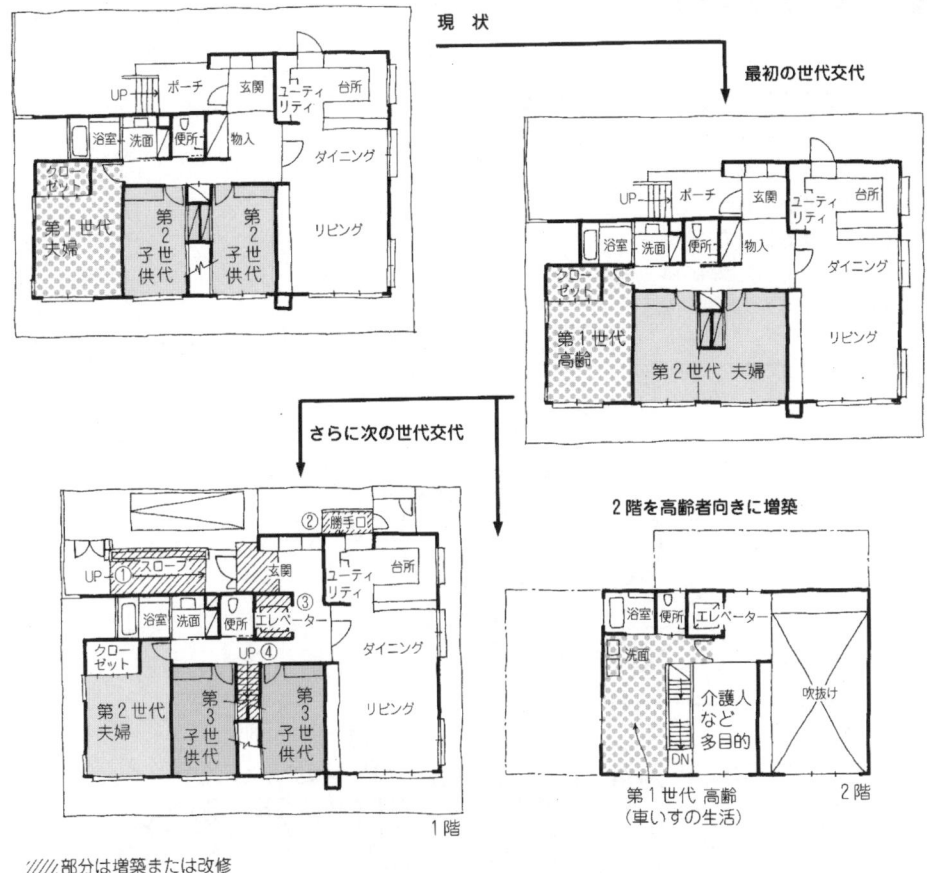

世代交代による住まいの改修例

　ブル（動きやすい）デザインを実現して，代替わりしても支障ない資質をもつ住まいが望まれます。

　特に高齢化社会では，「自立」に対する要求が強くなってくると考えられます。ある程度のハンデを克服し「自立」できる住宅が，ご本人のためにもなるという視点で計画を見直すことも必要になるかもしれません。

　たとえば将来，住宅用エレベーターを設置する前提で，エレベーターのスペースを物入れとして確保しておき，エレベーターが必要になったときに設置するというようなことも考えられます。その場合は，計画の時点で日当たりのよい2階に夫婦の部屋を配置しても，エレベーターの設置によって生活に支障をきたすことはありません。将来を見すえて検討をしておけば，いろいろな可能性を見いだすことができます。

## 2 サステイナブルデザイン

**エコロジーを考えた住まいづくり**
- 自然素材の積極的な利用
  （クロス，木材，地元でとれる材料などの利用）
- 有機化学物質の利用削減
- 重金属を含む材料の利用削減
- 今まで使っていた家具の有効利用
- 運搬エネルギーの削減　など

水の循環利用

**【サステイナブルデザイン住宅】**
（循環型社会対応の持続可能手法住宅）

　地球の温暖化が進むなか，ヨーロッパ，アメリカ，カナダなどでは，建物の平均寿命が50年は当たり前のようです。長持ちさせ，生きながらえる住まいをつくることが，ひいては地球を生きながらえさせることになります。今後の住宅建設に課せられた使命ともいえます。

- 地球環境に配慮し
- 循環型社会に対応し
- リサイクルを考え
- エコロジーを意識し
- 水の循環利用に配慮し
- エネルギー消費の少ない
- 緑の回復を意識する

　環境に優しく，長持ちする住宅について家族で話し合い，設計者と話し合うのも一つの方法です。あの時の検討がよかった…という結果が出るかもしれません。

# 1 住まいの性能

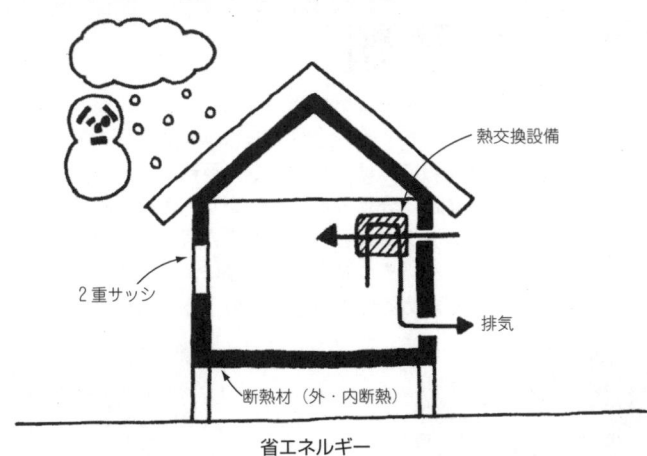

省エネルギー

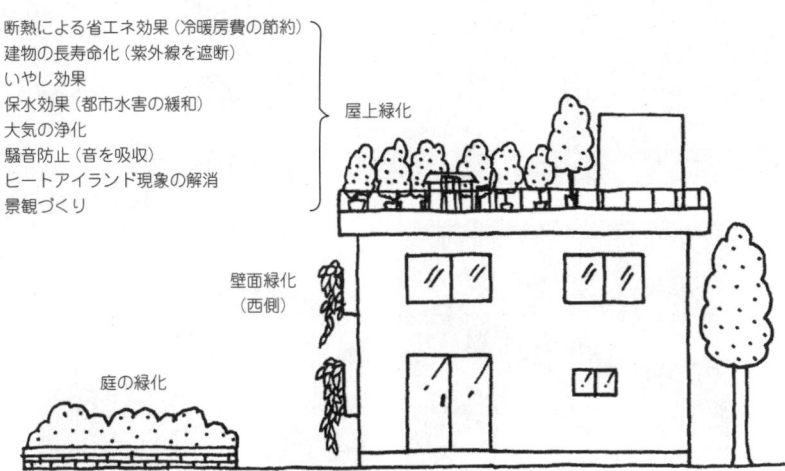

- 断熱による省エネ効果（冷暖房費の節約）
- 建物の長寿命化（紫外線を遮断）
- いやし効果
- 保水効果（都市水害の緩和）
- 大気の浄化
- 騒音防止（音を吸収）
- ヒートアイランド現象の解消
- 景観づくり

緑化（庭・壁面・屋上）

■人に優しい住まい

　日本は化学工業が大変発達してきた国です。石油化学製品などの発達の恩恵を受けて、合成樹脂系や高分子化学系の材料が建材にも多く使われてきました。近年、造るとき・使ったとき・廃棄するときに、人体その他に害を及ぼす建材に注目が集まっているようです。これは、人の健康に配慮がなされた住まいを社会が要求していることを示しています。

　「安全な住まい」の項（14ページ）で述べた安全とは違いますが、人にとって生物学的に安全な住宅というものも、いろいろなメディアで取りあげられています。これに対応した住宅を、仮に「健康住宅」と呼ぶことにします。広い意味で、廃棄物の地球汚染や建築材料のことを含めて考えれば、サステイナブルデザイン住宅のなかに、健康住宅の要素も一部含まれるのでしょう。

　ほかでも述べましたが、設計者と健康に関してよく検討されることをおすすめします。

## 2 住まいの種類

住まいの種類といっても，その分類方法によりさまざまです。大きくは独立住宅や集合住宅といった種類に分けられますし，契約上で見れば注文住宅，建売住宅，売建住宅，賃貸住宅などに分けられます。また，木造や鉄骨造といった構造種別，一品生産方式やプレファブ方式といった生産方式の違いからも分けられます。

ここでは，このようないくつかの分類方法により，住まいの種類を示します。ご自分やご自分の家族が求める住まいとはどのようなものか，考えてみてください。

### 住まいの種類

独立住宅は供給のされ方で分けると，建売住宅，売建住宅（建築条件付き土地売買），注文住宅，賃貸住宅の4つの供給のされ方に分かれます。

集合住宅は供給のされ方で分けると，既製分譲，フリープラン分譲，コーポラティブ方式，賃貸式の4つとなります。既製分譲ですと100％出来合いのものを買うことになりますが，フリープラン分譲の場合は間取りや内装を住み手の好みにある程度合わせることができます。コーポラティブ式は，何家族かが協同して集合住宅づくりに取り組むものですから，当然，住まい手の希望にそってつくられます。

集合住宅には高層のタイプと，各戸が庭を専用するテラスハウスと呼ばれる低層タイプがあります。後者の場合には庭付き一戸建感覚が味わえて，かつ市街地の便利さを享受することもできますが，値段のほうが相応に高くなることを覚悟しなければなりません。

# 2 住まいの種類

## 住まいの種類

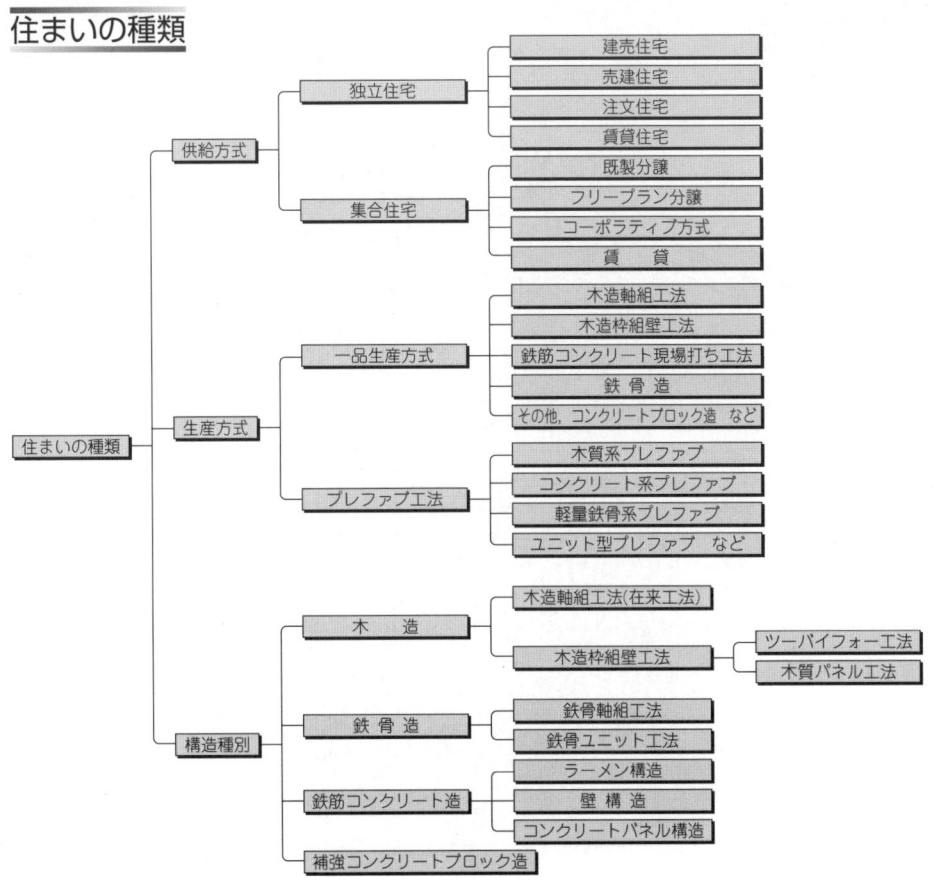

　家族がひとつの敷地あるいは建物に、別々に住まう複数世帯住宅も、集合住宅の一種でしょう。

　また、住まいはその生産方式や構造種別によっても分類されます。まず生産方式でみると、主要な部分をオーダーに合わせて、そのつどつくる一品生産方式と、工場で量産された部材を用いるプレファブ方式とに区分されます。前者はさらに日本の伝統的な工法である木造軸組工法で建てるものと、北米などから移入した木造枠組壁工法によるもの、鉄骨造、鉄筋コンクリート現場打ち工法や補強コンクリートブロック造などによるものに分かれます。後者のプレファブ方式も、木質系、鉄筋コンクリート系、軽量鉄骨系、ユニット型などに分かれます。

　構造種別によって分けると、木造、鉄骨造、鉄筋コンクリート造、補強コンクリートブロック造などに分かれます。これから構造種別ごとに解説していきます。

## PART I 基本知識

# 木造軸組工法

## 1 在来工法

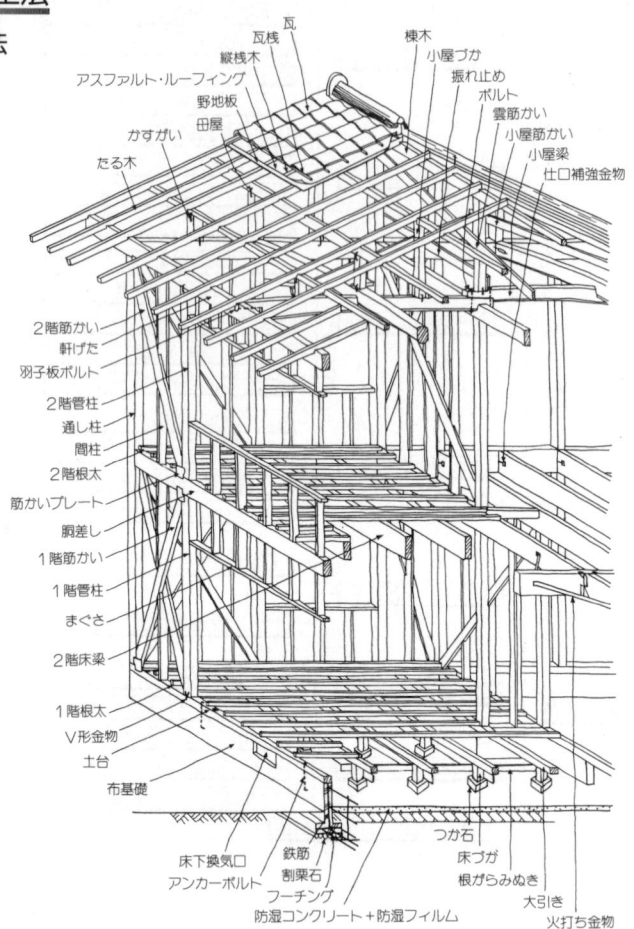

## 木造

　独立住宅で最も一般的な構造種別です。昔は軸組工法のみでしたが，現在では枠組壁工法が増えてきました。

　木材は日本古来からある素材ですが，最近は外国から輸入される木材も多く，日本の気候に合うように乾燥状態・使用箇所などに配慮してあることも重要です。構造に使用する材は簡単に裂け・折れ・反りなどせず，湿気にも強く腐食しにくくなければなりません。

　土台，柱，梁には，桧・杉・松などの針葉樹が多く用いられています。しかし，高価ではありますが栗や樫，欅などの広葉樹も使用することがあります。通常，土台には桧，ひば，栗やその他防腐処理された木材が，また，梁には松や杉が多く，柱には桧，杉，米栂が使用されます。そのほかに集成材が梁・柱に使用されるケースも多くなってきています。

　木材の性質として，火災に弱いこと，湿った場所ではシロアリなどの害にあいやすかったり，腐食しやすいことなどがありますが，

## 2 施工手順

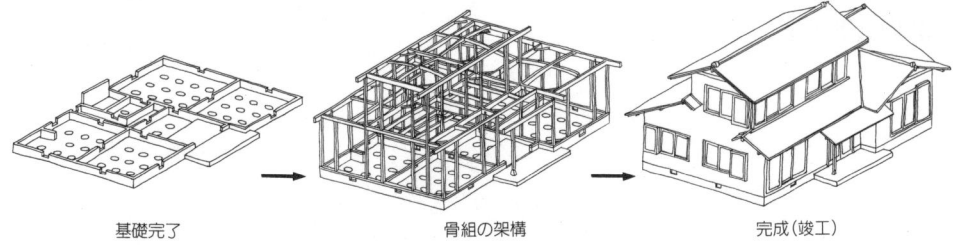

基礎完了　　　骨組の架構　　　完成(竣工)

## 木造3階建住宅

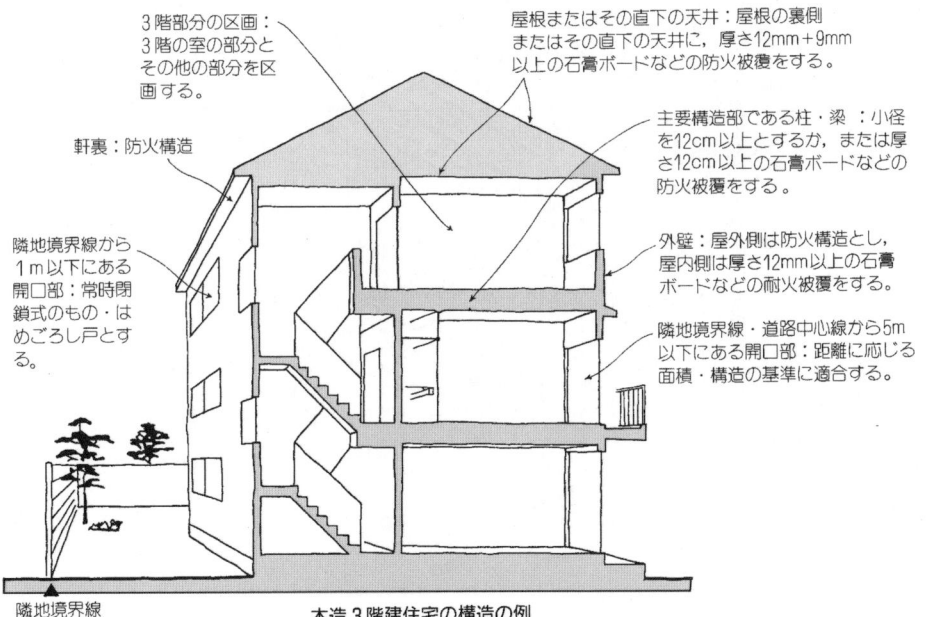

木造3階建住宅の構造の例

加工が容易で，補修や増改築がしやすいなど優れた点も多い材料です。特に本来はリサイクルに適した材料なので，今後の対応などが期待されます。

また，最近では原材の乾燥にかける時間や工事工期の短さなどで，竣工後の変形が目立つ建物が増えています。設計段階での仕様で乾燥度などを指示することが有効です。

### 【軸組工法】

柱と梁が建物の骨組の主たる要素になっているもので，日本古来の工法であることから「在来工法」とも呼ばれます。軸組材の柱・梁などの接合部の加工を事前に工場で行うプレカット工法による材料供給が増えています。開放的な建物ができること，増改築しやすいことなどが特長です。

壁のつくり方には2通りあって，真壁形式と大壁形式と呼んで区別しています。真壁形式は柱・梁が壁面に現れていますが，大壁形式のほうは壁内に納まっています。骨組を地

## 枠組壁工法

### 1 枠組壁工法

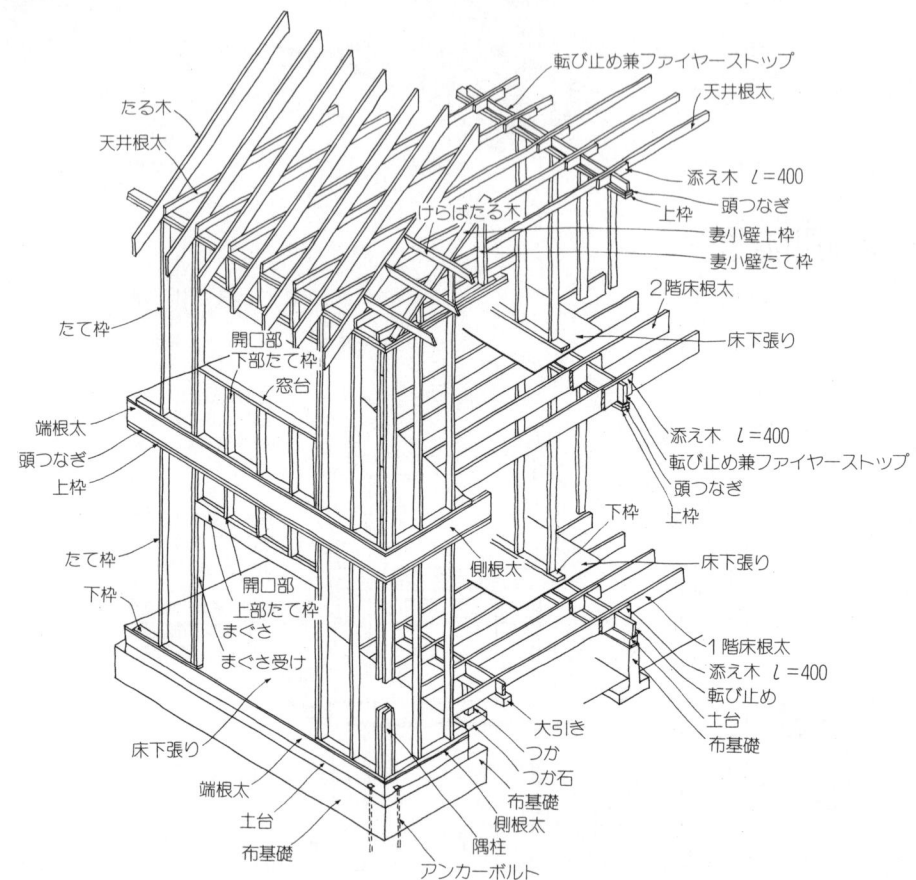

震に強くするための筋かいが，真壁形式の場合は入れにくく，これに対して，筋かいの入れやすい大壁形式が最近は多く採用されています。

屋根を支える骨組である小屋組によっても，木造軸組工法はいくつかに分かれます。和小屋組と洋小屋組はその代表的な形式です。そのほかに，たる木構造や登り梁構造と呼ばれる新しい形式も増えています。

【木造3階建住宅】

狭い敷地に広い家を建てようとすれば，階数を増やすしかありません。最近では木造3階建住宅も珍しくなくなりました。

ただし，火災時の避難に対する防火性能や風，地震の影響が大きいため，原則として構造計算によって建物の安全性を確認することが義務づけられています。

【枠組壁工法】

特定の太さの木材でつくった枠組に，構造用合板などの面材を張ったパネルをつくり，

## 2 施工手順

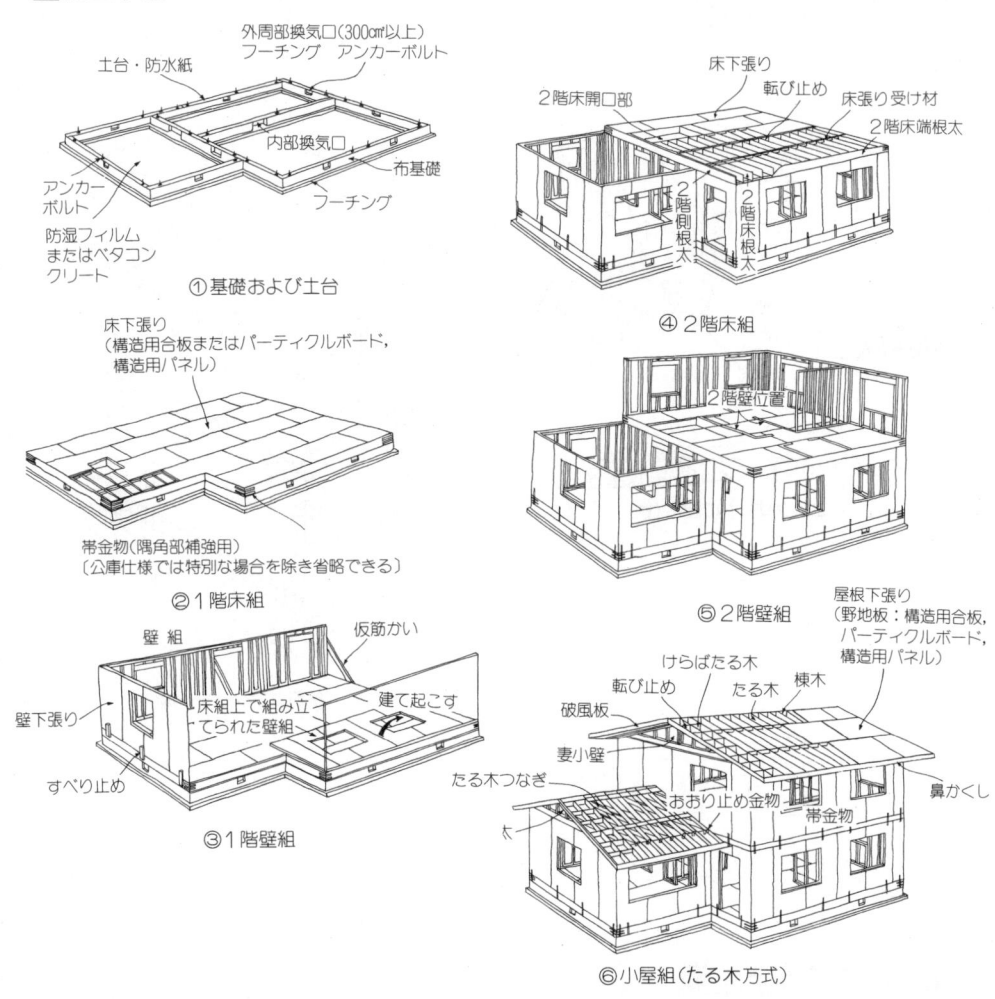

①基礎および土台

②1階床組

③1階壁組

④2階床組

⑤2階壁組

⑥小屋組（たる木方式）

　これを箱状に組んでいって建物を建てる工法で、1960年代に北米から移入されました。枠材の断面が2×4インチ（実寸は3.8×9cm）を標準としているところから、一般には「ツーバイフォー工法」と呼ばれています。

　施工がしやすく、熟練した大工さんの手を借りなくても建てられ、工賃が安く済むと言われています。地震や強風に対して丈夫につくれることも利点です。ただし、一定以上の壁量を確保する必要があり、あまり大きな開口部をとれない場合があります。

　内外装のお化粧直しはしやすいのですが、増改築は当初から考慮にいれておかないと難しくなります。パネル内部が密閉状態になり、また組立てに金物をふんだんに使いますので、湿気や塩害に対して配慮が必要です。

　壁や床の下地、床組にツーバイフォー材を使用する際、含水率が高いと変形し床の仕上げに不具合を生じることになるので、現場での材料の養生には注意が必要です。

## 鉄筋コンクリート造

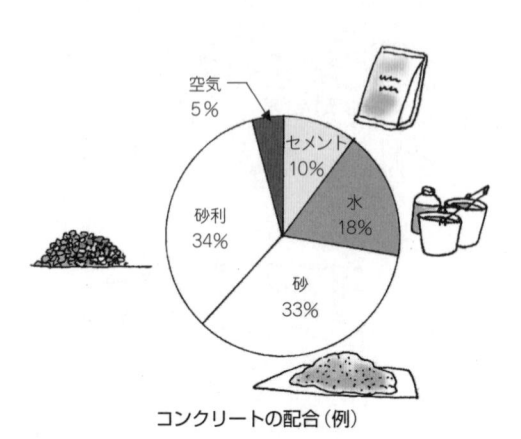

コンクリートの配合（例）

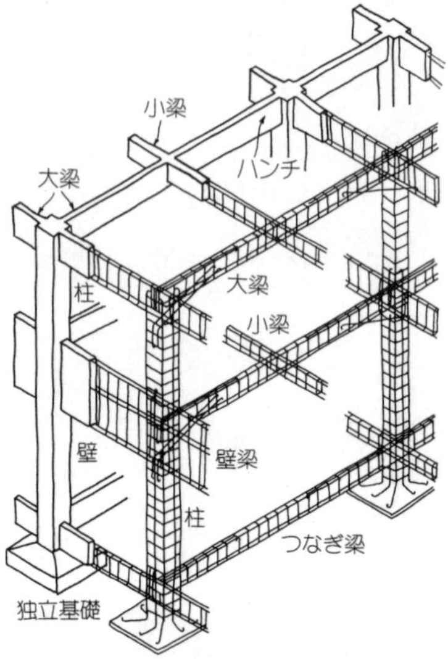

- 空気 5％
- セメント 10％
- 水 18％
- 砂 33％
- 砂利 34％

鉄筋コンクリート造

（図中ラベル：小梁、大梁、ハンチ、大梁、小梁、柱、壁、壁梁、柱、つなぎ梁、独立基礎）

### 鉄筋コンクリート造

　現場で鉄筋を組み立て，型枠を組んだあとにコンクリートを流し込んでつくるものです。比較的自由な形状の建物を一体につくることができます。

　地震や強風に強く，耐火性，遮音性，耐久性の高い住まいをつくることのできる工法です。ただし，鉄筋コンクリートはご承知のように，鉄筋を骨組にして，セメントと砂と砂利とを水でこね，固めてつくる一種の人造石ですが，混ぜ合わせる砂，砂利の品質や配合が適切でないと強度がでません。単に鉄筋コンクリート造だというだけで強固だと過信することは危険です。そのために，設計を綿密にし，設計どおり正しく施工されて初めて性能が保証されるのです。また一般的には木造にくらべ，コストが高くなることを覚悟する必要があります。

　この工法で問題になるのがひび割れです。そこから雨水が浸入して中の鉄筋がさび，ひいては建物の寿命を縮めてしまうからです。

## 1 ラーメン構造

垂直方向の柱と水平方向の梁で支えるラーメン構造（工法）

ラーメン構造の詳細

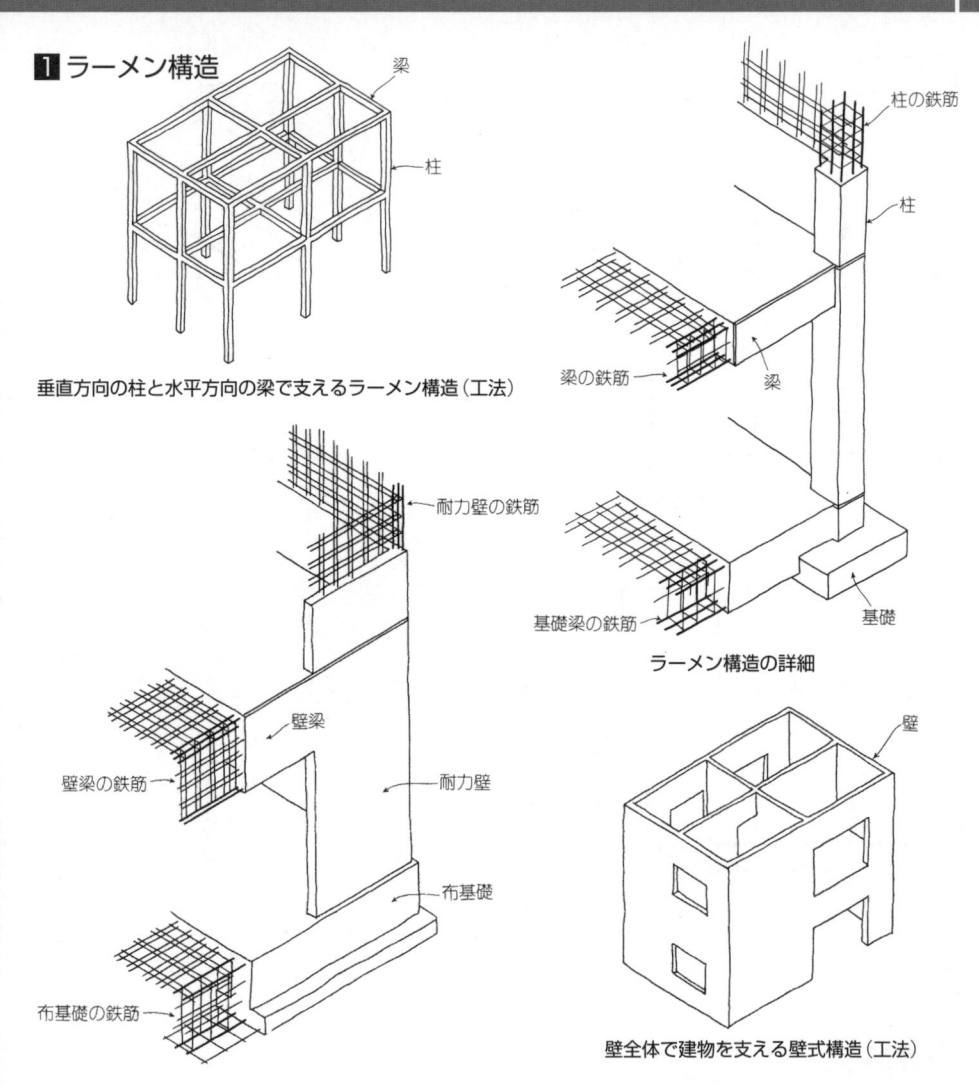

壁全体で建物を支える壁式構造（工法）

　コンクリートの建物は，増改築についてあらかじめ想定しておかないと困難な場合もあります。また，屋根をフラット（平坦）にすることが容易で，ルーフバルコニーなどとして活用できるのは利点の一つです。

　鉄筋コンクリート工法には，ラーメン構造という方式と，壁式構造という方式があります。

　前者は一体につくられた柱と梁で建物が支えられるようにする方式で，壁を少なくした場合に適します。これに対して後者は，柱・梁なしに壁や床そのもので建物が支えられるようにつくる方式で，これによる建物は，柱型や梁型の出っ張りがないので使い勝手がよい反面，開口部のとり方が制約されます。

　鉄筋コンクリート造は，一般的に重い建物になります。そこで基礎や地盤との関係が十分に配慮されたものでなければなりません。

# 鉄骨造

a) H形鋼
b) 山形鋼　等辺山形鋼／不等辺山形鋼／不等辺不等厚山形鋼
c) 角形鋼管　正方形断面角形鋼管／長方形断面角形鋼管
d) 鋼管
e) I形鋼
f) 溝形鋼
g) CT鋼
h) 平鋼
i) 棒鋼

**重量鉄骨の種類**

軽溝形鋼／軽Z形溝／リップZ形鋼
軽山形鋼／リップ溝形鋼／ハット形鋼

**軽量鉄骨の種類**

鉄骨トラス

水平ブレース／鉄骨母屋／ブレース／梁／水平ブレース／胴差し／壁軸組フレーム／ブレース／基礎／壁軸組フレーム（耐力壁）

**軽量鉄骨造の例**

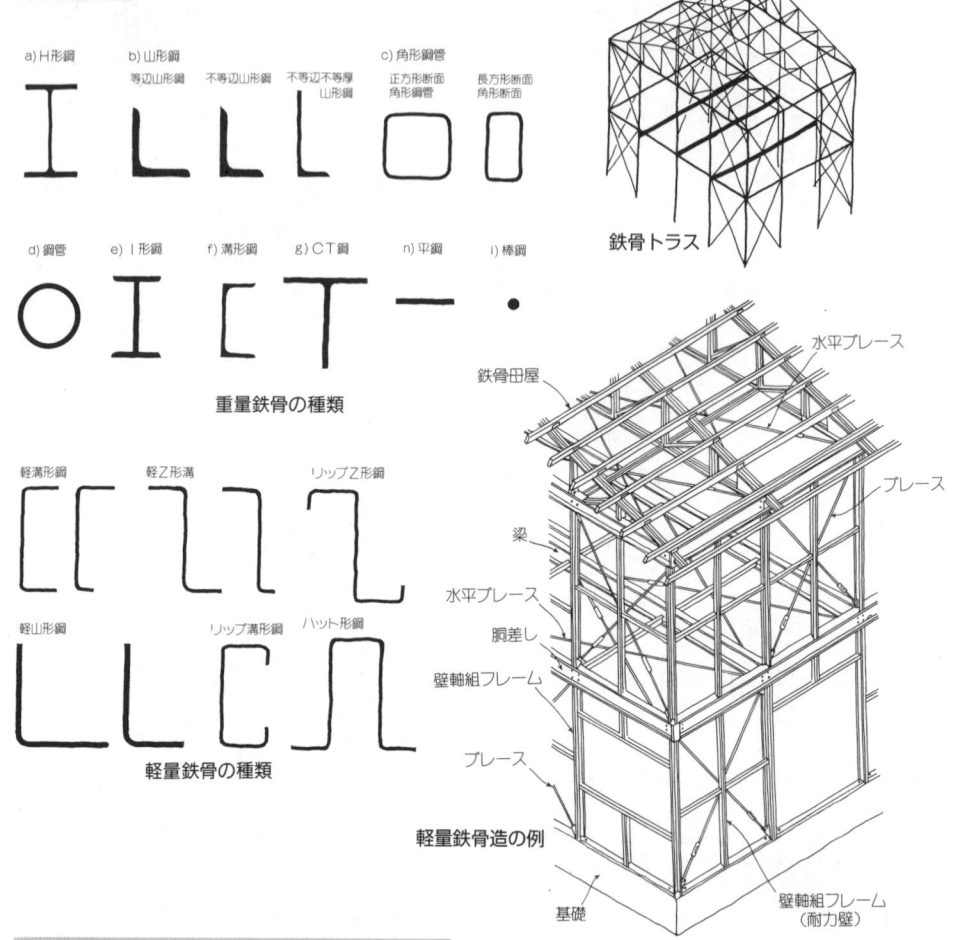

## 鉄骨造

　鉄骨造は，おもな骨組を板厚の厚い重量鉄骨（H形鋼，箱形鋼など）を溶接や高力ボルトで接合してつくる重量鉄骨造と，薄い鉄板を曲げ加工した部材を接合してつくる軽量鉄骨造に分けられます。階数の多い集合住宅では前者，2階建程度の住宅やプレファブ工法では後者が多いようです。

　施工は比較的簡単ですが，鉄は高熱に弱く，さびて腐食しやすいのが弱点といえます。補助部材で断熱などを行い，結露を防ぐ必要があります。

　鉄骨部材自体は規格品ですので，品質はおおむね確保されていますが，問題となるのは接合部です。特に溶接については，設計および施工のレベルでの監理が重要なポイントです。阪神・淡路大震災（1995年1月）でも，鉄骨造の被害の大部分は溶接の不良によるものでした。

## プレファブ工法

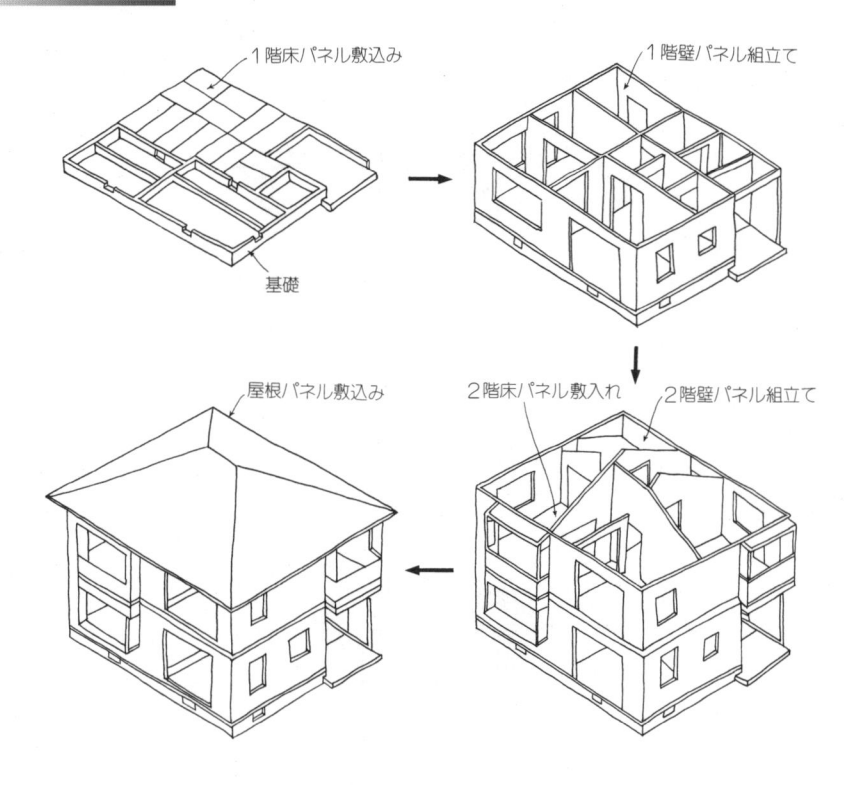

- 1階床パネル敷込み
- 基礎
- 1階壁パネル組立て
- 屋根パネル敷込み
- 2階床パネル敷入れ
- 2階壁パネル組立て

現場組立てシステム（概略）

## プレファブ工法

　工場で規格生産された床，壁，屋根などの主要部材を建築現場に運んで組み立て，仕上げることによりできあがるのが，プレファブ工法です。精度が高いこと，工期が短くてすむこと，工賃があまりかからず，かつ量産品なのでコストが安くなるとされていますが，現場施工部分が不具合い工事として問題になることがあります。施工管理・工事監理が重要です。平面計画上の自由度や増改築にやや難があります。

　おもに構造がなにでできているかで木質系，コンクリート系，軽量鉄骨系などとして区分されます。木質系は壁や床，屋根を木製パネルだけでつくるプレファブです。コンクリート系はそのパネルがコンクリートでつくられているものです。軽量鉄骨系は薄くて軽い軽量鉄骨の骨組を工場生産するものです。それらを現場に運び，現場でつくった基礎の上にすえ付けて，これに仕上げを施し，完成に至るものです。

## その他

### 1 補強コンクリートブロック造

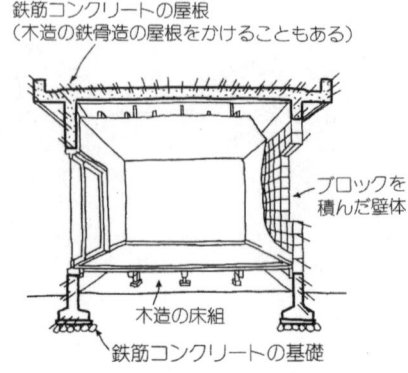

補強コンクリートブロック造の例

### 2 混構造

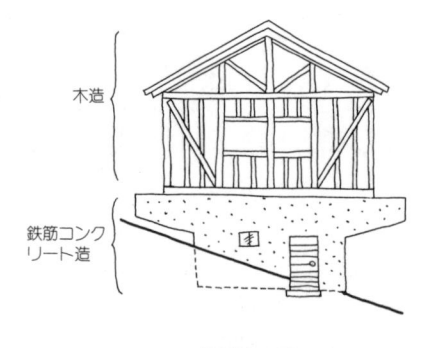

混構造の例

## その他の構造

**【鉄骨鉄筋コンクリート造】**
　柱・梁などの鉄骨部材に，周囲に鉄筋を組んでコンクリートを打設した構造です。高層建物に採用され，耐震性に優れています。

**【組積造】**
　れんが，石，コンクリートブロックなどをモルタルで一体として積み上げるものです。地震のない国で発達した工法ですが，地震の多いわが国では過去に幾多の被害例があり，現在ではあまり用いられることはありません。

**【補強コンクリートブロック造】**
　補強コンクリートブロック造は，コンクリートブロックを積み上げてモルタルと鉄筋で補強した壁体で屋根や床を支えるものです。

**【混構造】**
　混構造には，鉄筋コンクリート造＋木造や鉄骨造，木造＋鉄骨造などがありますが，いずれの場合もその長所を引き出すには，設計で周到に検討する必要があります。

2 住まいの種類

# 3 住まいの構造

住まいが地震や風に耐え、また建物そのものの重さと室内に置かれた家具や設備機器、生活している人などの重さを支えて安全であるためには、構造がしっかりつくられていなければなりません。

構造は人命や財産を守るものであり、適切な設計と施工により実現されます。機能性や見かけ上の美しさ、経済性などを優先させるあまり、構造をないがしろにする住まいづくりは許されません。

鉄筋コンクリート造5階建ビル。1階部分崩壊、圧壊、焼失。

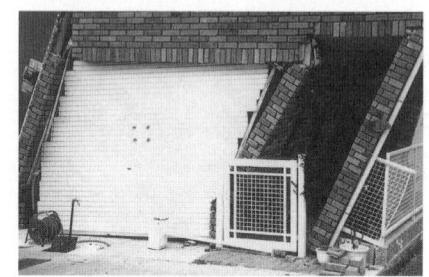

上部の重量が大、下部開口が大きいため、座屈、傾倒。

軽量鉄骨造3階建。壁耐力不足のため、全体に左に傾斜。引違いサッシ窓は垂直に残っている。

鉄骨造1階の上に木造2階をのせた小建築。工事中のため傾倒。

## 構造のなりたち

建物はそれ自体の重さ、人間や家具、その他の荷物、また積雪のある地域ではその重さに耐えられなければなりません。また地震や風に対しても強い構造でなければなりません。

法律（建築基準法・同施行令）で構造をどの程度強固につくれば安全性を保てるのかの基準が決められています。しかし、法律は最低の基準ということですので、それにかなっているだけでは不十分な場合もあります。

建築は建築基準法以外にも、新しい法律などでより高いグレード設定がなされています。また、施工が悪ければ、その最低基準を満たすことすらおぼつかないのです。

構造の安全性の確保は、機能性や経済性と相反することもあります。家を建てるにあたって建築主自身どこに重きを置くか、デザインや仕上げだけでなく安全性についてまず考えるべきです。

建物の構造は、大きく基礎構造と上部構造

# 3 住まいの構造

## 構造のなりたち

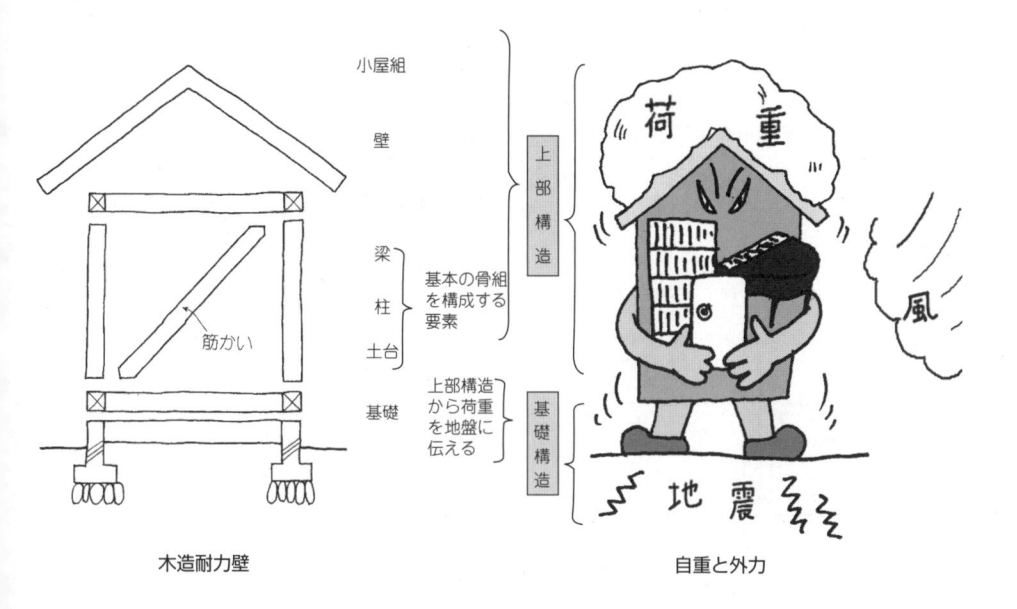

小屋組
壁
梁
柱
土台
基礎

上部構造：基本の骨組を構成する要素
基礎構造：上部構造から荷重を地盤に伝える

筋かい

木造耐力壁

荷重
風
地震

自重と外力

- 地盤調査：たとえば，スウェーデン式サウンディング法，ボーリング調査などの方法で，土の種類や地盤の硬さがわかります。
- 地盤改良：土を入れ替えたり，固めたりして，軟弱な地盤を改良します。

に分けられます。基礎構造は，上部構造からの荷重を受け止めて地盤に伝えます。上部構造は，屋根，梁，柱，壁，床の要素で成り立っています。

基礎構造も上部構造もそのつくり方は，住まいが建つ場所によって異なります。基礎構造は敷地がどんな地盤のところにあるかに応じて設計されます。特に，地盤が軟弱なほど基礎構造をしっかりつくらなければなりません。そのぶん，コストもかさみます。堅固な地盤を選んで建てられればよいのですが，昨今の土地事情はそれを許してくれません。こうしたことから，事前の地盤調査が重要です。その結果によっては，地盤改良などが必要になる場合もあります。また，その土地の歴史を調べておくことも必要でしょう（「水」や「谷」等のついた地名は要注意）。

建つ場所の地域特性を反映した構造計画をする必要があります。

## PART I 基本知識

# 地盤と基礎

## 1 地盤

*図：傾斜地盤の基礎は元の強固な地盤にのせる／擁壁／切土／盛土／ガケ・盛土の地盤／元の地盤面／擁壁*

**要注意地盤のいろいろ**
- 硬い地盤の厚さが違う場合
- 硬い部分と軟らかい部分

## 2 基礎

**布基礎（底盤付）の例**（単位：mm）
- （外部）／（内部）
- 120以上
- 240以上（300慣習）
- 50mm以上
- 120以上
- 地盤が中程度の場合に底盤の幅を変えて用いる
- 凍結深度以上
- 60
- (120)(150)
- (30)
- 捨コンクリート
- 割栗石
- (450)

**べた基礎の例**（単位：mm）
- 120以上 かつ土台の幅以上
- 主筋／D10
- 400
- 50
- 根入れ深さ
- 主筋
- 地盤が軟かい場合や建物の荷重が大きい場合に用いる

**杭基礎**
- 地表／表土／基礎
- 鋼材やコンクリート製の杭を打ち込む
- 軟弱地盤
- 硬い地盤（厚さが不足）
- 直接基礎ではもたない場合に用いる
- 硬い地盤（十分な厚さが必要）

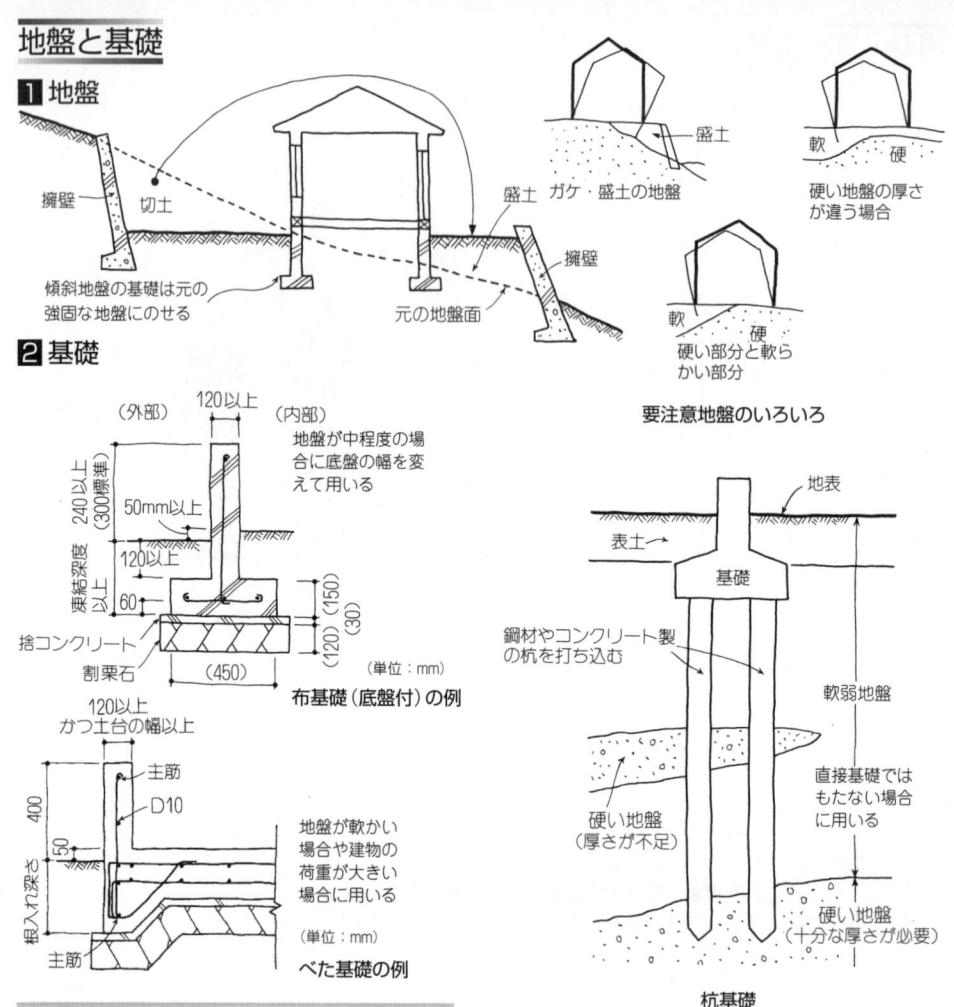

## 地盤と基礎

物事はすべて基礎が大切だといわれます。もともとしっかりした基礎がなければ家は建たない，ということからきたたとえです。

木造住宅では普通，壁の下にはすべて土台を設け，基礎に結合させます。

基礎には上からの荷重を地盤に伝える目的のほかに，地震時などに建物の足元を固めて上部構造の安全を図るという目的があります。むしろこの役目のほうが重要かもしれません。

地盤の支持力に多少不均質があったときにこれを平均化するためと，地震で引っ張られても割れてしまわないために，最近は鉄筋コンクリート造にすることが一般的になっています。場合により，べた基礎といって建物の全底面を基礎にしてしまうこともあります。

建物の構造が鉄筋コンクリート造の場合は，重量がありますので基礎に対して配慮が必要になります。地盤によっては，杭基礎を用いなければならないこともあります。

## 骨組と耐力壁

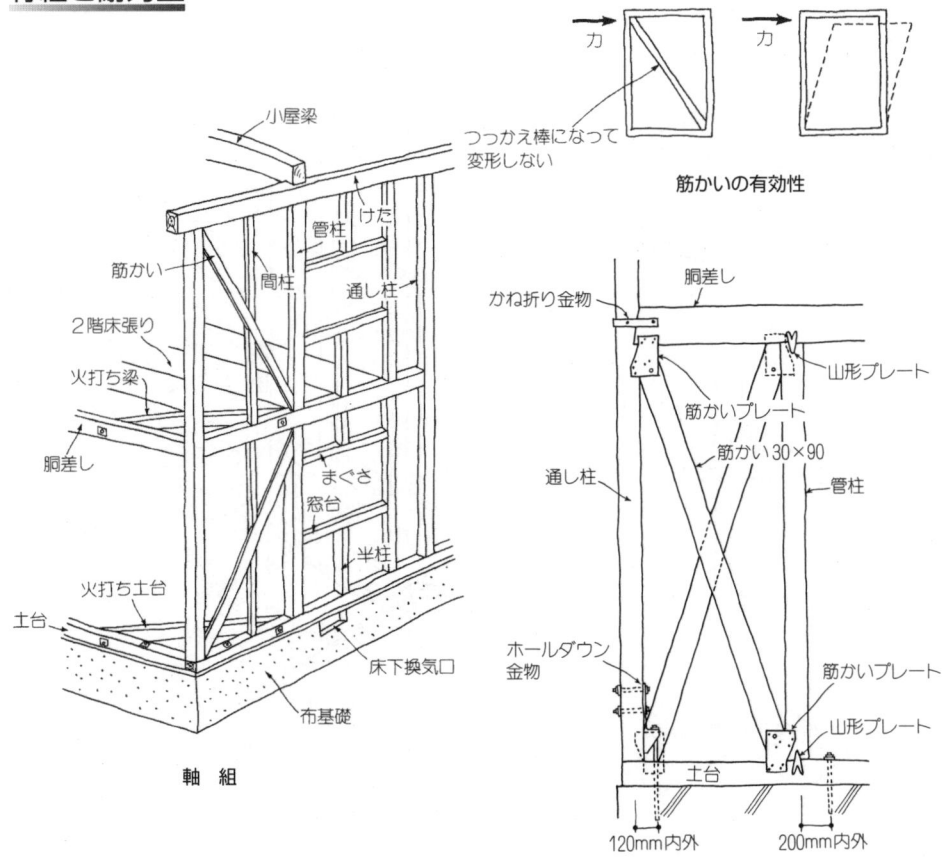

筋かいの有効性

軸組

耐力壁と接合金物の例

## 骨組と耐力壁

　コタツを思い浮かべてください。4本の足があって，それぞれの頭は横木でつながれていて，その上にテーブルがのっています。これを住まいの構造になぞらえると，足は柱，横木は梁，テーブルは床（スラブ）にあたります。テーブルがその上にのったものの重さを受け止めているように，スラブも家の中のいろいろなものの重さを受け止めています。そのスラブを支えているのが梁で，梁は柱によって支えられているわけです。

　コタツの足はよく横木とネジによって接合されていますが，このネジがゆるんだり破損したりしてコタツがグラグラするようになることがあります。住まいも同じで，柱や梁やスラブなどの接合部がしっかりしていないと，建物はグラグラ揺れてしまいます。したがって，木造ではその仕口，継手という接合部，鉄骨造ではボルトや溶接部分が重要となります。

　鉄筋コンクリート造は，柱と梁をわざわざ

PART I　基本知識▶▶

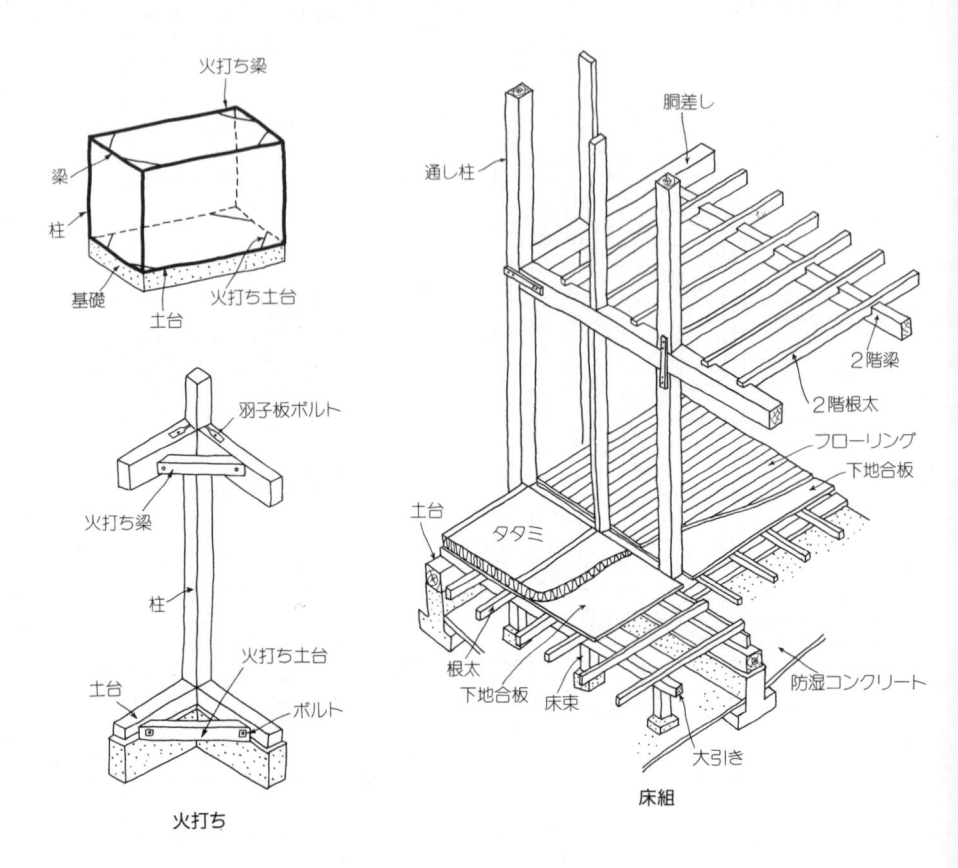

火打ち梁
梁
柱
基礎
土台
火打ち土台

羽子板ボルト
火打ち梁
柱
土台
火打ち土台
ボルト

火打ち

胴差し
通し柱
2階梁
2階根太
フローリング
下地合板
土台
タタミ
根太
下地合板
床束
大引き
防湿コンクリート

床組

　接合しなくともいい一体構造であるという特徴があります。鉄筋と型枠を組み立ててからそこへコンクリートを打ち込んでつくるのですが，接合点の心配がない反面，鉄筋とコンクリートとが十分付着していないと強度がでません。すなわち，コンクリートの打込み方次第で大きく強度が変わってきます。
　木造や鉄骨造の場合には，骨組を組み立てるときに火打ち梁と呼ばれる斜めの材で梁の端部を相互に結んだり，筋かい（ブレース）と呼ばれる斜めの材を柱，梁のフレームの中に組み込んだり，構造用合板を使ってこれと同様の効果をもたせる方法もあります。これらの材は，柱や梁が力を受けたときにつっかえ棒として働くわけで，骨組の耐力を高めます。鉄筋コンクリートの場合は，一体に打たれた壁や床が斜めの材と同じ働きをしてくれる場合もあります。

# 3 住まいの構造

## 構造強度

### 1 建物の形と安全性

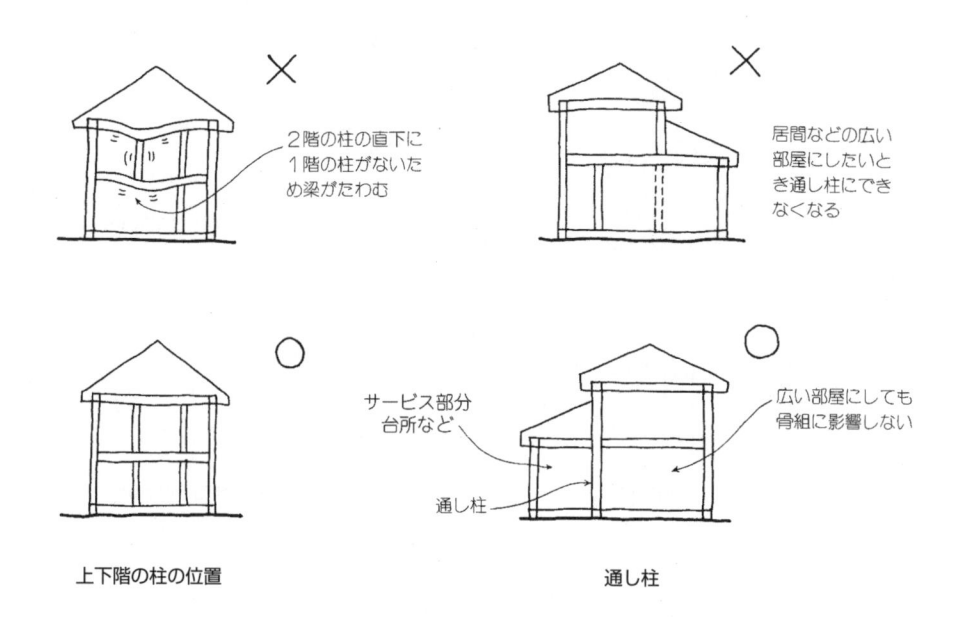

×　2階の柱の直下に1階の柱がないため梁がたわむ

×　居間などの広い部屋にしたいとき通し柱にできなくなる

○　上下階の柱の位置　サービス部分　台所など　通し柱

○　通し柱　広い部屋にしても骨組に影響しない

## 構造強度

　見た目に不安定だったり危なげに感じる建物は，構造に問題がある場合があります。頭でっかちであったり，2階が大きく張り出していたり，ひょろ長かったり，あるいは柱や梁が極端に細い，壁がまったくない，など。

　また，建物の平面や立面のかたちがバランスを欠いているものも，構造的に無理をしていることが多く，要注意の建物といえます。

　構造の基本は，バランスよくつくることです。住まいの構造も力学のセオリーにのっとっているわけですから，これは当然のことです。ところが，敷地のかたちや法律による形態規制に制約されたりして，バランスの悪い平面や立面にせざるを得ないこともままあります。

　たとえば，開口部の採り方によって壁の量が南面と北面で大きく差があるとか，一隅に偏っていると，地震のときに建物がねじれて，被害を大きくする可能性があります。また，屋根の形状などはデザインの見せどころ

## 2 木構造接合部（継手・仕口・接合金物）

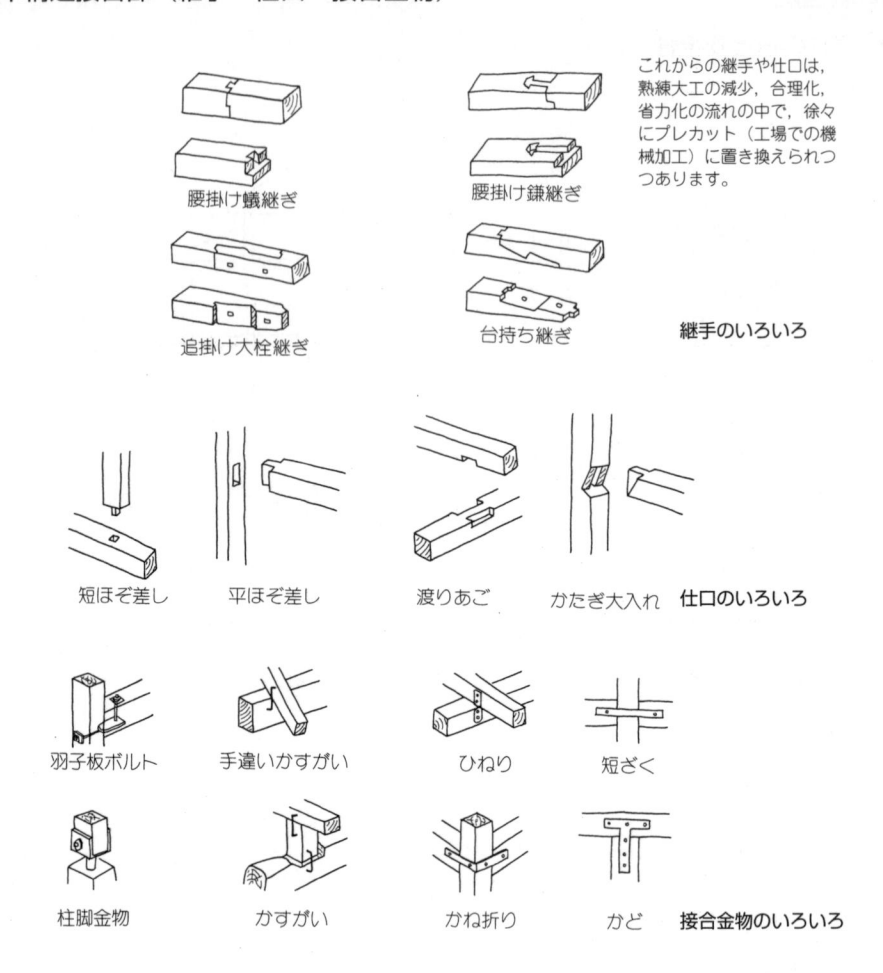

これからの継手や仕口は、熟練大工の減少、合理化、省力化の流れの中で、徐々にプレカット（工場での機械加工）に置き換えられつつあります。

腰掛け蟻継ぎ　腰掛け鎌継ぎ
追掛け大栓継ぎ　台持ち継ぎ

**継手のいろいろ**

短ほぞ差し　平ほぞ差し　渡りあご　かたぎ大入れ

**仕口のいろいろ**

羽子板ボルト　手違いかすがい　ひねり　短ざく
柱脚金物　かすがい　かね折り　かど

**接合金物のいろいろ**

ですが、形によっては局部的に大きな風圧力を受けることがありますから、風当たりの強い場所では特に検討が必要です。

今までお話した点は、いずれも目に見える構造上の安定性でしたが、できあがってしまうと壁や天井などの仕上材に隠れて確かめようのない部分もあります。柱や梁などの部材のサイズや品質、部材どうしの継目などの接合部がそれです。

太めの材を使っても、継目のゆるい骨組よりは、多少細めでもしっかり接合されている骨組のほうが強度があるとされています。

このように、構造強度は個々の部材の強さや接合部の固定方法などによるだけではなく、建物全体の構造バランスなどで決まるものなのです。ただし、意匠と構造は密接な関係にありますから、建築家によって十分に検討され、監理されたデザインであれば、必要以上の心配をなさる必要がないことも申し添えておきます。

# 構造欠陥

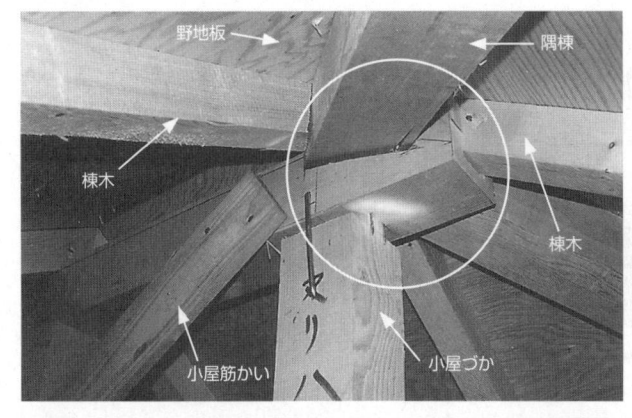

**欠陥事例-1**
棟と隅棟が重なる重要な小屋づかの上部にすき間がある。小屋組に緩みが生じ，力を受けたときにはずれやすい。

**欠陥事例-2**
小屋づかと梁の接合部にすき間があいてしまったため緩みが生じ，力を受けたときにはずれやすい。パッキン材で調整している。

## 構造欠陥

　構造欠陥と一口にいっても，その症状や原因，発生箇所などさまざまです。設計に問題がある場合や施工に問題がある場合，またその両方に問題がある場合もあります。

　地盤が原因の欠陥としては，沈下があります。軟弱な地盤，特にもと田んぼや沼地だった敷地では，圧密沈下といって表面の粘土層がゆっくりと時間をかけて沈下する現象があります。このような沈下の場合，建物が完成した後に少しずつ沈んだり傾いたりすることになります。また斜面をひな段状に造成した分譲地では，敷地の一部が盛り土でできているため，この部分が沈下しやすくなっています。地盤の沈下は建物全体に影響し，基礎のひび割れ，床の傾き，ドアなど建具の開閉不良にもつながります。

　基礎の施工不良も建物全体に影響を与えます。形状，寸法が正しくないと，沈下やひび割れの原因になりますし，位置がずれていて上部構造とアンカーボルトで結合できない場

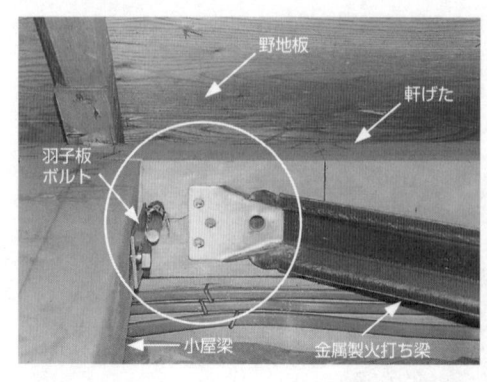

**欠陥事例-3**
金属製火打ち梁のボルト穴はあるが、ボルトの入れ忘れ。軒げたと梁の取り合い部分の羽子板ボルトの浮きがある。構造材どうしの接合が不十分である。

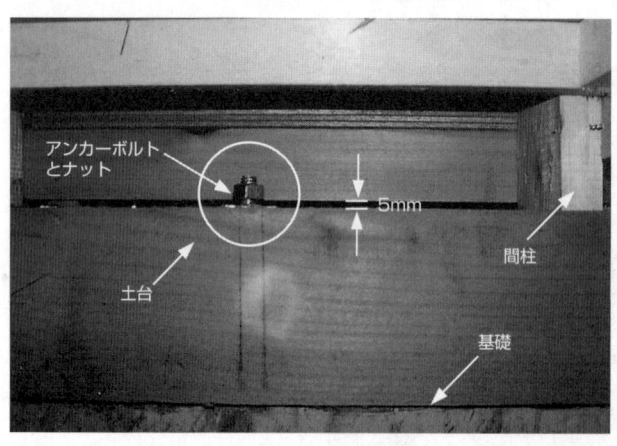

**欠陥事例-4**
土台を基礎に緊結するアンカーボルトのナットが5mm程度浮いている。基礎と土台の緊結が保てない。

合などは、地震時の安全性が確保できません。また、鉄筋が正しい位置に入っていない、コンクリートが十分に充填されていない、などの欠陥も見られます。

コンクリートは打設後の養生も大切です。工事を急ぐあまり、必要な日数を置かずに型枠を解体してしまったり、上部構造の工事を開始してしまうと欠陥原因になります。

これを避けるためには、設計監理を依頼していない場合、第三者の建築家に検査を依頼する方法もあります。

最近多くなってきた木造3階建住宅では、狭い敷地に建てられるケースが多く、間口が小さくなります。さらに駐車スペース確保のため1階の壁を十分に確保できず、骨組の剛性（硬さ）が不足がちになります。悪い例では、人が階段を歩行したり少し風が吹いただけで揺れてしまうことになりかねません。このような問題は、できてからの対策が困難なため、設計段階での十分な検討が必要なうえ、

## 3 住まいの構造

木造下地材

**欠陥事例-5**
左：バルコニーの手すり笠木からの雨漏りで，タイル壁がずれ落ちそうになっている。
右：タイル貼りバルコニーの側面をあけてみたら，下地合板，下地部材がひどく腐食していた。

**欠陥事例-6**
2×4住宅の外壁で輸入品アルミ・木の複合サッシからの雨漏りにより，外壁内部で構造パネル材（OSB）や2×4材が腐っていた。

確実な施工が欠かせません。

　建物ができあがってしまうと見ることができませんし，また一般の人が判断すること自体困難です。信頼できる専門家に監理を依頼することが，欠陥をなくす最善の方法でしょう。

　生活するうえで，安全性については普段あまり意識しませんし，意識したくもありません。しかし，住まいを建てるときだけはしっかりと意識する必要があります。できあがってから欠陥に気づいても，十分な対策は困難なのです。

　構造的な欠陥は，十分な設計図や施工図が用意されることと，確実でていねいな仕事が行われるよう監視する以外に方法がないかもしれません。

# 4 住まいの材料

一軒の住まいに使う建築材料は、部品点数にすると数千点〜数万点になります。それらの材料をみなさんが、すべて調べるのは至難のワザです。その建設資材について考えてみましょう。

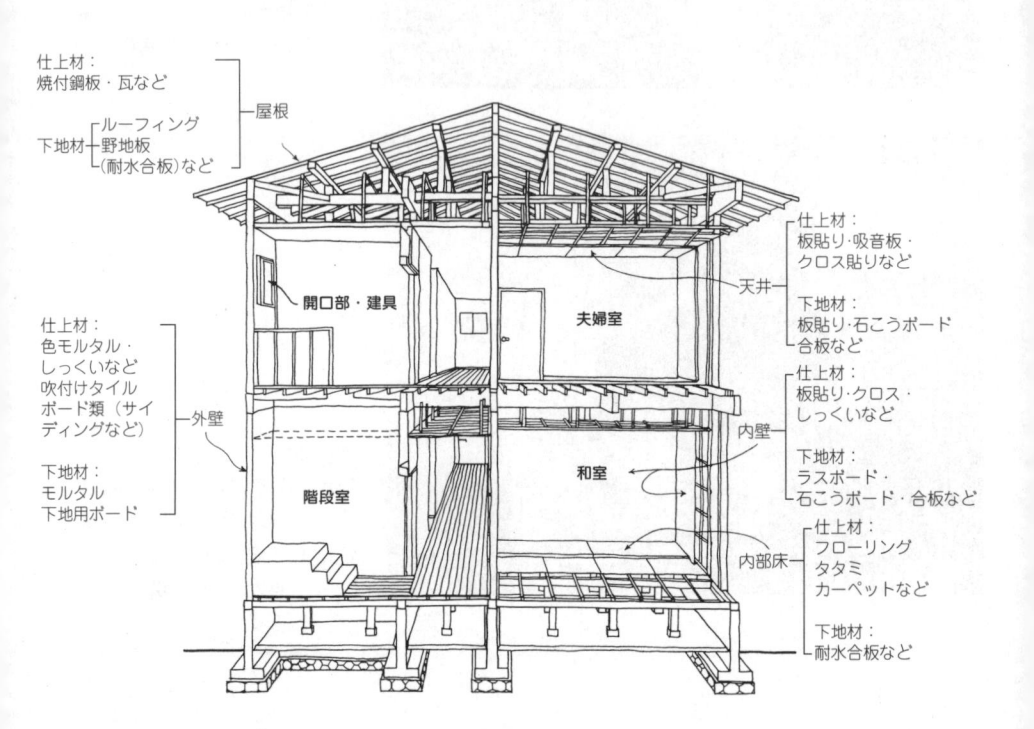

**屋根**
- 仕上材：焼付鋼板・瓦など
- 下地材：ルーフィング、野地板（耐水合板）など

**外壁**
- 仕上材：色モルタル・しっくいなど・吹付けタイル・ボード類（サイディングなど）
- 下地材：モルタル下地用ボード

**開口部・建具**

**天井**
- 仕上材：板貼り・吸音板・クロス貼りなど
- 下地材：板貼り・石こうボード・合板など

**内壁**
- 仕上材：板貼り・クロス・しっくいなど
- 下地材：ラスボード・石こうボード・合板など

**内部床**
- 仕上材：フローリング・タタミ・カーペットなど
- 下地材：耐水合板など

（夫婦室／和室／階段室）

## 住まいの材料

住まいをつくる材料は大きく分けると4つに分けられます。

①構造材——基礎とその上に組み立てられる構造躯体を構築するための部材です。

②下地材・補助材——構造躯体に取り付け、仕上材・開口部材を支持します。補助材には、性能を上げるための断熱や、遮音に力を発揮するものもあります。

③仕上材——文字どおり室内室外の性能・仕様に合わせて外観と機能を成り立たせるめに用いられます。

④開口部材——窓・ドア・換気口などの建築部材です。

建材メーカーから供給されるこれらの建設資材は、さまざまな仕様・素材・構成部材・形状があります。選択を的確にして施工方法を確実にすることによって、材料の性能をうまく引き出して、望むべき質感・性能が得られることになります。まず、設計段階での材料選定が重要な要素で、次に的確な施工です。

# 4 住まいの材料

## 構造材

### 木構造

| 各部 | 部材名 | | | 材料 | | | |
|---|---|---|---|---|---|---|---|
| 床組 | 土台 | ヒノキ | ヒバ | 防腐処理土台 | | | |
| | 大引 | ヒノキ | スギ | マツ | ベイツガ | 構造用集成材 | |
| | 根太 | ヒノキ | スギ | マツ | ベイマツ | 構造用集成材 | |
| | 床束 | ヒノキ | ヒバ | マツ | スギ | | |
| | 構造用合板 | スギ | マツ | シイ | 合板 | | |
| 軸組 | 通し柱 | ヒノキ | スギ | ツガ | ベイツガ | 構造用集成材 | |
| | 管柱 | ヒノキ | スギ | ツガ | ベイツガ | 構造用集成材 | |
| | 間柱 | スギ | ツガ | | | | |
| | 筋かい | マツ | ベイマツ | スギ | （鉄筋） | | |
| 梁組 | 梁 | マツ | ベイマツ | 鉄骨梁 | 構造用集成材 | | |
| | 胴差し | マツ | ベイマツ | | | | |
| 小屋組 | 桁 | マツ | ベイマツ | | | | |
| | 梁 | マツ丸太 | マツ | ベイマツ | | | |
| | 小屋組 | マツ | ベイマツ | スギ | 構造用集成材 | | |
| | 母屋 | マツ | ベイマツ | スギ | ベイツガ | | |
| | 棟木 | マツ | ベイマツ | スギ | ベイツガ | | |
| | 垂木 | ヒノキ | スギ | | | | |
| | 野地板 | スギ | 合板 | | | | |

### 構造の種類

| 構造の種類 | 材料名 |
|---|---|
| 鉄筋コンクリート造 | 鉄筋<br>コンクリート｛セメント／砂／砂利 |
| 鉄骨造 | 一般形鋼（H鋼，アングル，チャンネル）<br>鋼管<br>軽量形鋼<br>デッキプレート |
| 補強コンクリートブロック造 | 鉄筋<br>コンクリートブロック |
| 軽量気泡コンクリート板 | 工場で生産される軽量気泡コンクリート板（ALC板） |

## 構造材

　建物の根幹を成すのは，なんといっても骨組です。それを構成するため使用されるのが構造材です。この部材については，十分な注意が必要です。住まいづくりで使われる構造材の主要なものは，コンクリート，鉄筋，木材，鉄骨，コンクリートブロックなどです（30ページ「住まいの種類」参照）。

　重要な部位である基礎に用いる構造材は，鉄筋コンクリート，基礎用コンクリートブロック，鉄筋などです。

　木材は，在来工法で用いられるばかりではなく，枠組壁工法（2×4，4×8）やパネル工法，ログハウスなどでも使われます。

　鉄骨は，木造の強度補強や鉄骨造で全体を構成する場合に使われます。なお，鉄骨にも重量鉄骨と軽量鉄骨（内厚3.2mm以下）があり，梁間を大きくとれるなど計画に自由度をもたせることができます。軽量鉄骨はプレファブ（乾式）工法に適していますが，いずれも防火に配慮する必要があります。

## 下地材と補助材

### 1 下地材

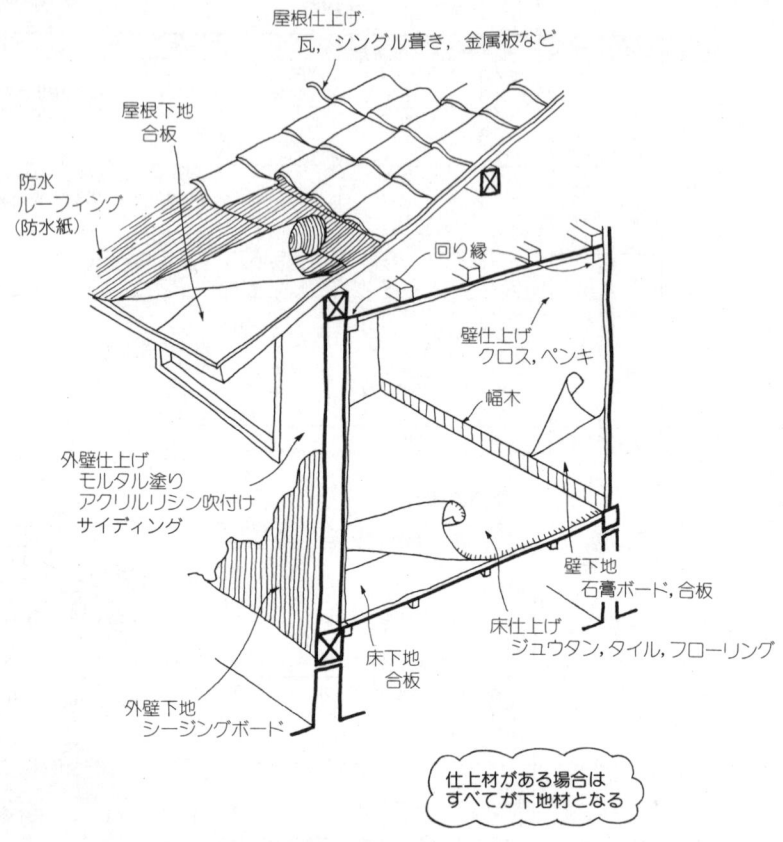

図中ラベル:
- 屋根仕上げ　瓦，シングル葺き，金属板など
- 屋根下地　合板
- 防水ルーフィング（防水紙）
- 回り縁
- 壁仕上げ　クロス，ペンキ
- 幅木
- 外壁仕上げ　モルタル塗り　アクリルリシン吹付け　サイディング
- 壁下地　石膏ボード，合板
- 床仕上げ　ジュウタン，タイル，フローリング
- 床下地　合板
- 外壁下地　シージングボード
- 仕上材がある場合はすべてが下地材となる

屋根，壁，天井，床下地

### 下地材と補助材

　下地材も補助材も，どちらも目に見えないところで住まいの出来ばえを支えている重要な材料です。仕上材は取り替えが可能ですが，下地材・補助材の交換は容易ではありません。最初から材料をよく吟味して使用することが大切です。

**【素材・性質】**
　構造の補助材など重要な部分で金物などを使用する場合には，結露しないよう配慮するのがよいでしょう。

　海岸地帯などでは，異なる金属どうしのイオン化傾向の違いに空気中に含まれる塩分・水分が作用し，電食が発生して部材が脱落してしまうことがあります。下地材，取付け補助材，仕上材の性質には十分注意が必要です。

**【下地寸法と間隔】**
　下地部材のサイズと間隔は，工法・詳細図などによってそれぞれ違います。住宅金融公庫の基準など，参考になるものはありますが，ご自分で理解するのは難しいかもしれませ

# 4 住まいの材料

## 2 補助材（充填材）

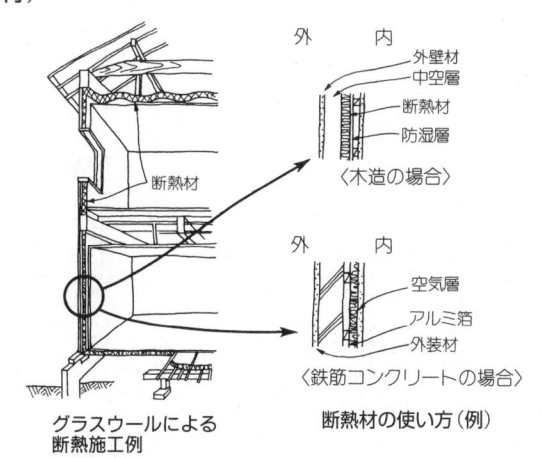

グラスウールによる断熱施工例

断熱材の使い方（例）
〈木造の場合〉外壁材／中空層／断熱材／防湿層
〈鉄筋コンクリートの場合〉空気層／アルミ箔／外装材

### 内装仕上げの制限

| 発散速度 mg/m²h | 名称 | JIS・JAS | 内装仕上げの制限 |
|---|---|---|---|
| 0.005 以下 | — | F☆☆☆☆ | 制限なし |
| 0.005 超 0.02 以下 | 第3種ホルムアルデヒド発散建築材料 | F☆☆☆<br>(旧) $E_0$, $Fc_0$ | 使用面積を制限 |
| 0.02 超 0.12 以下 | 第2種ホルムアルデヒド発散建築材料 | F☆☆<br>(旧) $E_1$, $Fc_1$ | 使用面積を制限 |
| 0.12 超 | 第1種ホルムアルデヒド発散建築材料 | —<br>(旧) $E_2$, $Fc_2$, 無等級 | 使用禁止 |

厚生労働省が濃度指針値を決めた13物質のうち，接着剤にかかわる5物質は以下のとおりです。
① ホルムアルデヒド
② トルエン
③ キシレン
④ エチルベンゼン
⑤ フタル酸ジ-n-ブチル

---

● **現場における下地材の養生管理**
　床工法で，従来は構造部材の上に下地部材（根太）を載せて高さ調整し，仕上材を張る工法が一般的でしたが，最近，合理化工法という名目で梁や大引き材と同じ高さで下地材（根太）をおいて，部材を省力化することが行われている場合もあります。これは水平方向の耐力を高める効果もありますが，梁材の変形，大引き材の変形，その他下地材の変形がそれぞれ異なることが多いため床の不陸の原因になることも多いようです。第三者の専門家によって含水率を確認されることが重要です。

---

ん。メーカー仕様は参考になります。

**【下地工法】**
　メーカー独自工法，在来工法などがあり，ほかにも特殊なケースもあるので，一概にいえません。設計者などに説明してもらうのがよい方法です。

**【補助材（充填材）】**
　補助材のなかで，充填材は，断熱・結露防止・防水・遮音・防音などの性能を確保するための材料で，性能にはいろいろな要素がか

かわります。また，補助材として，最近多用されている接着剤があります。
　平成15年7月1日に施行された改正建築基準法では，シックハウス対策が盛り込まれました。
　ホルムアルデヒドを発散する建材の面積規制とクロルピリホス（シロアリ駆除剤）の使用禁止です。接着剤には，ホルムアルデヒドを発散するものもありますので注意を要します。

## 開口部の材料

### 1 出入り口

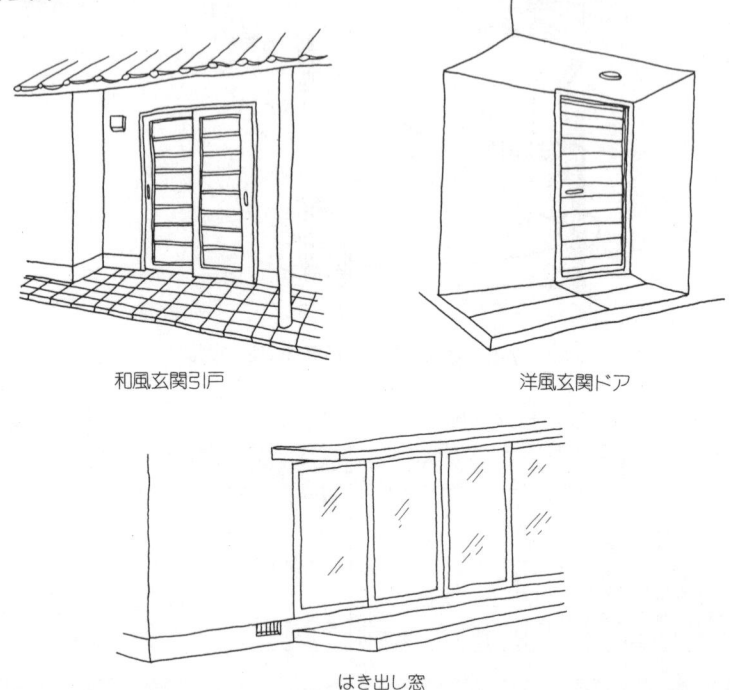

和風玄関引戸

洋風玄関ドア

はき出し窓

> ●開口部の選択
> 　熱負荷・結露・防音については，開口部がアキレス腱になります。熱線反射ガラス・ペアガラス（二重ガラス）・トリプレックス（三重ガラス）・断熱サッシ・防音サッシなど性能を比較して，適切な選択をされるとよいでしょう。

## 開口部の部材

　開口部とは，構造体と外壁・内壁に，さまざまな機能を付加するためあけた穴の部分をいいます。

**【玄関ドア】**
　メインの出入り口で，素材感・質感ともに気になる場所です。また，防犯の意味も大きい部位なので，錠を複数使用したり，ピッキング対応のものを選ぶようにしましょう。

**【防火扉】**
　集合住宅などでは，火災などに備えて防火性能をもった扉があります。この場合，鉄製の扉が使われることが一般的です。

**【窓（サッシ）】**
　光と空気を住宅内部に状況に合わせて取り込んでくれます。春夏秋冬の状況を配慮して位置・大きさを決めることが大事です。また開口の大きさは，室内からの空間の広がりにも影響しますので，ここでも検討を要します。

**【換気口】**
　床下換気口は，建物基礎の腐朽や結露防止

## 4 住まいの材料

### 2 窓

**ガラスのいろいろ**

| 板ガラス | 普通板ガラス | 窓ガラスなどに使用される無色透明な平板状ガラス。透明なガラスとすり（くもり）ガラスがある。 |
|---|---|---|
| | 型板ガラス | 表面に型模様をつけたもの。キッチン，浴室，トイレなどで，光を通しながら視界を遮ることができる。 |
| | フロート板ガラス | 透明な1枚で構成された真っ平らな普通の板ガラス。 |
| | 網入り板ガラス | 中に金網や金属線が入ったもの。飛散防止効果や防災効果がある。 |
| | 熱線吸収板ガラス | 微量の金属酸化酸化物を混ぜた板ガラス。赤外線の遮断・吸収に優れるため，室内の冷暖房効果が高い。 |
| 合わせガラス | | 2枚のガラスの間に中間膜という接着剤で一体化したもの。衝撃で割れても破片が脱落・飛散しにくい。 |
| 強化ガラス | | 安全ガラスの一つ。衝撃，曲げ，圧縮に強く，割れても破砕など細粒状になる。とがったもので叩くと割れる。 |
| 複層ガラス | | 2～3枚の板がラスの間に乾燥空気を封入したもの。断熱性や透過性に優れる。 |
| ガラスブロック | | 2つの箱型ガラスを溶着して一体化し，内部に減圧空気を封入したもの。断熱性や遮音性に優れる。 |
| ガラス瓦 | | 光線透過率が高く熱に強い採光用瓦。瓦との組合せで大きなトップライトを自由に構成できる。 |

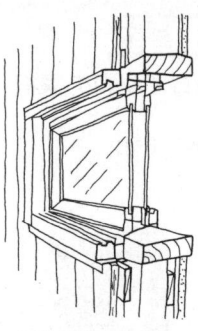

アルミサッシの窓

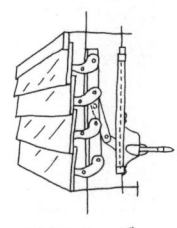

ガラスルーバー

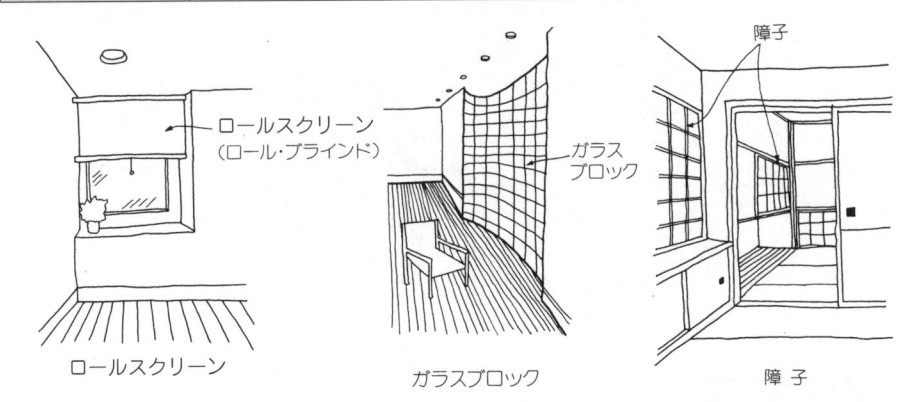

ロールスクリーン（ロール・ブラインド）

ロールスクリーン

ガラスブロック

ガラスブロック

障子

障子

のために重要です。スムーズに風の流れる配置と，基礎配筋に対して安全な位置の穴開けがポイントになります。

屋根裏換気は，屋根裏の温度・湿度の管理がおもなもので，これらは一般的には設けたほうがよいようです。設計者に相談されたほうがよい項目でしょう。

**【引き戸・開き戸】**

動線などを含め使い勝手により検討される物です。特に車いすの使用や高齢化対応など

では，引き戸が有効になります。

**【雨戸】**

最近は上に巻き上げるシャッター形式の雨戸なども使われています。物の飛来や，防犯などを考えると，デザイン的に許容できるなら付けたほうがより安全でしょう。

**【網戸】**

防虫対策と換気のために設けられるものです。

# 仕上材

## 1 葺く材料の選択

屋根：天然スレート，瓦，アスファルトシングル，こけら葺き

### 仕上材の種類

| | | |
|---|---|---|
| 窯業製品 | 粘土瓦 | 和瓦，洋瓦などさまざまな形状がある。 |
| セメント製品 | セメント成形板 | シングルタイプのもの・瓦状のものがある。 |
| アスファルト | アスファルトシングル | シングル葺きの現代版。不燃シングルもある。 |
| 金属製品 | 鋼板，ガルバリウム鋼鈑<br>アルミニウム板<br>ステンレス板<br>銅板 | 不燃化・軽量化を配慮したもの。平葺き，瓦棒葺き，縦はぜ葺きなどさまざまな工法で施工される。 |
| その他 | 板ガラス<br>合成樹脂板<br>ウッドシングル | 板ガラスとウッドシングルは，主としてトップライトに使われる。ウッドシングルは防火の不要なログハウスなどで使われる。 |

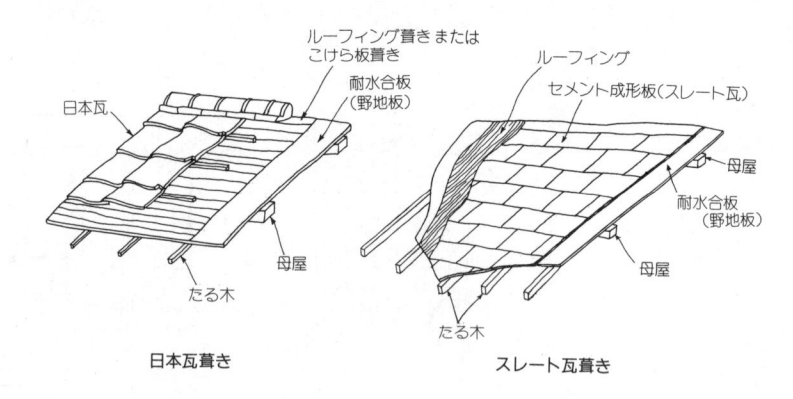

日本瓦葺き

スレート瓦葺き

## 仕上材と安全性

　仕上材は空間の質や性格を表現するもので，それぞれの住宅で，住まい手が自分の主張をする手段として，自由選択の裁量範囲を大きくもっている素材といえます。好みに合わせて，自由に表現できる素材でしょう。ただし，下地材・補助材との関係を確認したうえで決めなければなりません。

　仕上材は，素材がもつ性質として，調湿性・通気性・はっ水性・耐火性・防火防燃性・平滑性・遮音性・吸音性などの性質があります。部屋の条件にあった素材を選択し，空間の主張をすることが大切です。これには，色彩表現も入ってきます。

■外部からの影響

　敷地周辺の騒音・湿気・振動・過去の床上浸水の頻発・ビル風など思わぬ影響を受ける可能性を設計段階で考慮しましょう。

【健康住宅と素材】

　一般的な仕上材はこのようなことで選択できますが，最近取りあげられる機会が多い健

## 4 住まいの材料

### 2 張る材料の選択

#### 仕上材の種類

| 分類 | 種類 |
|---|---|
| 木質系 | 天然木材，合板，繊維板 |
| 繊維・セメントボード | セメント板，木片セメント板，木毛セメント板，成形セメント板，ALC板 |
| 石こうボード | 石こうボード，化粧石こうボード，シージング石こうボード，繊維石こうボード，石こうラスボード，吸音用孔あき石こうボード |
| 壁装材 | 紙壁紙，織物壁紙，ビニル壁紙，無機質壁紙 |
| 金属板 鉄板系 | 亜鉛鋼板，カラー鋼板，ガルバリウム鋼板，ホーロー鉄板 |
| 金属板 アルミその他 | アルミニウム，銅，二次製品 |
| タイル | 磁器質タイル，陶器質タイル，半磁器質タイル，せっ器質タイル |
| れんが | 普通れんが，特殊れんが，耐火れんが |

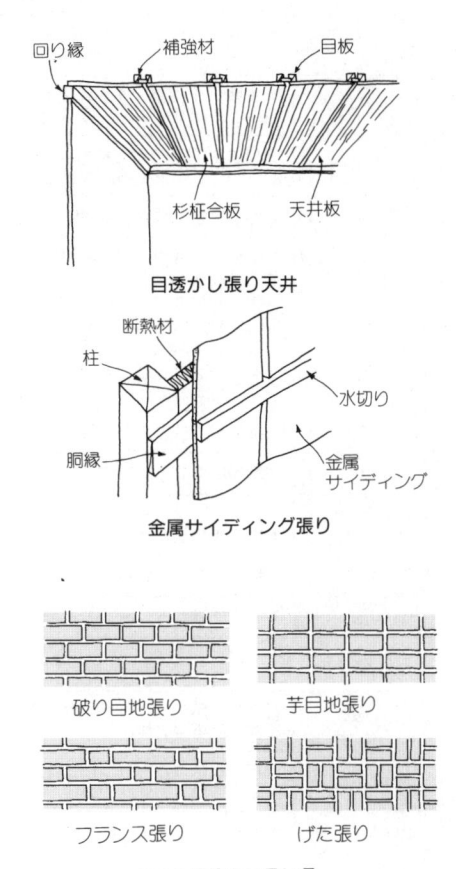

目透かし張り天井（回り縁，補強材，目板，杉柾合板，天井板）

金属サイディング張り（断熱材，柱，胴縁，水切り，金属サイディング）

タイル張りのいろいろ
- 破り目地張り
- 芋目地張り
- フランス張り
- げた張り

---

康素材について，仕上材・下地材の両方を含めた視点で検討する場合，どのようなものが考えられるのか，ざっとみてみましょう。

29ページであげた，健康住宅に使用される，人に生物学的に安全な建築資材には，被害が起きないように安全をみて健康素材を使用する場合と，すでに化学物質過敏症になっている家族がいる住宅を計画・施工する場合とで，指定する建築資材がまったく違います。後者の場合は，その方の過敏症の程度・反応する薬剤によって対応が異なりますので個別のカルテが必要です。そこで，一般的な予防のための健康住宅と素材についてここではお話しします。

【結露・カビを防ぐ】

断熱材の入れ方によっては，壁内結露を起こすこともあり，カビの発生や材料の腐朽をまねきやすいので要注意です。

【ダニの予防】

ダニは人間が住みやすい環境が大好きで

## PART I 基本知識▶▶

**外壁(外装材)**：金属，塗装材，石張り，板張り，ボード類

| | | |
|---|---|---|
| お も な 仕 上 げ | リシン仕上げ | セメントモルタルを十分に乾燥させた金ごて仕上げの上に，リシン吹付けタイルなどを施す。 |
| | サイディング | 窯業系・金属系・木質系と種類が豊富で，たて張りと横張りがある。幅や厚さ，肌合い，色など，デザインも豊富。乾式工法もある。 |
| | タイル張り | モルタル下地の上に接着用モルタルや特殊接着用で張り，目地埋めをする。大きさ，色，肌合いなどにより種類が豊富 |
| | 石　張　り | 自然石を張りやすいように薄肉にカットしたものを張る。要領はタイル張りと同じ。 |
| | 板　張　り | たね張り・横張りで，板の幅，厚さ，材質など，種類が豊富。仕上げに腐食防止と美観を兼ねて塗装する。 |

**内壁(内装材)**：金属，塗装材，石張り，板張り，ボード類，布，紙

| | | |
|---|---|---|
| お も な 仕 上 げ | 壁紙布張り | 下地ボード（石こうボード合版など）の上に，接着剤で張る。接着剤には，有害性物質に関する規制がある。 |
| | 左官仕上げ | 自然素材，プラスター系，繊維質系，パーライト系などがある。 |
| | 内装用タイル | 外壁用に準ずる。乾式工法と湿式工法があり，乾式工法の場合は接着剤の選択に注意が必要。 |
| | 繊維強化セメント板 | スレート，スレートパーライト板，セメント珪酸カルシウム板，スラグ・石こう系セメント板の規格品がある。 |
| | 石こうボード | 内壁・天井の下地材として用いられる。 |
| | 板　張　り | 外壁用に準ずる。塗料の選択には注意が必要。 |

**床**：石，タイル，板，畳，カーペット，長尺ビニルシート

| | | |
|---|---|---|
| お も な 仕 上 げ | 畳 | 畳の表に用いるイグサに着色剤が使用されているか，畳床の稲わらに農薬が使用されているかの確認が必要。 |
| | 木質系床材 | 合板，複合フローリングに用いる接着剤に有害性物質を含んでいるか，また，仕上げの塗装材についても確認が必要。 |
| | カーペット | カーペットタイルに用いる接着剤に有害性物質を含んでいるか確認が必要。 |
| | 長尺シート床材 | 成分データにより有害性物質を含んでいるか確認が必要。 |
| | コルクタイル | 素材は問題ないが，粒子を固める接着剤や，下地に張るものも含めて，また表面塗料にも注意が必要。 |

す。特に，暖房のしすぎで結露した下地周辺などは最高の生息場所になります。また，疥癬（皮膚病）など人体に影響を与える原因にもなります。ダニ対策としては，結露の予防，適度の換気，塵だまりの少ない材料，材料どうしの納まりなどが重要です。入居後や日ごろの掃除も大切です。

**【防蟻材】**

防蟻材に含まれる薬剤は，建築基準法の改正で使用が制限されています。最近は，住宅金融公庫融資住宅基準でも使用を義務づけることに，はばをもたせています。床高を上げる，木酢液（もくさく）を使った防蟻を行うとか，浴室回りは腐らない建材を使うなど方法はあります。検討は必要でしょう（19ページ参照）。

**【防腐剤】**

特に，土台，つか柱などに腐朽防止目的で防腐処理されますが，工場など敷地外で防腐処理したものを十分乾燥したうえで持ち込んでもらうようにするとだいぶ影響が軽減され

## 3 塗る材料

### 仕上材の種類

| 塗料 | ペイント<br>樹脂<br>ワニス<br>合成樹脂塗料<br>天然塗料（漆など） | |
|---|---|---|
| 左官材 | 自然素材<br>プラスター系<br>繊維質系<br>パーライト系 | |
| 塗り床材 | 酢酸ビニル系塗り床<br>エポキシ系塗り床<br>ポリエステル系塗り床<br>ウレタン系塗り床<br>合成ゴム・ラテックス系塗り床 | |
| 吹付け材 | 外装用 | 砂壁状，平滑<br>模様状<br>スタッコ状 |
| | 内装用 | 砂壁状，平滑 |
| | 天井材 | 砂壁状，平滑<br>粗面状 |

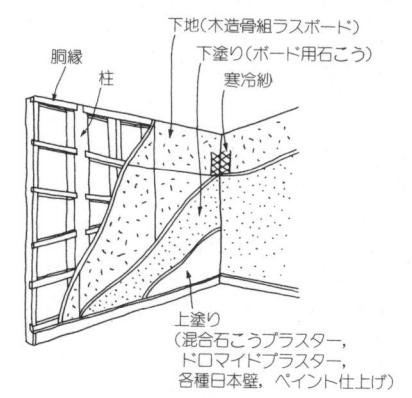

**ラスボード下地石こうプラスター塗り（洋風しっくい壁）**

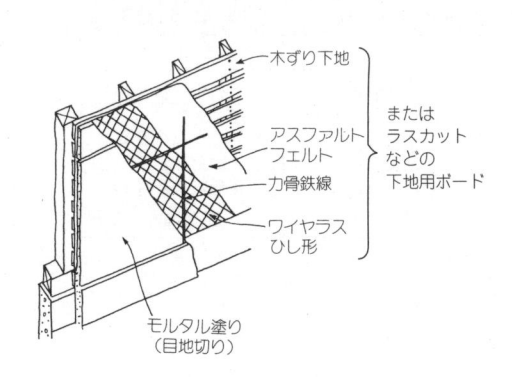

（胴縁／柱／下地（木造骨組ラスボード）／下塗り（ボード用石こう）／寒冷紗／上塗り（混合石こうプラスター，ドロマイドプラスター，各種日本壁，ペイント仕上げ））

**モルタル塗りの外壁**

（木ずり下地 または ラスカットなどの下地用ボード／アスファルトフェルト／力骨鉄線／ワイヤラスひし形／モルタル塗り（目地切り））

ます。

**【接着剤】**

　以前、部材接合部は、木材の仕口、金物、釘、ビス、くさびなどで取り付けていました。接着剤が開発され、それも材料に合わせて強度や堅さが異なる接着剤がいろいろ販売され使われています。有機化学物質を含んだ接着剤の使用は、シックハウス対策として、建築においては規制が設けられました。自然素材を使った接着剤もありますので、検討のうえ使用されることをおすすめします。

**【合板】**

　スライスした木材やチップを接着剤で成形し、固めたものが合板（ベニヤ）です。有毒化学物質の含有量が少なく、より安全な合板などありますので、状況に合わせて使用されるとよいでしょう。含有量の等級は、☆の数で表示されます（55ページ参照）。

**【ビニル建材】**

　床のビニル材、壁のビニルクロス、幅木・

## PART I 基本知識▶▶

### 4 敷く材料

**畳の規格・種類**

| サイズ | 本間間：関西以西で用いられている（京間 六三間） |
| :---: | :--- |
| | 三六間：中京地方で用いられている |
| | 五八間：東日本の大部分はこのサイズ |
| | 団地間：最近の新築家屋に多く，特に集合 住宅はほとんどこのサイズ |
| 表 | 麻経引通し表，糸経引通し表およびトビ込 表の3種 |
| 床 | 稲わら畳床，軽量化・断熱化した化学畳床， その両方を合わせた合成畳床 残留農薬に要注意 |

畳敷き（下張耐水合板／畳／断熱材／根太／耐水合板／大引き）

**床材のいろいろ**

| 素材による分類 | 製法による分類 |
| :---: | :---: |
| ウール | パイル織り |
| ナイロン | パイル刺繍 |
| レーヨン アクリル | フェルト状製法 |
| ポリプロピレン | 接着による製法 |
| ポリエステル | 電気植毛 |

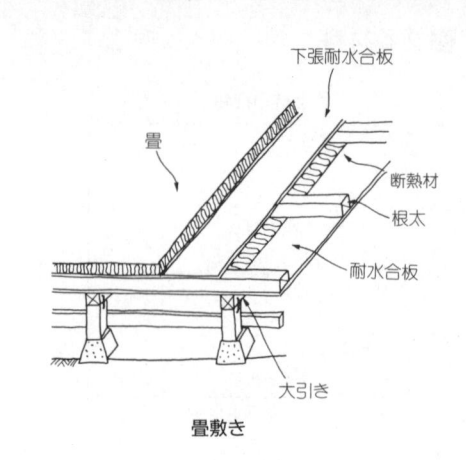

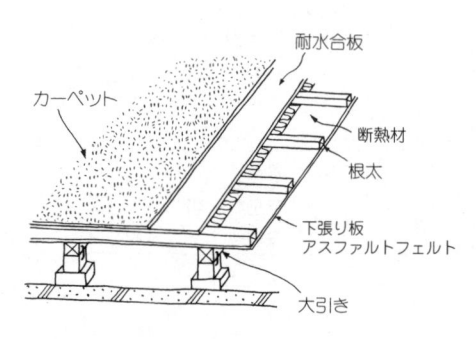

カーペット敷き（耐水合板／カーペット／断熱材／根太／下張り板 アスファルトフェルト／大引き）

回り縁（床と壁，壁と天井の見切り材），金属部のカバー，照明器具の部品などいろいろなところに使われています。これらには，手触りや肌触りを柔らかくするための可塑剤が入っています。年限が経ってビニルが堅くなるのはこの可塑剤が空中に飛散して弾力性がなくなるからです。その他の高分子成分も条件により変化します。

**【塗料】**

有機化学物質や重金属を含んだ塗料がつやもよく，発色もよいので一般的に使われているようです。また薄め液も有機化学物質のものが一緒に使われるケースが多いでしょう。それより安全性が高いのが，発色やつやは落ちますが，水性エマルションペイントです。そして，自然素材を使用した塗料に，亜麻油，柿渋，うるし，蜜ろう，ワックスなどがあります。これらを比較検討して使用塗料を決定するべきでしょう。

**【床材】**

## 4 住まいの材料

### 5 内装仕上制限

**壁装材・塗料接着剤等に関する公的規制**

平成15年7月に改正建築基準法が施行され，シックハウスに関する技術的基準が規定されました。そのなかでは居室内の化学物質の発散による衛生上の支障がないよう，クロルピリホスやホルムアルデヒドを発散する建築材料の使用制限を規定しています。ホルムアルデヒドに関しては，4段階の表示でその使用制限を示し，F☆☆☆☆は無制限に使用可能となっています。壁装材関係も含め，各メーカーでは，環境にやさしい新製品を開発・販売しています。

| 一般名称 | 規格 | 用途・特長[1] | ホルム[2]アルデヒド | クロスピリホス |
|---|---|---|---|---|
| 合成樹脂調合ペイント | JIS K 5516 | 建築物の屋内外の木部，鉄部<br>無鉛・クロムフリー，中塗仕上げ，上塗仕上げ | F☆☆☆ | 配合せず |
| クリアラッカー | ― | 木部のクリア仕上げ | F☆☆☆☆ | 配合せず |
| フタル酸樹脂エナメル | JIS K 5572 | 建築屋内外の鉄部，鋼製建具用塗料 | F☆☆☆ | 配合せず |
| エマルション系塗料 | ― | 水系鋼製建具用塗料 | F☆☆☆ | 配合せず |
| 塩化ビニル樹脂ワニス | JIS K 5581 | 内部コンクリート用シーラー | F☆☆☆ | 配合せず |
| 塩化ビニル樹脂エナメル | JIS K 5582 | 屋内コンクリート・モルタル・石綿スレート・金属など | F☆☆☆ | 配合せず |
| アクリル樹脂エナメル | JIS K 5564 | 屋内コンクリート，モルタル面用 | F☆☆☆ | 配合せず |
| 建築用ポリウレタン樹脂塗料 | JIS K 5656 | 屋外の鉄部，アルミ，コンクリート面用<br>二液耐候性塗料 | F☆☆☆ | 配合せず |

1) メーカーの商品によって用途・特徴，および揮発性有機化合物の配合量などがかかわってきます。
2) ホルムアルデヒドの等級区分を示しています。F☆☆☆☆以上の材料を選択するようにしましょう。

　木材フローリング材は，もともとは無垢材（むく）でしたが，現在では合板の上に木材の単板を張るか，ペイントしたり，樹脂を張りつけるなどの方法が行われています。できれば無垢材を使いたいところです。

【建具】
　一般の住宅で使われる建具は，ほとんど既製品が多く，工場生産のものです。これらも床材と同様，工場で骨材に合板を接着しプリントを施した仕上げか，木材の単板を張り付けたものです。これらを加熱プレスしている場合には，多少有機物が製造段階で飛んでいることもあります。

【家具】
　家具は，有毒化学物質が出る材料（接着剤・合板類）が使われていることがあるので注意が必要です。家具売場で扉を開けて，刺激臭がないか確認したほうがよいでしょう。また，家具は新築にあわせず後で買うとか，将来の新築に目標をあわせて無垢材の家具を

| 一般名称 | 規格 | 用途・特長[1] | ホルム[2]アルデヒド | クロスピリホス |
|---|---|---|---|---|
| アクリルシリコン樹脂エナメル | ― | 屋外の鉄部，アルミ，コンクリート面用 二液耐候性塗料 | F☆☆☆☆ | 配合せず |
| 常温乾燥形ふっ素樹脂エナメル | JIS K 5658 | 屋外の鉄部，アルミ，コンクリート面用 超耐候性塗料 | F☆☆☆☆ | 配合せず |
| つや有り合成樹脂エマルションペイント | JIS K 5560 | 建築内外部のコンクリート面，木部，鉄部など（高耐候性／超耐候性／ゼロVOC／汚れ除去性／防かび性／抗菌性）建築内装用上塗塗料 | F☆☆☆☆ | 配合せず |
| ウレタン樹脂ワニス | ― | 木部用クリア仕上げ | ― | 配合せず |
| マスチック塗材 | ― | 建築用厚塗り仕上げ塗材（外部用／内部用／内外部用） | ― | 配合せず |
| 合成樹脂エマルションペイント | JIS K 5663 | 建築内外装用（ゼロVOC／VOC 1%以下／汚れ除去性／防かび性／抗菌・消臭機能／脱臭性） | F☆☆☆☆ | 配合せず |
| 変性エポキシ樹脂下塗塗料 | ― | さび止め塗料（高防食性／一液水系） | F☆☆☆☆ | 配合せず |
| 水系さび止め塗料 | ― | さび止め塗料（一液水系／一液水系鋼製建具用） | F☆☆☆☆ | 配合せず |
| ゼロVOCシーラー | ― | 建築用水系シーラー | F☆☆☆☆ | 配合せず |
| カチオン形特殊アクリル樹脂系シーラー | ― | 建築用水系シミ止めシーラー | F☆☆☆☆ | 配合せず |
| 仕上塗材用下地調整塗材 | JIS K 6916 | 下地調整塗材 | ― | 配合せず |

1）メーカーの商品によって用途・特徴，および揮発性有機化合物の配合量などがかかわってきます。
2）ホルムアルデヒトの等級区分を示しています。F☆☆☆☆以上の材料を選択するようにしましょう。

事前に買っておく，などされるのも一つの方法です。

### 【キッチン】

表面材・扉材に樹脂材を使ったものが多く，主婦が常時いる所に近く位置するので，素材選びに配慮するとよいでしょう。ホーロー，ステンレスなどは当然安全ですが，木の無垢材のキッチンなどもあります。

### 【引越の後で】

新築の香りというのが昔は木の香でしたが，いまは，接着剤，塗料，樹脂の臭いに変わってしまっている感があります。新築後すぐに引っ越して，締め切った室内にずっといると身体に害のでる結果をまねくこともあります。引っ越したら3カ月ぐらいは換気をとりすぎるぐらいにします。便所などの換気扇を終日回しておくのは有効です。余裕があれば引越を遅らせるという選択をしましょう。

### 【より安らぐ環境】

よりエコロジカルな考えを加えるには，温

## 6 結露とその対策

**結露発生のしくみ**

結露とは、たくさんの水分を含んだ暖かい空気が冷たい物質に触れて冷やされ、水滴になる現象をいいます。結露の現象としてよく目にするのは、暖房をしている部分で発生した水蒸気が表面温度の低い窓や壁にあたったときや、温度の低い部屋や押入、クローゼットに流れ込んだときに結露する場面です。

**結露の原因**

住まいにおける結露の発生原因はたいへん複雑です。断熱性能や内外の温度差に起因するだけでなく、高気密化した住宅内の入浴、炊事、人体からの発汗・開放型暖房器具からの水蒸気など、さまざまな要因が絡み合って発生します。

**表面結露と内部結露**

結露には、空気中の水蒸気が壁などの低温部に触れてその表面に凝結して壁装材を濡らし、カビやシミや剥がれの原因となる表面結露と、室内から壁内部に浸入した水蒸気が温度低下により凝結して断熱効果を低下させるほか、壁内部の柱や土台といった木部を腐らせることになる内部結露があります。

●新築時のアドバイス

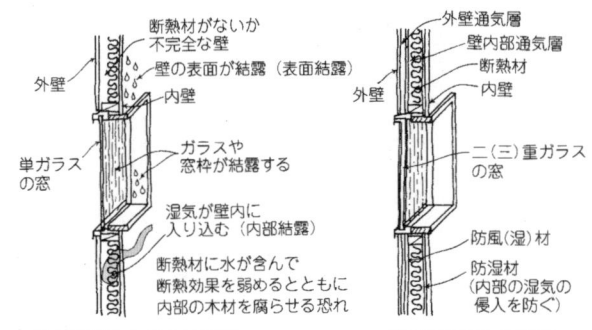

結露が発生しやすい建物

結露対策をした建物

●住まい方のアドバイス
①適切な暖房器具を使用する（冬季）。
②室内を過度に加湿しない。
③換気を十分に行う。住宅には24時間換気が義務付けられたが、部屋の隅や家具の裏などがよどみやすいので注意）。
④季節によって異なる結露のしやすい箇所を把握し、結露防止対策を図る。

熱環境の工夫、雨水の再利用、緑化の推進といった要素を配慮することができます。

温熱環境でいえば、冷水・温水によるふく射、あるいは太陽熱の有効利用によるエコロジカルな室内環境の充実などが考えられます。

雨水の再利用では、庭の散水、便器の洗浄水や洗濯などでの使用が有効的です。また、地面がアスファルトで覆われている住宅密集地などでは、地面に雨水を戻してあげることも大切です。下水の処理水の量が減ることも環境負荷の軽減の一助になります。

熱負荷を減らすことができる屋上緑化は、生活上のランニングコストを抑え、地球環境への配慮にもつながる有効な方法です。

このほかにも、環境対策に役立つさまざまな住まいづくりのアイデアがあります。積極的に検討して、できる範囲で実現していきたいものです。

# 5 住まいの設備

住まいの設備には，給排水，衛生や厨房の設備，照明や情報の機器など，機能性を確保するうえで欠かせないもの，冷暖房・換気・温湿度調整など住まいの快適性を高めるもの，火事や盗難などに対して安全を確保するものなど多様です。さらに最近では，環境に対応したシステム（ソーラー・太陽光発電・雨水利用）の活用など環境対応性を求める機器などもあります。これら設備機器を設計のなかに組み込んで住宅は建てられます。

最近の設備機器は，自動制御，リモートコントロール・抗菌などさまざまな機能が付加されています。専門家のアドバイスを受けたり，ショールームなどで説明を聞き確認して，希望にあったものを選択されるとよいでしょう。

## 水回りの設備

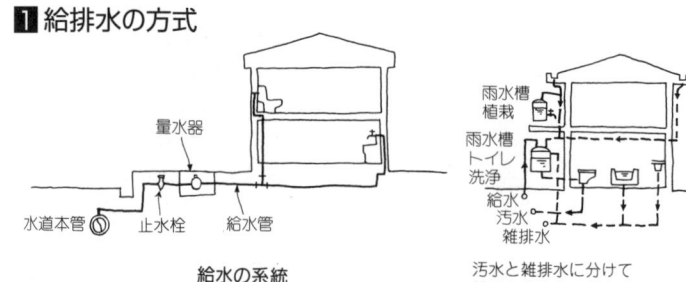

### 1 給排水の方式

給水の系統

汚水と雑排水に分けて排水する方式
（雨水を貯めてトイレに使用する例）

汚水雑排水を同系統で排水する方式

排水の系統

## 性能ごとの設備の選び方

【機能性を確保する設備】

給水設備については，公的水道など敷地までの設備はほとんどの地域で整備されています。一般に水道の水圧は2階までの高さには対応しているので，集合住宅のような大きな建物などで3階以上に水を使うところがないかぎり，加圧送水ポンプを使う必要はありません。ただし，最近は3階まで直結できる地域も増えているのでよく調べてみましょう。寒冷地で地面の水分が凍ってしまう地域（凍結深度が深い）は，屋外の配管などに保温をしたり，使わない配管部分に水抜き栓を付けるなどの配慮が必要です。

排水設備は，雨水と汚水排水を分けて流す分流式と一緒に流す合流式があります。分流式の雨水浸透について，一部地域ですが，環境配慮などを目的にして雨水を地面に浸透させるのに助成金を出すところもあります。設計段階で確認されるとよいでしょう。また，汚水を直接放流できない地域では，浄化槽を

## 5 住まいの設備

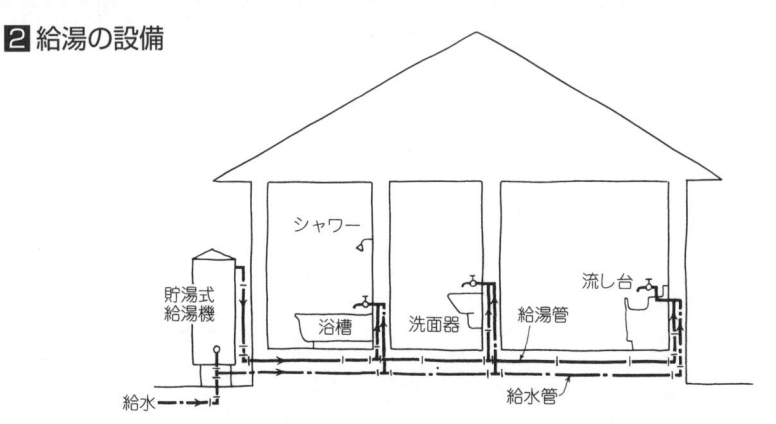

### 2 給湯の設備

給湯システム（貯湯式給湯機の場合）

### 3 混合栓

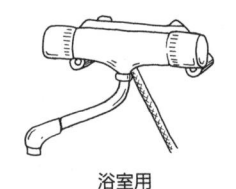

浴室用

洗面用

### 4 その他の水回りの設備

洋式便所
（洗浄・乾燥・暖房便座付）

浄化槽

設けるなどの対応が必要です。

　住宅内給排水設備機器は、台所（流し台・食洗器）・洗面所（洗面器）・洗濯室（洗濯機・洗濯，掃除用流し）・浴室（バス・シャワー）・便所がおもなものです。

　照明や情報機器は，各室照明・インターホン（テレビ付き・警報付き・ホームオートメーション機能）・テレビ（配線／アンテナ・ケーブルテレビ）・コンセント（防水・防雨・アース付き）・電話・IT〈インフォメーションテクノロジー〉対応（光ケーブル）などがあります。

　その他の機器として，バリアフリー機器（住宅用エレベーターリフト，照明・コンセント統合リモコン）・レンジ・オーブン・バス乾燥器など，住宅の機能を向上させる設備機器があります。

【快適性を確保する設備】

　冷暖房設備は，各室や必要部分を冷暖房するための設備で，エアコン・床暖房・放射冷

## 調節の設備

### 1 冷暖房設備

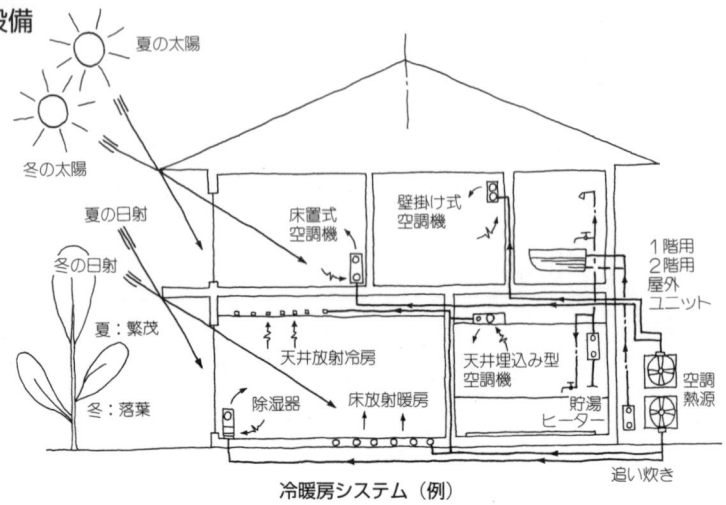

**冷暖房システム（例）**

夏の太陽／冬の太陽／夏の日射／冬の日射／夏：繁茂／冬：落葉／床置式空調機／壁掛け式空調機／1階用 2階用 屋外ユニット／天井放射冷房／除湿器／床放射暖房／天井埋込み型空調機／貯湯ヒーター／空調熱源／追い炊き

**個別方式の空調設備**
ウインドウ型のルームエアコン
セパレート型のルームエアコン

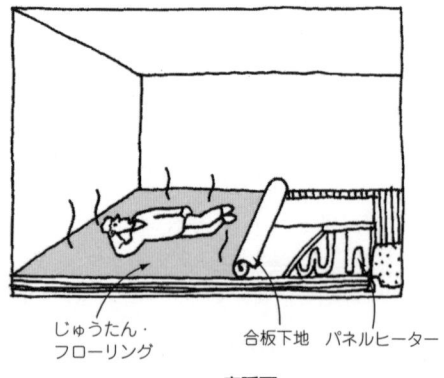

**床暖房**
じゅうたん・フローリング／合板下地／パネルヒーター

暖房・局所暖房（浴室・便所）などがあります。また，それらの熱源もさまざまなものがあり，それぞれ特徴をもっています。

「快・不快」を感じる条件は，気温・湿度・気流・放射熱・熱伝達の5つの要素です。快適な室内熱環境は，これらが互いに影響し合います。暖かい空気は上にいくので，一般的な冷暖房では床面が冷たく天井面が暖かくなります。暖房時は，床暖房などで温度分布を緩和できますが，冷房時暖かい空気が上にたまってしまうので，長時間在室すると足が冷えてしまうなどの影響があります。

換気設備は，きれいな空気を室内に供給したり，厨房や浴室・便所などの排気をするための設備です。加えて，改正建築基準法では（平成15年7月1日施行）機械換気の設置を必要な機能として義務づけています。

湿度調整設備は，竣工後のコンクリートの湿気や梅雨時の湿気を取り除いたり，冬の乾燥を抑えたりするための設備機器です。

## 5 住まいの設備

### 2 換気装置

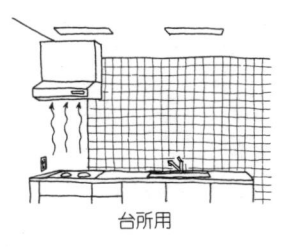

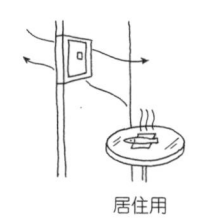

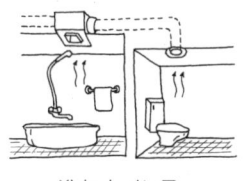

台所用　　　居住用　　　浴室・トイレ用

## 電気と明かりの設備

### 1 照明器具

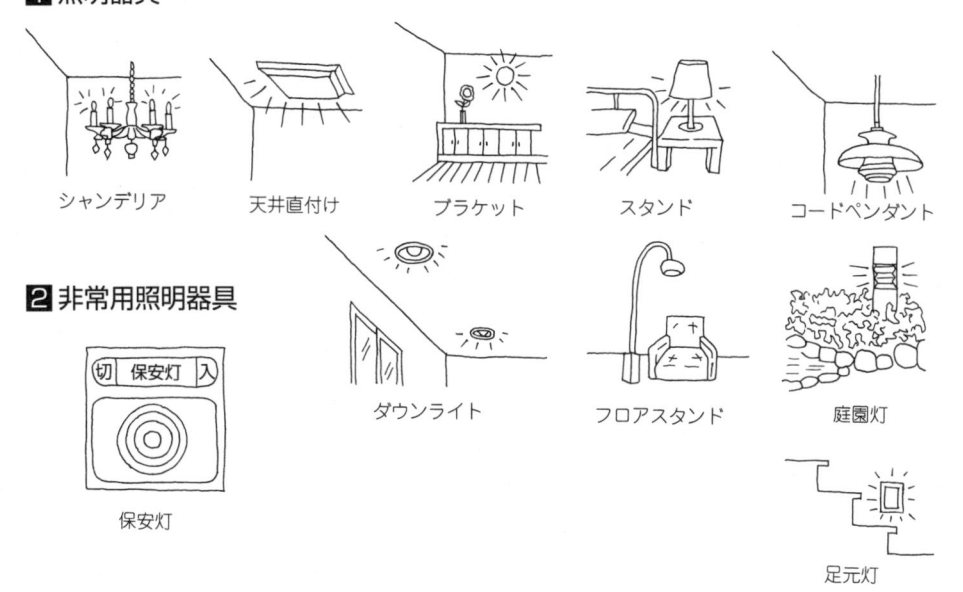

シャンデリア　天井直付け　ブラケット　スタンド　コードペンダント

### 2 非常用照明器具

保安灯　ダウンライト　フロアスタンド　庭園灯　足元灯

**【安全性を確保する設備】**

　高齢化が進む今，お年寄りがいる場合，緊急時を考え寝室や浴室・トイレからの通報ボタンを配慮するとよいでしょう。

　火災時やガス漏れに対応した設備機器は，集合住宅では当然になってきていますが，戸建住宅ではまだすべての家に付いているとは言えません。条件によりますが設置が必要ですので，専門家に相談して，設計に織り込みましょう。

　また，落雷のときに電子機器を守る電気回路や停電時に避難路を確保する照明器具（保安灯）などもほしい設備です。地震のとき，切断されるコンセントなども設置すれば，停電復帰後の火災による二次災害などにも対応できるかもしれません。

　盗難や強盗など犯罪に対する警報設備・通報設備・オートロック錠なども今後考えたい設備機器です。セキュリティの配線は，各セキュリティ会社ごとに方法が違うことがあり

## 3 コンセント

- アップコン
- 防雨コンセント
- アース付きコンセント
- マルチメディアコンセント（はずす／はめる、CS、LAN、TV、TEL./TEL.）
- 家具用コンセント
- ガス警報機用コンセント
- 漏電ブレーカー内蔵コンセント

## 4 スイッチ

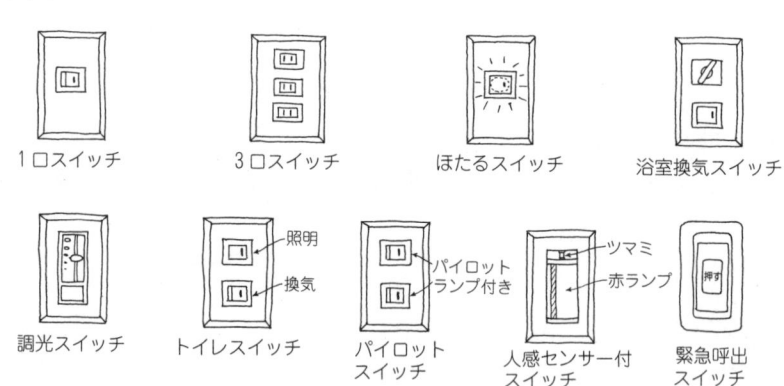

- 1口スイッチ
- 3口スイッチ
- ほたるスイッチ
- 浴室換気スイッチ
- 調光スイッチ
- トイレスイッチ（照明・換気）
- パイロットスイッチ（パイロットランプ付き）
- 人感センサー付スイッチ（ツマミ・赤ランプ）
- 緊急呼出スイッチ

ます。もし，竣工後セキュリティ会社と契約する予定があり，契約の会社が事前にわかっている場合には，設計に反映してもらうことも考えましょう。

【環境に配慮した設備】

はじめに，石炭・石油・天然ガス・原子力燃料などの資源エネルギーと，太陽熱・太陽光・雨水・井水・地下水・風力・水力・植物および廃棄物・土壌・地熱・潮汐などの環境エネルギーの利用のしかたを比べてみます。

資源エネルギーは有限なので，貴重な資源を効率的に使うには集中型エネルギー活用になります。環境エネルギーは分散して存在し，自然界での循環もよいため，多少のロスがあっても分散型活用で利用可能です。そして，これまで資源を利用する技術の対象にならなかった素材・材料でも，資源として活用できるようにする工夫こそが，環境の視点にたった技術の本質なのです。

そのような状況のなかで，現在注目されて

# 5 住まいの設備

## 情報の設備

### 1 ホームオートメーション

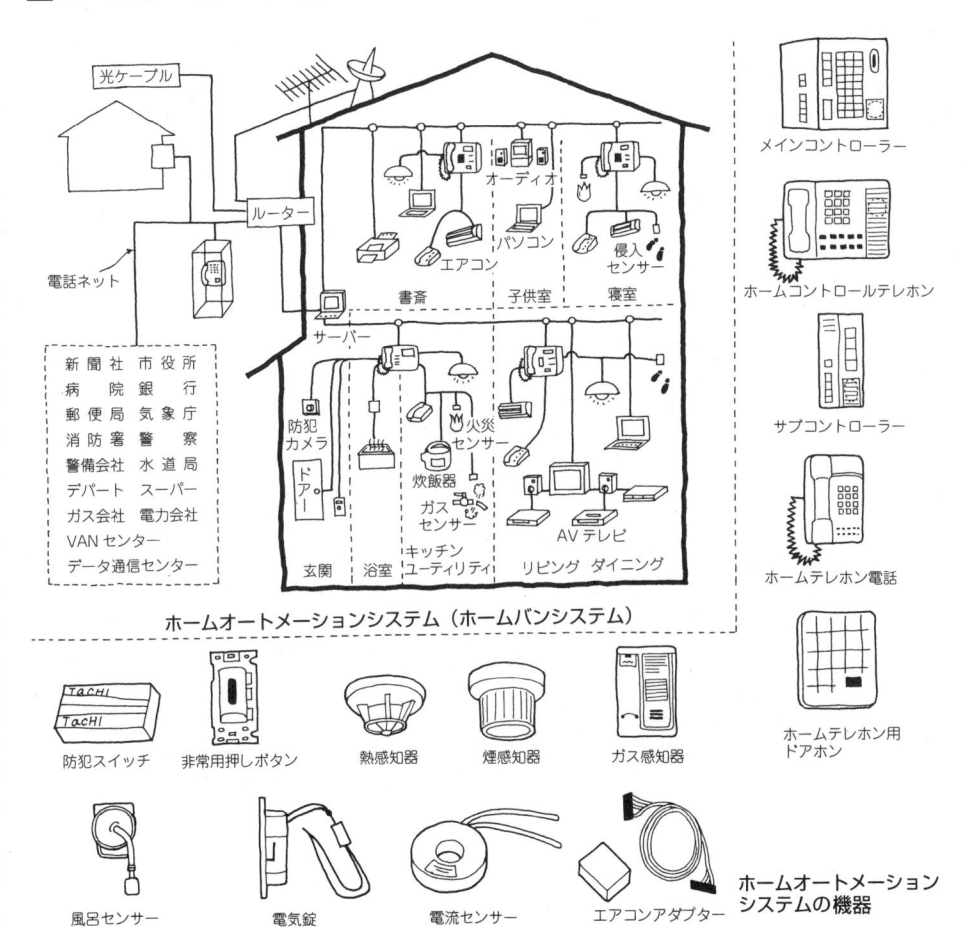

いる住まいで活用可能な環境に優しい設備をあげてみます。

**太陽熱ソーラーシステム**　太陽熱エネルギーを暖房・給湯に利用するタイプです。小住宅には，循環ポンプを使わずソーラーパネル内の水を利用する給湯のみのくみ置き式がよいでしょう。

　角度の違う2種類（35°/40°程度）のソーラーパネルで，床暖房と給湯をそれぞれ担当するタイプもできています。

**太陽光発電**　太陽光でソーラーセルを使って発電する方式です。ソーラーセルの効率が年々よくなっているようです。使う電気容量より大きな容量の発電ができれば売電できる場合もあります。公的補助が受けられるケースもあります。しかし，設置費用がないので，償却期間がかなり長くなることに注意しましょう。

**雨水利用**　雨水をためて利用するシステムです。飲料用にきれいにして使う場合は，フ

# 環境（自然）エネルギーの利用

## 1 環境（自然）エネルギーのいろいろ

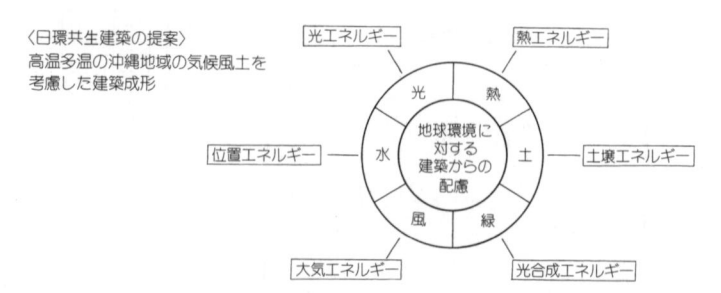

〈日環共生建築の提案〉
高温多湿の沖縄地域の気候風土を
考慮した建築成形

光エネルギー／熱エネルギー／土壌エネルギー／光合成エネルギー／大気エネルギー／位置エネルギー

地球環境に対する建築からの配慮（光・熱・土・緑・風・水）

環境（自然）エネルギーの活用・循環エネルギーの採用

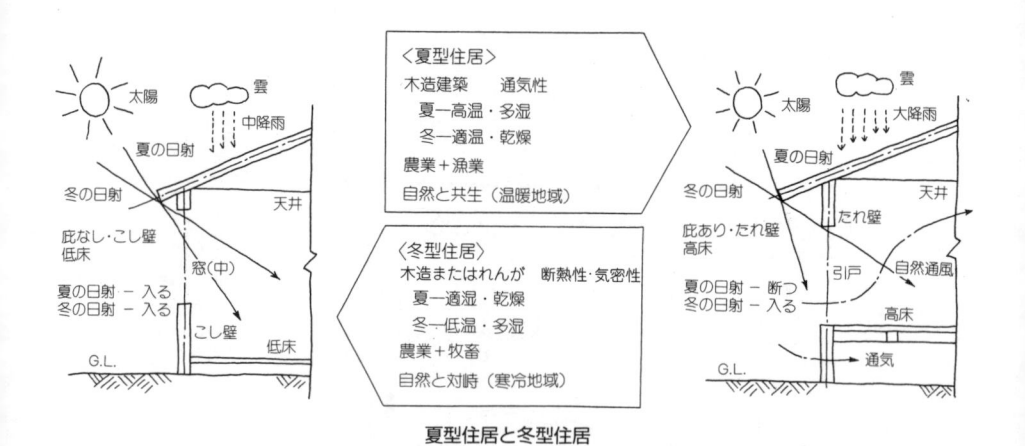

〈夏型住居〉
木造建築　通気性
　夏―高温・多湿
　冬―適温・乾燥
　農業＋漁業
　自然と共生（温暖地域）

〈冬型住居〉
木造またはれんが　断熱性・気密性
　夏―適湿・乾燥
　冬―低温・多湿
　農業＋牧畜
　自然と対峙（寒冷地域）

夏型住居：太陽／雲／中降雨／夏の日射／冬の日射／天井／庇なし・こし壁／低床／窓（中）／こし壁／夏の日射－入る／冬の日射－入る／G.L.

冬型住居：太陽／雲／大降雨／夏の日射／冬の日射／天井／たれ壁／庇あり・たれ壁／高床／引戸／自然通風／夏の日射－断つ／冬の日射－入る／高床／通気／G.L.

夏型住居と冬型住居

ィルターなどを利用します。
　原水をためて，庭の散水や中水利用（浴槽用・洗濯用・トイレ洗浄）に使うこともあります。
**屋上緑化対応**　屋上面の設備の暖冷房熱負荷を低減します。
**植物および廃棄物コンポスト**　生ゴミやトイレの廃棄物をバクテリアなどで無害化して，廃棄物処理にかかる環境負荷を減らします。

**井水・地下水**　採取可能な場合，井戸水を熱交換して冷暖房の補助に利用したり，浴槽用・洗濯用・トイレの洗浄に利用します。
**風力・水力・地熱**　発電・ポンプなどに利用します。
**土壌**　汚水・雑排水の処理でバクテリアなどの力を借ります。

## 5 住まいの設備

### 2 環境エネルギーを活用した環境共生住宅

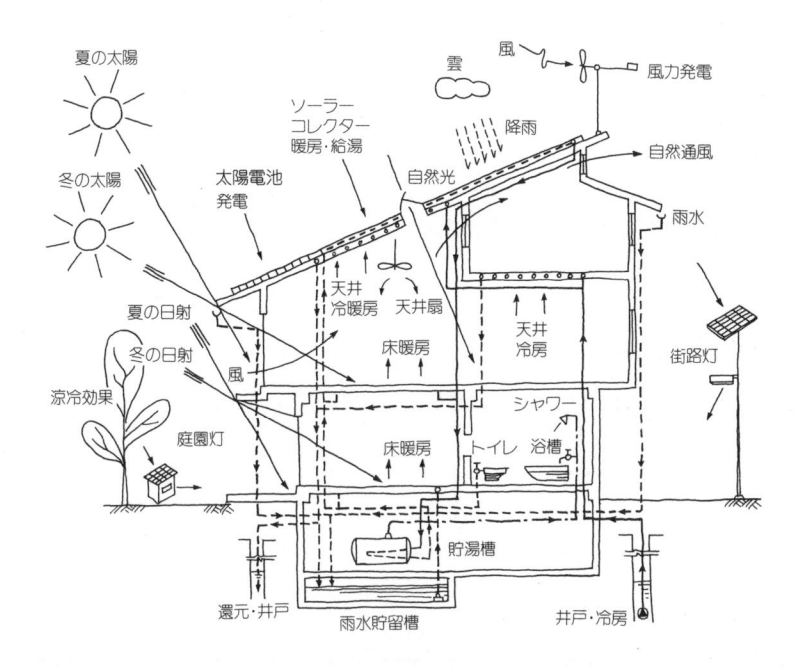

(図：夏の太陽／冬の太陽／雲／風／風力発電／ソーラーコレクター 暖房・給湯／太陽電池発電／自然光／降雨／自然通風／雨水／夏の日射／冬の日射／天井冷暖房／天井扇／床暖房／天井冷房／街路灯／涼冷効果／庭園灯／風／床暖房／シャワー／トイレ／浴槽／貯湯槽／還元・井戸／雨水貯留槽／井戸・冷房)

> ● これからのエネルギー
> 　最近，自動車でも使われ始めている燃料電池などは，これからのエネルギーとして考えられているものの一つで，風力発電は千葉など都市周辺にも展開しています。また，潮汐・地熱発電なども，研究から実用段階になってきています。ほかにも，生ゴミなどによる発電や燃料ガス製造などが実用化に向かっています。

## イニシャルコストとランニングコスト

　イニシャルコストとは，最初に設備を設置するときにかかる費用（設備投資額）のことです。また，ランニングコストとは，その設備を使うときにかかるメンテナンス（保守）費用と電気・ガス・水道・灯油などのエネルギー費用を合算した費用のことをいいます。

　戸建住宅の冷暖房では電気式ヒートポンプを使うのが一般的ですが，大きな住宅の場合はガスヒートポンプを使うと基本料金が割り安になります。ランニングコストが安くなれば，工事費は少し高くても全体的としては経済的です。

　冷暖房方式を決定するときには，設備費とランニングコストのバランスを考えながら選択する必要があります。

　住宅の寿命が高寿命化を前提としている現在，設備も長い寿命を要求されます。

　電気・衛生・空調の配管や配線も材質の向上を検討するか，20年程度で容易に交換できる配管方法を検討すべき時代に来ています。

# 6 住まいの法規

住まいの法規は，住まいをつくる場合の法規と，住まいをつくって住んでいる間の法規とによって異なります。

しかし，いずれにしろ住まいのつくり方いかんでは，そこに住まう人はもちろん，隣り近所にまで影響があり，それも生命にかかわるほどの弊害をもたらすこともあるので，住まいづくりに関する法規は，安全性，耐久性，快適性を保持し，近隣や環境に配慮するよう定めています。

## 法令の体系

### 1 住まいづくりに関連する法律

**住まいづくりに関連する法律のおもなもの一覧**

| 住まいに関する事項 | 民法 | 宅造法* | 都市計画法 | 建築基準法 | その他 |
|---|---|---|---|---|---|
| 1　周囲の環境との調整 | | | | | |
| 　(1)　都市計画との調整 | | ○ | ○ | | |
| 　(2)　地域の居住条件との調整 | | | ○ | ○ | |
| 　(3)　道路との調整 | | | | ○ | |
| 　(4)　隣地との調整 | | | | ○ | |
| 2　建物の安全性，耐久性，快適性 | | | | | |
| 　(1)　地盤の問題 | | ○ | | | |
| 　(2)　安全性 | | | | ○ | 消防法，品確法* |
| 　(3)　耐久性 | | | | ○ | 品確法* |
| 　(4)　快適性 | | | | ○ | 品確法* |
| 　(5)　設計監理契約・建築請負契約 | ○ | | | | 建設士法，建設業法 |
| 3　土地・建物の所有・賃借・取引 | ○ | | | | 借地借家法，区分所有法*，宅建業法* |
| 4　資金計画 | ○ | | | | |

＊の法律名は略称で，品確法：住宅の品質確保の促進等に関する法律，宅建業法：宅地建物取引業法，宅造法：宅地造成等規制法，区分所有法：建物の区分所有等に関する法律です。

## 法令の体系

住まいづくりに関する法規のおもなものとしては，次のようなものがあります。

①民法──土地建物の所有・貸借・建築請負・相隣関係など
　（関連法規：宅地造成等規制法，土地区画整理法，都市再開発法など）

②都市計画法──地域地区，開発行為，都市計画事業など
　（関連法規：品確法，消防法，水道法，下水道法，建築士法，建設業法など）

③建築基準法──建築物の敷地・形態・構造・設備，用途など
　（関連法規：借地借家法，建物の区分所有に関する法律など）

また，これらの法律に関連して政令，規則，告示などがあり，通達も出されます。これらが総合して，住まいづくりの法令群を形成しています。

建築に直接関係する建築基準法は，「単体規定」と呼ばれる部分と「集団規定」と呼ば

# 6 住まいの法規

## 2 都市計画図

商業地域
防火地域
容積500％

商業地域
防火地域
容積400％

準工業又は住居地域
準防火地域
容積300％

住専地域
準防火地域
容積200％

住専地域
準防火地域
容積150〜100％

建物の建つ場所の用途地域・防火地域，建ぺい率，容積率などは，所轄の役所で調べることができます。

都市計画図（東京都目黒区）

れる部分とから成っています。前者には，建物の構造や防火に関する基準が定められています。後者には，建物とその周辺環境との好ましい関係の基準が定められています。

単体規定も集団規定も，法律では原則が定められ，基準の具体的内容と例外的規定や運用のしかたなどは，政令（建築基準法施行令）や国土交通省告示などで取り決められています。地域性を考慮すべき事がらについては，地方の条例・規則などで詳細が定められています。

建物もその周辺の関連が重要で，建物の内容も周辺との調和が必要であって，これらの規制のもとにあるのは避けられません。したがって，この規制を定めている集団規定から見てみましょう。

## 建築基準法集団規定

### 1 道路との関係

幅が4m以上ある場合に、はじめて道路として認められる。

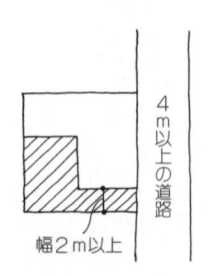

A.道路幅員

接道の長さ（法第43条第1項）

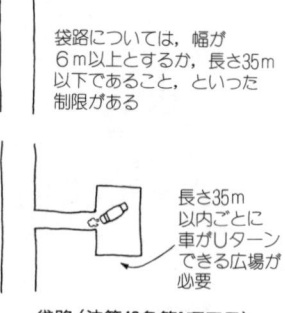

袋路については、幅が6m以上とするか、長さ35m以下であること、といった制限がある

長さ35m以内ごとに車がUターンできる広場が必要

袋路（法第42条第1項五号）

下のように4m以下のとき

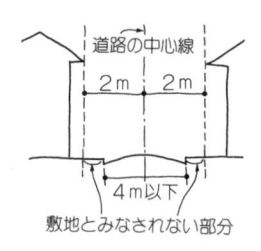

道路の中心線
2m 2m
4m以下
敷地とみなされない部分

道路の幅（法第42条第2項）

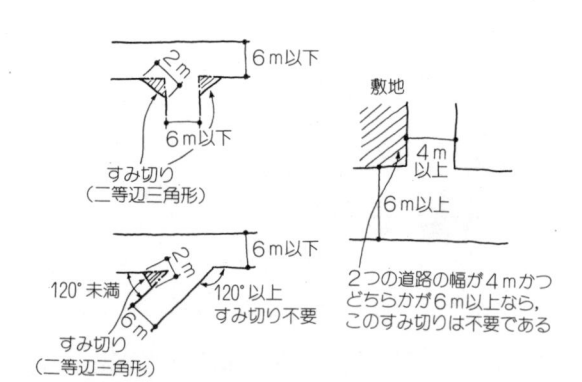

すみ切り（二等辺三角形）
6m以下
120°未満 すみ切り（二等辺三角形）
120°以上 すみ切り不要

2つの道路の幅が4mかつどちらかが6m以上なら、このすみ切りは不要である

すみ切り（東京都安全条例）

## 建築基準法集団規定

　集団規定の内容としては、一定の地域内の建物の用途の制限、敷地と道路との関係、建築面積・延べ床面積・建物の高さの制限などがおもなものです。

　用途地域制は、都市計画法で決められているものです。市街地を、住居系、商業系、工業系の3系統12地域に区分しています。

　建築基準法では、上のそれぞれの地域ごとに、建てることができる建物の種類や規模に制限を加えるもので、集団規定の根幹をなすものです。第一種低層住居専用地域では、住まい以外の用途の建物の建築は著しく制約を受けます。また工業専用地域には、住まいは一切建てられません。

　敷地と道路との関係の規定としては、敷地の一辺が、一定の条件を満たした道路に2m以上接していなければなりません。なお、道路についての一定条件とは、たとえば、幅が原則として4m以上あること、通り抜けられることなどとなっています。

## 6 住まいの法規

## 2 高さとの関係

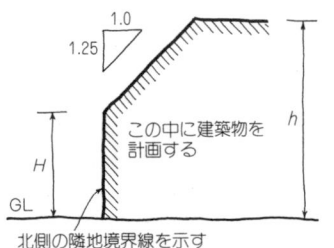

**北側斜線制限（法第56条第1項）**

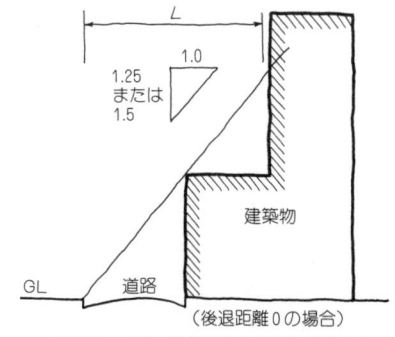

この中に建築物を計画する
北側の隣地境界線を示す
H, hは地域により規定されている数値による

**道路斜線制限（法第56条, 同第91条）**

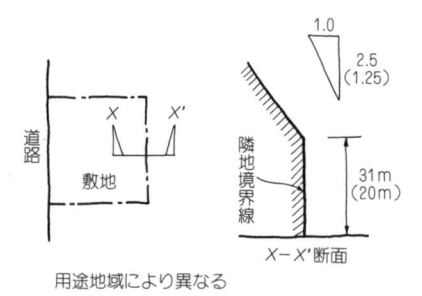

（後退距離0の場合）
Lは法第56条により規定されている数値による

**隣地斜線制限（令第135条の3）**

X－X'断面
31m（20m）
用途地域により異なる

街並みに統一感をもたせることを考え，高さ制限が加えられています。

建物の高さの制限は，まず，第一種および第二種低層住居専用地域では，一般の建物の高さは10mまたは12m以内に制限されています。これに加えて，敷地の北側が面している道路の向こう側，または隣地との境までの距離に応じて高さが制限されます。

このほか，前面道路の向こう側までの距離や，隣地との境までの距離によっても，高さは制限されます。この制限は，すべての用途地域で適用されます。ただ，隣地が広場や公園，川や線路敷きの場合は緩和されます。

敷地が第一種および第二種住居専用地域内である場合は以上の制約のほかに，建物の外壁を敷地境界線から1mないし1.5m以上後退させて建てなければならない場合もあります。また住居専用地域内では，地階の面積は，住居であるかぎり，建物の延べ床面積に算入されません。ただし，住居の用途の1/3までです。

建物がつくる日影に対する規制も，集団規

77

## PART I 基本知識

### 3 敷地との関係

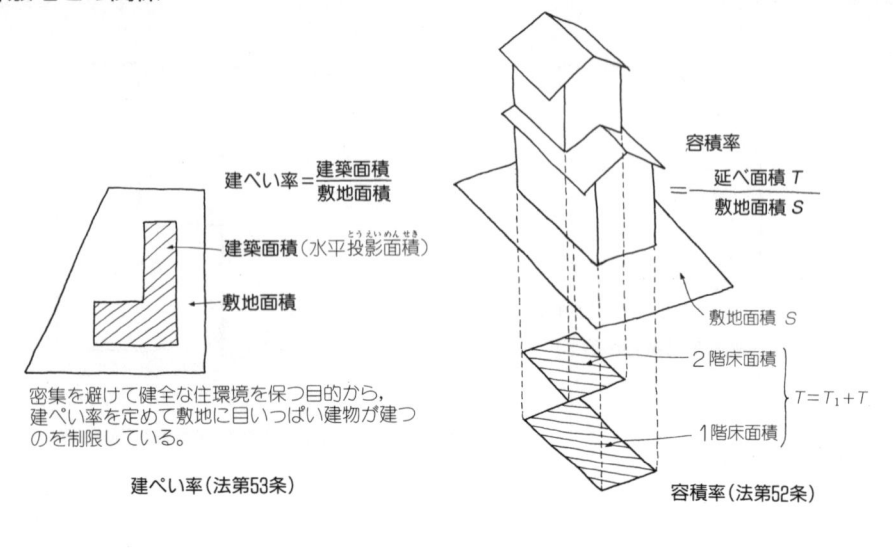

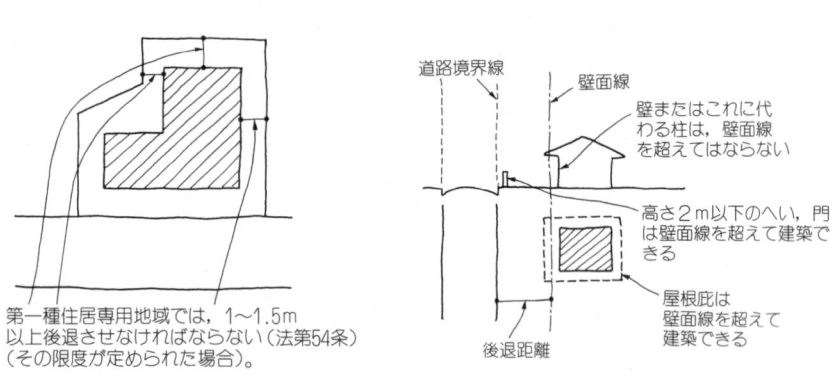

建ぺい率 = 建築面積 / 敷地面積

建築面積（水平投影面積）
敷地面積

密集を避けて健全な住環境を保つ目的から，建ぺい率を定めて敷地に目いっぱい建物が建つのを制限している。

建ぺい率（法第53条）

容積率 = 延べ面積 $T$ / 敷地面積 $S$

敷地面積 $S$
2階床面積
1階床面積
$T = T_1 + T$

容積率（法第52条）

第一種住居専用地域では，1〜1.5m以上後退させなければならない（法第54条）（その限度が定められた場合）。

道路境界線　壁面線

壁またはこれに代わる柱は，壁面線を超えてはならない

高さ2m以下のへい，門は壁面線を超えて建築できる

屋根庇は壁面線を超えて建築できる

後退距離

壁面線の指定（法第46条）

定の主な内容です。第一種・第二種低層住居専用地域では，建物の高さが7mまたは地上3階以上の建物，また，第一種中高層住居専用地域ないし近隣商業地域および準工業地域では建物の高さが10mを超える場合に，その建物に適用される規定ですので，一戸建の住まいはおおむね対象外となるでしょう。

なお，用途地域とは別に，建物の高さの最高限度または最低限度を制限される高度地区や，高さを10（15）m以下の範囲とし，建ぺい率を20％から40％の範囲内とし，かつ外壁の後退距離を1.5mから3mまで取らなければならない風致地区などの定めもあります（東京都の例）。

また，都市計画区域外や市街化調整区域，地区計画・建築協定などの制限が決められている地域もあります。

# 6 住まいの法規

## 建築基準法単体規定

### 1 安全性（耐力関係）
45，46ページ「骨組と耐力壁」参照

### 2 安全性（防火関係）

品確法では，等級1……4とその数値が大きくなるにしたがって，性能のレベルが高くなります。

### 3 安全性（その他）

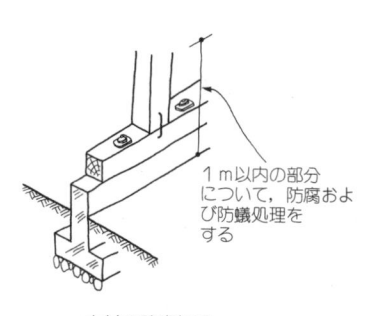

1m以内の部分について，防腐および防蟻処理をする

木材の防腐処理

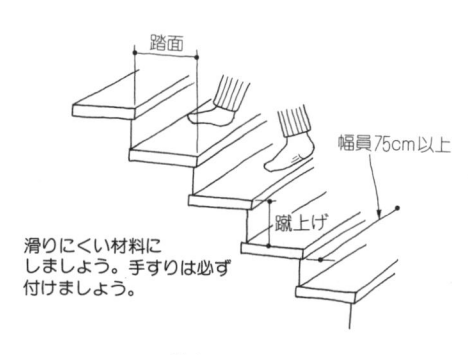

踏面
蹴上げ
幅員75cm以上
滑りにくい材料にしましょう。手すりは必ず付けましょう。

階段

## 建築基準法単体規定

単体規定には，まず構造に関して，①共同住宅（特殊建築物）で床面積が一定規模を超えるもの，②木造で建物の階数が3以上のもの，③木造で床面積が一定規模を超えるもの，④木造以外で階数が2以上，または延べ床面積が一定規模を超える場合は，必ず事前に構造基準にそって計算し，地震や風に十分に耐えられることを確かめなければならないことが定められています。

木造の場合，土台や柱などに対する防腐措置やシロアリ対策などに関する規定があります。

その他，主要部の条件や階段の性能・構造基準なども規定されています。

耐火・防火に関しては，構造にかかわる耐火性能，屋根や外壁に関する耐火・防火性能，内装材料については，台所など火を使用する所の内装制限があります。

また，快適な住生活を裏づけるために，部屋の日照や採光，換気，遮音などの条件・性

## 4 快適性

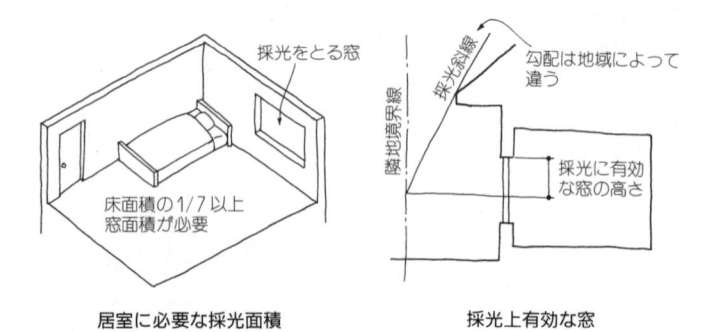

**居室に必要な採光面積**
- 採光をとる窓
- 床面積の1/7以上窓面積が必要

**採光上有効な窓**
- 隣地境界線
- 採光斜線
- 勾配は地域によって違う
- 採光に有効な窓の高さ

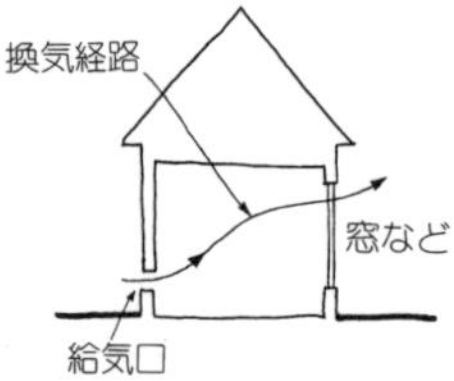

**自然換気設備**
- 換気経路
- 窓など
- 給気口

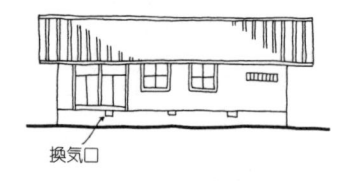

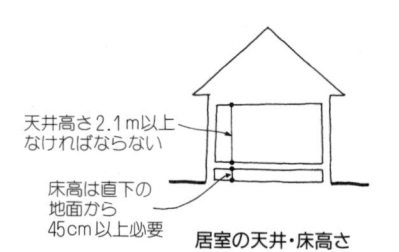

**居室の天井・床高さ**
- 天井高さ2.1m以上なければならない
- 床高は直下の地面から45cm以上必要

**床下換気口**
- 換気口

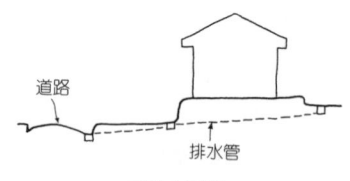

**敷地と道路**
- 道路
- 排水管

能も具体的に定められています。たとえば，居室にはその床面積の1/7以上の面積の窓などの開口部を設けて，床面積の1/20以上の換気に有効な開口部を確保するか，換気設備を基準にしたがって設けること，1階の床の高さは地面から45cm以上の高さにすること，床下換気口を設けることなどです。

台所や浴室など，火気を使用するところの給気と排気の基準，トイレの採光と換気の条件なども決まっています。

階段の踊り場の幅や蹴上げ，踏面の寸法も示されています。

その他，敷地はそれが接する道路よりも高いほうが好ましいとされています。

# 6 住まいの法規

## 建築確認について

### 1 建築確認申請

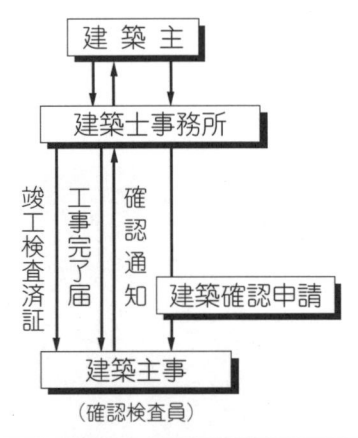

これを建築主事に提出してから，内容確認のうえ確認済証が交付されます。工事完了検査を受けて検査済証の交付を受けた後でなければ，その建物の使用はできないのが原則です。また工事完了検査済証が出されなければ，融資を実行しないという金融機関もあります。

現場に確認済の表示をして着工します。

## 建築確認と工事完了検査

　建築基準法には，建築確認という制度が定められていて，単体規定や集団規定に合致した建物かどうかの審査（これを確認というわけですが）を事前に受けなければならないことになっています。審査の窓口は，区や市または県の建築課や建築指導課・指定確認検査機関などで，ここに建築主事または確認検査員という資格をもった担当者がいて，設計図面などを見ながら審査にあたります。

　また，この法律には「建築物の設計および監理」という条項があって，建物の規模や構造によっては建築士法に基づき一定の資格をもった専門家が設計しないと確認してもらえないことになっています。

　延べ面積が 30 m² 以下か，または木造で延べ床面積が 100 m² 以下の建物の場合は，素人の設計でも認められますが，それ以外は，一級建築士，二級建築士，木造建築士事務所などの登録をした人に依頼して，設計してもらわなければなりません。

## PART I 基本知識

## 2 設計と監理

**建築士でなければ設計できない建築物**

| 構造 | 木造 | | | | 鉄筋コンクリート造、鉄骨造、石造、れんが造、コンクリートブロック造もしくは無筋コンクリート造 | | | |
|---|---|---|---|---|---|---|---|---|
| 高さ・階数[1]<br>延べ面積(m²) | 高さ13m以下かつ軒高9m以下 | | | 高さ13mまたは軒の高さが9mを超えるもの | 高さ13m以下かつ軒高9m以下 | | | 高さ13mまたは軒の高さが9mを超えるもの |
| | 階数1 | 階数2 | 階数3以上 | | 階数1または2 | | 階数3以上 | |
| 30以下 | 無資格でできる | | | | 無資格でできる | | | |
| 30を超え100以下 | | | | | 1級又は2級建築士でなければできない | | | |
| 100を超え300以下 | 1級、2級または木造建築士でなければできない | | | | | | | |
| 300を超え500以下 | 1級または2級建築士でなければできない | | | | | | | |
| 500を超え1,000以下 / 一般 | | | | | | | | |
| 500を超え1,000以下 / 特殊建築物 | | | | | | | | |
| 1,000を超えるもの / 一般 | 1級または2級建築士でなければできない | 1級建築士でなければできない | | | 1級建築士でなければできない | | | |
| 1,000を超えるもの / 特殊建築物[2]の一部 | | | | | | | | |

1) 階数には地下も数えます。
2) 特殊建築物の一部とは、学校、病院、劇場、映画館、観覧場、公会堂、集会場（オーディトリアムを有するもの）、または百貨店の用途に供する建築物で、延べ面積が500m²を超えるもの。

通常の住まいではあまり該当しないと思いますが、鉄筋コンクリート造、鉄骨造、組積造などの構造でつくる延べ床面積が300m²、高さが13m、または軒の高さが9mを超える建物は、一級建築士の設計でないと確認してもらえません。

また、それ以下の規模でも、30m²を超えるその種の構造のときは、一級または二級建築士の設計でなければなりません。

木造・2階建以下の場合は、100m²から300m²未満までは一級・二級建築士、または木造建築士に、300m²を超えると一級・二級建築士に設計してもらう必要があります。

建物の建築が完了したときは、建築主は、その旨を、工事完了から4日以内に文書で届け出なければなりません。建築主事は、その建築物およびその敷地が、法令の規定に適合しているかどうかを検査することとされています。そして、適合していれば、検査済証を交付します。

# 6 住まいの法規

## 品確法

### 1 構造耐力上主要な部分

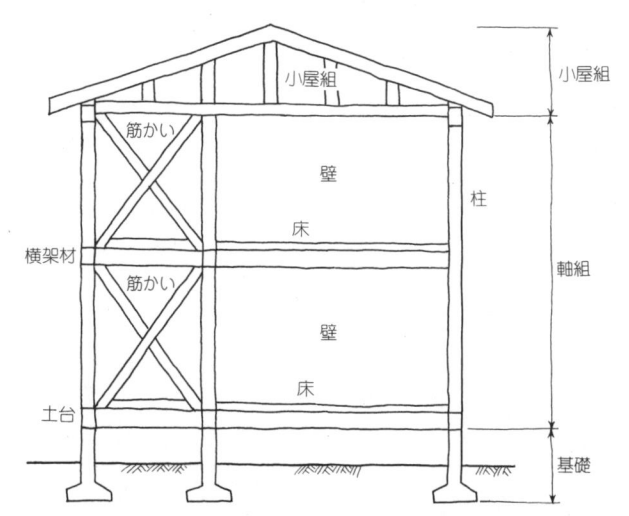

品確法における新築住宅の取得に関する10年間の瑕疵担保責任の対象は、上図に示した部分のほか、雨水の浸入を防止する部分についても対象となります。

**木造住宅の例**

### 住宅の品質確保の促進等に関する法律

平成12年4月1日に「住宅の品質確保の促進等に関する法律」(品確法)が施行されました。

この法律のポイントは、次のとおりです。
① 新築住宅の契約に関する担保責任の強化(義務)

すべての新築住宅の取得契約(請負・売買)において、基本構造部分(柱や梁など住宅の構造耐力上主要な部分、雨水の浸入を防止する部分)について、10年間の瑕疵担保責任(修補請求権等)が義務づけられます。取得契約において、基本構造部分以外も含めた瑕疵担保責任が、特約を結べば20年まで伸ばすことも可能です。

② 住宅性能表示制度(任意)

構造耐力、遮音性、省エネルギー性など住宅の性能を表示するための共通ルールを定め、住宅の性能を相互比較しやすくするものです。

・第三者機関(性能を評価する機関)が、

## 2 住宅性能表示制度

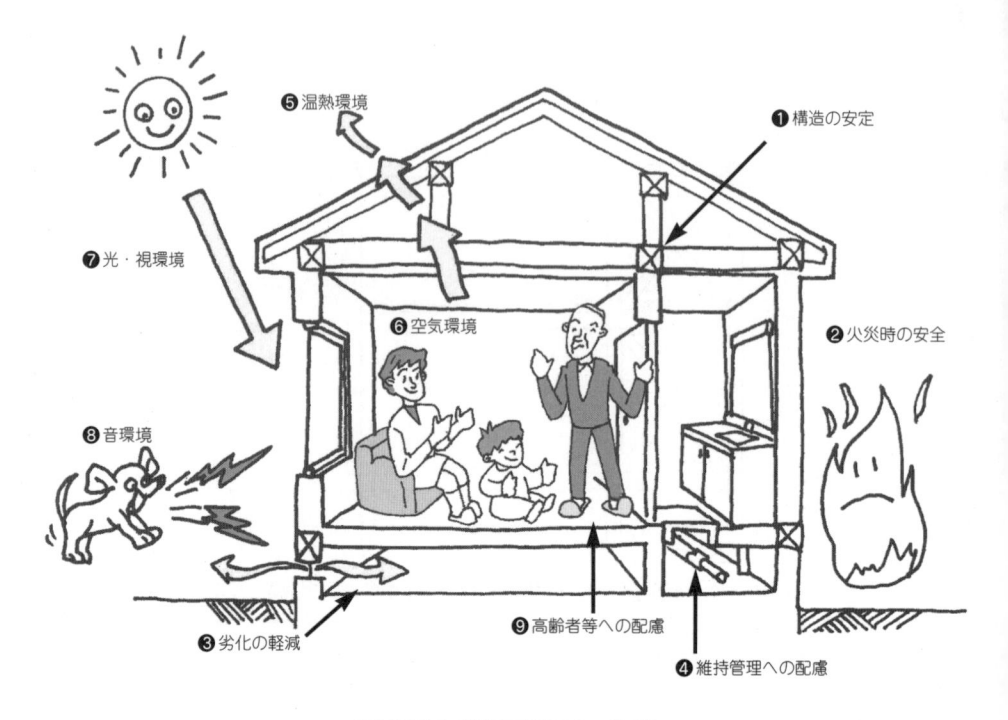

図中ラベル:
- ❶ 構造の安定
- ❷ 火災時の安全
- ❸ 劣化の軽減
- ❹ 維持管理への配慮
- ❺ 温熱環境
- ❻ 空気環境
- ❼ 光・視環境
- ❽ 音環境
- ❾ 高齢者等への配慮

住宅性能表示制度における9つの区分

「設計住宅性能評価書」と「建設住宅性能評価書」の両方の交付を受けなければ，性能評価を受けたことになりませんので注意が必要です。

住宅の性能評価を客観的に行います。交付された「設計住宅性能評価書」を添付して，住宅の契約を交わせば，その記載された性能が契約内容として保証されます。

・「住宅性能表示」は任意の制度ですから，供給者または取得者の選択によりますが，利用する場合は一定の費用がかかります。

③紛争処理体制の設置

「建設住宅性能評価」を受けた住宅にかかわるトラブルに対しては，裁判外の紛争処理体制が整備され，紛争処理の円滑化，迅速化が図られます。

④中古住宅の流通の円滑化を図るため，既存住宅の性能評価制度が，平成14年6月に制定されました。

# 6 住まいの法規

## 相隣関係

官民境界査定

民民境界査定

## 相隣関係, 所有形態等に関わる法律

**【相隣関係】**

隣地の使用状況で, お互いに暮らしにくい状況が出てくることは, 珍しくありません。

したがって, 以下の規定を参考にして, 設計をしなければならないこともあります。

隣地どうしの生活関係について, 民法は, 相隣関係として, 隣地立入権, 袋路所有者の囲繞地通行権などの規定を定めています。

建築に関して注意しなければならないのは, 境界線付近の建築に関する規定でしょう。建物は境界線から50cm以上離さなければならないことなどの定めがあります。

ただし建築基準法で, 防火地域または準防火地域では, 外壁が防火構造以上の性能をもつ建物は外壁を隣地境界線に接して建ててもよいこととされており, この場合は, 建築基準法のほうが優先します。

**【所有形態】**

土地建物の利用関係では, 単独所有ですとその人の意志で管理・処分ができますが, 共

| PART I　基本知識 ▶▶

## 所有形態

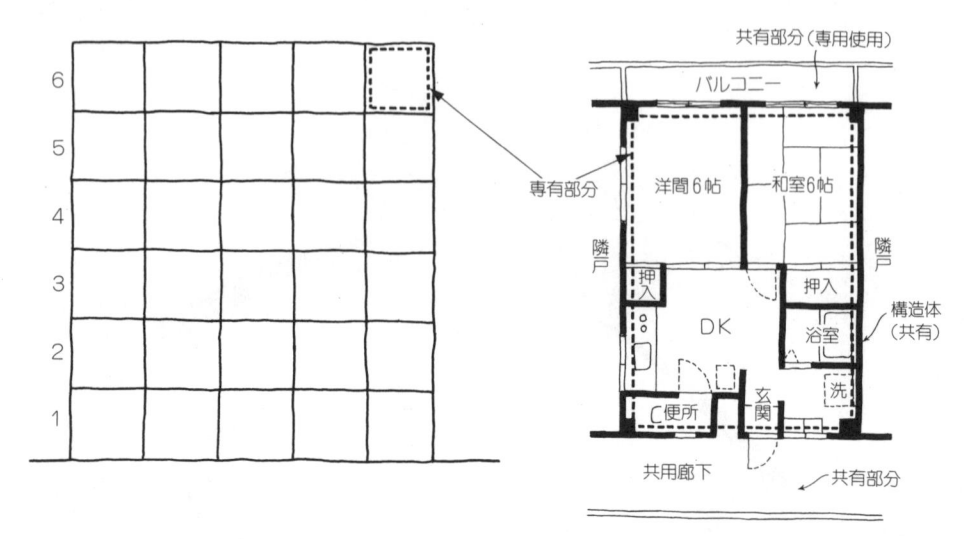

分譲マンションにおける専有部分と共有部分

> リフォームなどを行うとき自由に変更できる部分は専有部分に限られています。共用廊下やバルコニーなどの共有部分は勝手に手を加えることができません！

有ですと利用についてお互いの調整が必要になることがあります。また建物の区分所有に関する法律では，マンションなどの所有は，建物の一部の所有ですから，共有部分の管理関係や建物全体の改築などに関して，複雑な調整規定があります。

# PART II 計画編

1 土地選び

2 だれに頼むか

3 資金づくり

4 見積りと工事発注

5 契約と手続き

# 1 土地選び

建物を建てるには土地が必要です。希望する建物を建てるにはどのような土地が最も適切か、重要な問題です。敷地の形状、道路との関係、利便性、環境、法規制、将来性など多くの要素を考慮して選びます。

いままで住まいが建っていた場所でも、建ぺい率や容積率など法律の改正により、希望条件を満足する住まいがつくれないこともあります。

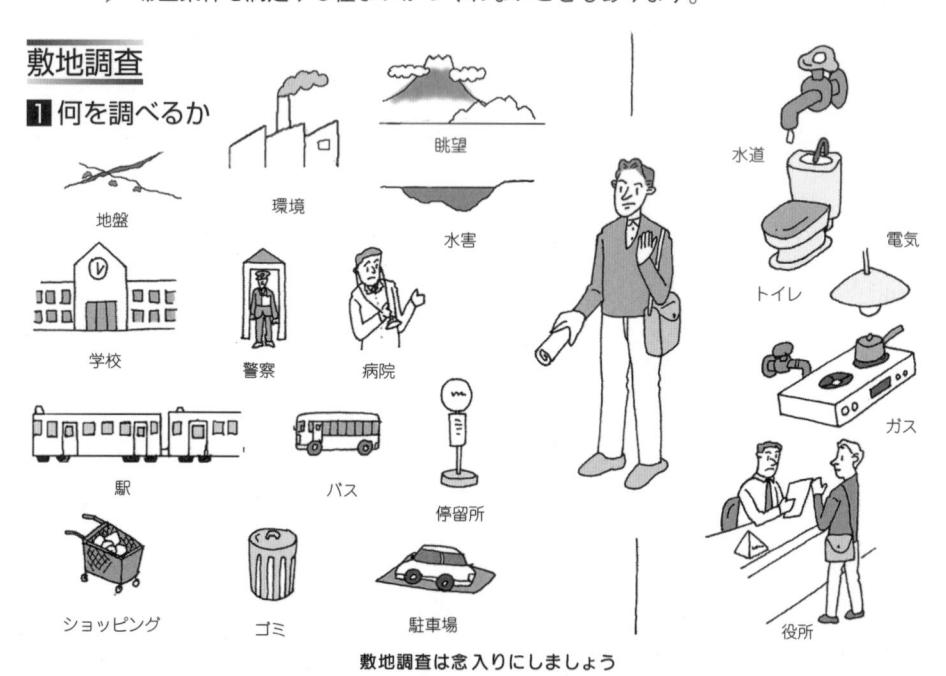

## 敷地調査

### 1 何を調べるか

地盤　環境　眺望　水害　水道　トイレ　電気　学校　警察　病院　ガス　駅　バス　停留所　ショッピング　ゴミ　駐車場　役所

敷地調査は念入りにしましょう

## 敷地調査

新たに土地を購入したり、借りたりする場合だけでなく、すでに自分のものになっている土地であっても、建築に関してどんな制約があるのかを事前調査しなければなりません。

希望の土地が見つかったら、その持ち主や仲介者に物件説明書を出してもらいます。それには案内図（付近見取図）や土地の公図、重要事項説明書（90ページ参照）、実測図、登記簿謄本などを添えてもらいます。そのうえで、それらの資料を手がかりに調査にのぞみます。

現地に行くときは、磁石や巻尺、カメラなどを持参してください。そして、やがて利用することになる交通機関を使い、最寄りの駅や停留所からは徒歩で現地に向かいましょう。なるべく天気の良い日と悪い日の2回行くのがよいでしょう。日当たり、眺望、敷地内の高低差、水はけ、騒音、臭気などにも注意してください。

# 1 土地選び

## 2 敷地調査チェックリスト

敷地調査チェックリスト(例)

```
希望条件の整理
・環   境    ・市街地  ・郊外  ・分譲地  ・その他
・面   積    _____m²   ・単位        円/m²
・主要交通機関
・都市条件
  ①交通量：         ②公害関係：
・地   勢   河川：      山：      海：
・その他
  ①眺望：          ④行政：
  ②気候：          ⑤文化：
  ③産業：          ⑥災害履歴：

所在地調査項目
・地名番地    都道     区市     町    丁目   番地
            府県     郡       村
            住所表示＝
・面   積    _____m²
・交   通    _____線_____駅 方法_____目標_____
・形   状
  ①測量図と現地と照合
   ・方位   ・境界石  ・道路幅   ・高低
   ・排水溝 ・電柱   ・樹木    ・既存物  ・敷地からの眺望  ・日当たり
  ②付近見取図と現地との照合
・気候条件

MEMO
............................................................................
............................................................................
............................................................................
............................................................................
............................................................................
```

　前面道路の状態（道路幅や敷地が道路に接する部分の長さや高低差ならびによう壁の有無，舗装の状態，電柱等の位置など）を調べ，境界線の位置を杭などを手がかりに確認します。

　隣接建物の階数，窓の位置と高さ，車庫の位置と車の進入路などについて確認し，その土地と周辺との関係を写真に撮っておきます。

　さらに可能ならば，近所に古くから住んでいる人に土地の来歴や造成のときの様子，季節ごとの風向きなどを尋ねたり，海岸近くなら塩害のこと，工場などがあれば騒音や臭気，高圧線の鉄塔，排気ガスのことなどを確かめます。

　役所の都市計画課や建築指導課などの窓口に足を運んで道路（公道・私道等），上下水道施設などを含めた将来の開発計画のことを確かめ，都市計画図を見たり，公報用の資料などを通して環境の将来のイメージを探りま

## ③重要事項説明書

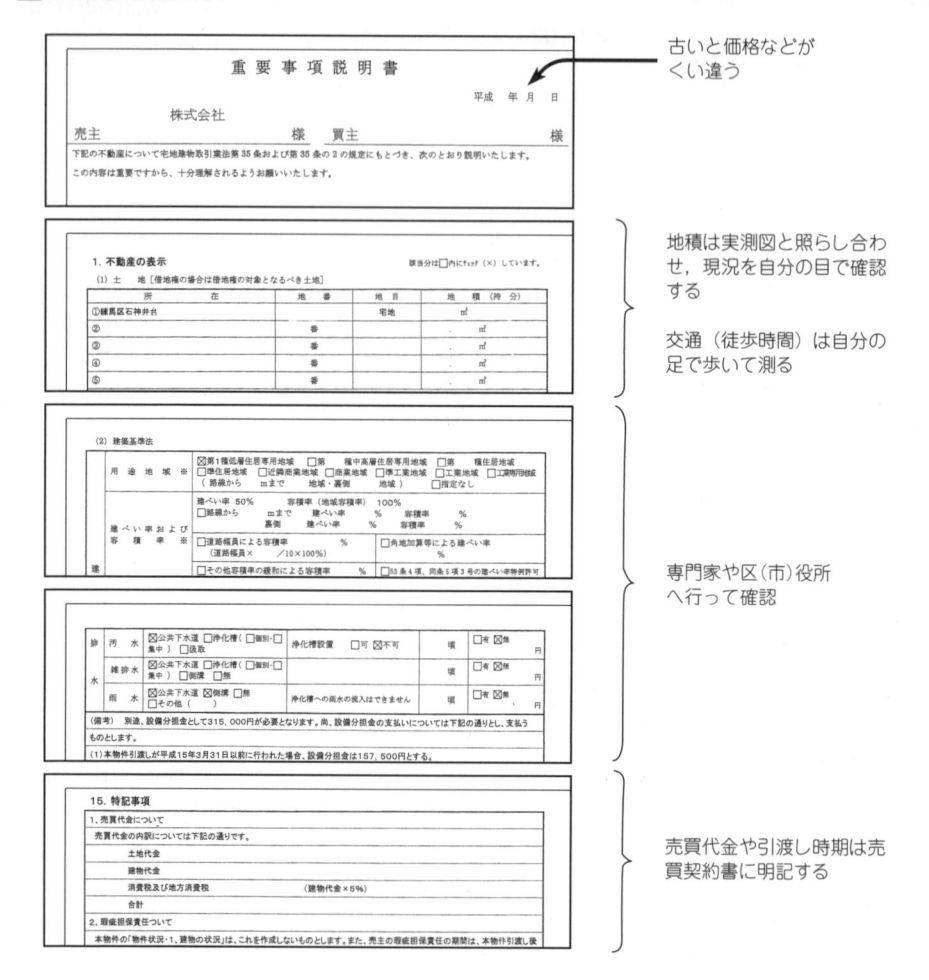

**重要事項説明書**（書式イメージ）

- 古いと価格などがくい違う
- 地積は実測図と照らし合わせ，現況を自分の目で確認する
- 交通（徒歩時間）は自分の足で歩いて測る
- 専門家や区（市）役所へ行って確認
- 売買代金や引渡し時期は売買契約書に明記する

す。
　学校，幼稚園，図書館，美術館など公共施設の状況も確かめます。病院と医院の所在，電話局や郵便局などへの所要時間，交通機関からの距離，買物の便などのことも忘れないようにしましょう。
　あらかじめチェックリスト（89ページ参照）を用意しておいて，漏れがないようにしたいものです。

# 1 土地選び

## 不動産業者を見定める

不動産業者,事務所に掲示してある「宅地建物取引業者票」や「物件広告」で事業規模や営業年数を確認し,信頼できる会社を選びましょう。
設計者が決まっているときは,土地を見てもらう(有料)のもよいでしょう。

| 宅地建物取引業者票 | |
|---|---|
| 免 許 証 番 号 | 東京都知事(5)第○○○○○号 |
| 有 効 期 間 | 平成17年2月14日から<br>平成22年2月13日まで |
| 名　　　　　称 | ○×不動産 |
| 代 表 者 名 | ○○ ○○ |
| 専任の取引主任者名 | ○○ ○○ |
| 主たる事務所の所在地 | 東京都新宿区西新宿○-○ |

この数字が大きいほど営業年数が長い

台帳を見る

大企業なら安心???　小企業は不安???

▼重要事項

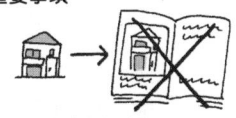

誇大広告に注意！

重要事項が説明されているか確認すること！

どんなことでも,約束ごとは必ず書面で取り交わすこと！

登　記：引渡しの遅延は禁止されている
その他：所有権留保の禁止や,前金保全の措置など

## 不動産業者（宅地建物取引業者）

　土地を求める場合,一般的には直接,売買あるいは賃貸借の取引きをすることはあまりありませんので,いわゆる不動産業者の仲介によって行うことになります。この仲介業務をしていいのは,所定の建物取引主任者を置き,宅地建物取引業者の免許を受けたものでなければできません。免許をもった正規の業者でも,売り買いの結論をせかすような相手には警戒が必要です。質問に親切に対応してくれて,考える時間を十分とってくれるような相手がよいでしょう。都道府県庁の不動産業担当課では,宅地建物取引業者の名簿を閲覧することができます。

　まず,信頼できる不動産業者のところへ出向いて,求める土地の条件を具体的に説明し,その業者のネットワークを通じて,できるだけ時間をかけながら候補地を絞っていくのが賢明でしょう。

## PART II 計画編

### 借地権とは

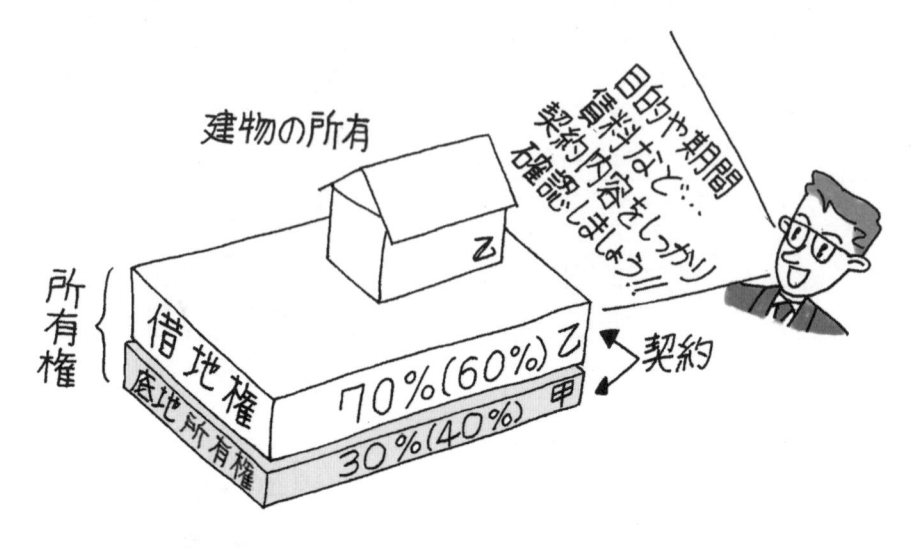

目的や期間、貸料など…契約内容をしっかり確認しましょう!!

建物の所有
所有権
借地権 70%(60%) 乙
底地所有権 30%(40%) 甲
契約

適用
- 平成4年8月1日以降の新契約 → 借地借家法
- 平成4年7月末日までに設定された法律関係 → 旧借地法または旧借家法

借地権の構造

### 土地の利用（所有権と借地権）

　建物を建てる土地は，自分が所有するか，土地を借りるかしなければなりません。すでに土地を所有していればそこに建てられますが，所有地がない場合，所有するためには購入しなければなりません。そのためにはかなりの資金が必要です（108ページ「3　資金づくり」参照）。

　土地を借りるには，土地所有者との間で，①建物所有を目的とした賃貸借契約，②建物所有を目的とした使用貸借契約のいずれかをしなければなりません。貸借契約に代えて，地上権設定契約を結ぶこともあります。

　このうち，建物所有を目的とする地上権または土地の賃借権は「借地権」と呼ばれて，借地借家法で，さまざまな借主保護の規定の適用を受けます。

　平成4年8月1日から施行されている新しい借地借家法は，施行以後に設定された法律関係に適用されます。

　これによれば，借地権の存続期間は原則と

# 借地での建替え

## 1 借地権の更新

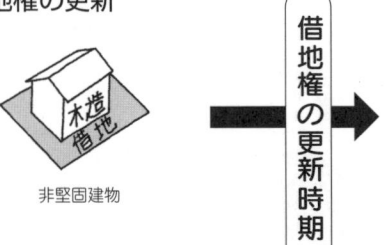

借地権の更新時期

非堅固建物 → 借主・地主（更新料）

更新料 ＝ 更地価格（公示価格・実勢価格）
　　　　× 坪数
　　　　× 周辺の借地権割合
　　　　× 3～10％

＊特約がない場合、法律上の根拠はありません。

## 2 借地上の建物の建替え

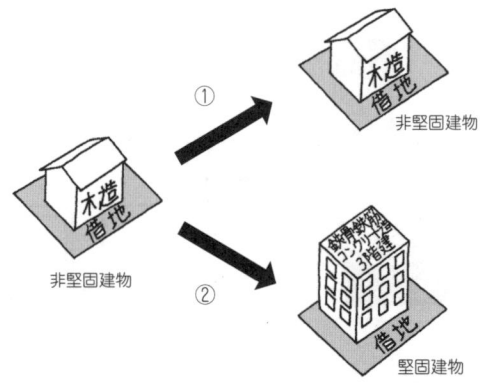

非堅固建物 → ① 非堅固建物
　　　　　　② 堅固建物

① 「非堅固建物」→「非堅固建物」
　建替え承諾料：地価の3～6％前後

② 「非堅固建物」→「堅固建物」
　建替え承諾料：地価の6～10％前後
　条件変更料　：地価の5～10％前後

＊約束事ではないので、あくまでも目安として考えてください。

---

して30年ですが、契約によってこれよりも長い期間を決めることもできます。更新する場合は、更新の日から10年（最初の更新では20年）です。これより長い期間を決めることもできます。地主が更新を断るためには、正当な理由がなければなりません。

借地借家法で新しく認められたものに定期借地権があります。その内容は別のところで述べます（126ページ「借地権の設定と売買」参照）。

このように、建物の建築・所有を目的とする土地の貸借に関する契約は、さまざまな内容をもっています。地代や更新料の交渉、土地利用関係の調整、その他、地主との関係はそのつど発生します。

更新料は、慣習として、借地契約更新時の更地価格に借地権割合を掛けた金額の5～10％程度が支払われます。

## 不動産売買条件

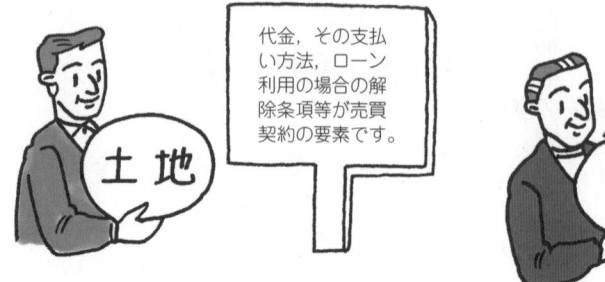

代金，その支払い方法，ローン利用の場合の解除条項等が売買契約の要素です。

土地を売買で取得する場合

建築を特定の業者に担当させるのが条件です。

建築条件付き土地売買

土地と建物を分離しては売らないというのが条件です。

土地建物一括売買

知事等の農地転用等許可が受けられることを条件とします。

農地売買

**各売買の注意事項**

## 不動産（土地）売買条件

　土地を売買で取得する場合，さまざまな条件がつきます。最も大きい条件は代金です。代金やその支払い方法は，土地売買の重要な要素です。

　売主にとっても，代金を払ってもらえるかどうかは重大な関心事です。ローンがだめになった場合は無条件で契約を解消するという条件も，売主と買主の双方にとって，その立場を保護しようとするものでしょう。

　また，土地は売るが建築はこの会社に依頼してほしいという条件（特約事項）がつく場合もあります。いわゆる建築条件付き土地売買です（130ページ参照）。土地売買のみではあまり利益を生まない場合に，建物の建築と合わせて，土地売買の利益を上げる場合が多いようです。

　同様に，土地と建物を一括して売るという建売住宅があります。この場合も，条件付きといってもよいでしょう。この場合，代金は土地いくら，建物いくらという具合に分けて

## 売買契約書

契約書の内容は十分検討しましょう。

- 物件の内容
- 所有権移転登記の時期
- 契約の解除，違約金
- 危険負担
- 代金と支払い時期
- 物件の引渡し時期
- 瑕疵担保責任
- ローン条項

いる場合もあり，このほうが価格の内訳が明快で安心です。

さらに，土地は売るが何年以内に建築をすることという条件がつく場合もあります。公共性をもつ団体が土地を開発して，住宅建築用に売り出す場合には，転売利益を目的として買う人の購入を防止するためです。同じ趣旨で，何年以内は転売ができないという条件がつく場合もあります。

また，農地の売買では，宅地への転用が許可されない場合を考慮し，契約解除の特約をするべきでしょう。

## 2 だれに頼むか

　住まいをつくるにあたっては、だれに頼むかが重要なポイントになります。
　いずれにしても、最初に設計図書をつくる必要があります。
　設計も施工も同じ会社に頼むときは、工務店やハウスメーカーということになり、信頼できる会社を探さなければなりません。設計と監理だけを設計者に頼み、施工を別の会社に頼むときは、ご自分たちの住まいづくりのイメージにあった誠実な建築家（設計事務所）を探さなければなりません。
　いわゆる「売り建て」と呼ばれる「建築条件付き土地売買契約」の場合は、施工者だけでなく設計者も買主が選べないことが多いのですが、指定できる可能性もありますので、交渉してみる価値もあるでしょう。

ハウスメーカー

大工
工務店

建築家

### ハウスメーカー

　ハウスメーカーの特徴は、展示場で規模や仕上げなどの概略がわかる点です。基本設計をし、簡単な図面と概算見積書で契約を結びます。
　その後、細部を話し合うことになりますが、窓口は営業担当者で、設計者との打合せは限られることが多いようです。設計図書（図面と仕様書）のうち、設計図面が少なく、説明も不足していて出来上がりが十分に理解できないこともあります。標準図などがある場合はコピーをもらいましょう。
　展示モデルのイメージが先行して、設計図書が契約の内容であるという、重大な意味を忘れてしまっては大変です。
　大切なことは、口約束を絶対にしないで、設計図、見積書あるいは覚え書きを添付するなどして、書面に残したいものです。

## 2 だれに頼むか

## ハウスメーカーに頼むなら

住宅展示場へ行ったときは…
- いろいろな家のスタイルや技術を参考にするとよいでしょう。
- モデルハウスどおりに建つわけではありませんので，よく話を聞くようにしましょう。
- 価格には，別途となっているものやオプションは含まれませんので，よく確認するようにしましょう。

## 工務店に頼むなら

設計と施工を分離発注する場合には，同一の設計図書をもとに数社から見積りをとり，その中から一社を選ぶことができます。
設計・施工と一貫して発注する場合（工務店，ハウスメーカ）には，同一の設計図書をもとに見積りが行われるわけではないので，各社提示される仕様にばらつきがあり，総額での比較しかできないという危険性があります。

## 工務店

　工務店はハウスメーカーと同様に，設計は社内か外部の設計者に発注されます。この場合，設計の発注者は工務店ですから，設計者の立場は弱く，設計内容も工務店の技術力や外注費用に相応のものとなってしまいがちです。工事にあたっての法定工事監理者も名義だけの場合が多く，工務店に不利益な報告を建築主にできる立場にありませんので，工事監理の有効性は期待薄となりかねません。
　知り合いの工務店や大工さんに頼む場合，そこの社長や大工さんの人となり，評判や技術力を買って相談するのですから，直接つくり手の顔が見えるという長所はあるでしょう。しかし，設計図書のあつかわれ方はハウスメーカーとほぼ同じですから，同様の注意が必要です。特にまかせっきりタイプの建築主は，図面・仕様・契約が不十分な場合，工事に入ってから要求したことと実物との違いに気づいて，どちらに非があるかのトラブルになりがちです。

## 建築家に頼むなら

### 1 建築家とは

（イラスト：建築家はお医者さんです／建築家は財務マンです／建築家は演出家です／建築家はキャプテンです／建築家は一生のパートナーです）

### 2 建築家をどのようにして選ぶか

- 最近家を建てた知人や親せきからの紹介
- 雑誌を見て
- 住宅相談の窓口で
- 建築家の団体に問い合わせて名簿から選ぶ
- インターネットで

| ○○建築設計事務所 | |
|---|---|
| 登　録 | 一級建築士事務所<br>○○知事登録　第333号 |
| 開設者 | ○○　○○ |
| 管理建築士 | 一級建築士　○○　○○ |

設計事務所には，必ずこのようなプレートが表示されています。開設者と管理建築士が異なる場合は，開設者が建築士であることを確認したほうがよいでしょう。

## 建築家と建築士

**【建築家】**

　建築家とは，工務店やハウスメーカーなどの施工会社に属さずに（利害関係をもたず），建築主の代理者として設計監理を行っている人をいいます。

　建築家に設計監理を頼むときには，建築家の事務所を訪ねて，それまでに手がけた作品の写真や設計図を見せてもらいながら話を聞き，その作風や人柄を知ることが大切です。作品を実際にご覧になることも有効です。また，仕事の進め方（設計図をどのくらい描くのか，工事監理をどのくらいの頻度でするのかなど）や設計監理報酬の説明を受けてください。

　設計監理報酬については，国土交通省（旧建設省）の告示により算定の目安が定められています（110ページ「設計監理料」参照）。建築の種類，規模，業務の範囲に対応していますので，理解したうえで業務委託書（受託書）を取り交わすことをお奨めします。業務

## 2 だれに頼むか

**❸ 設計を建築家に，施工を工務店等に依頼する場合のフローチャート**

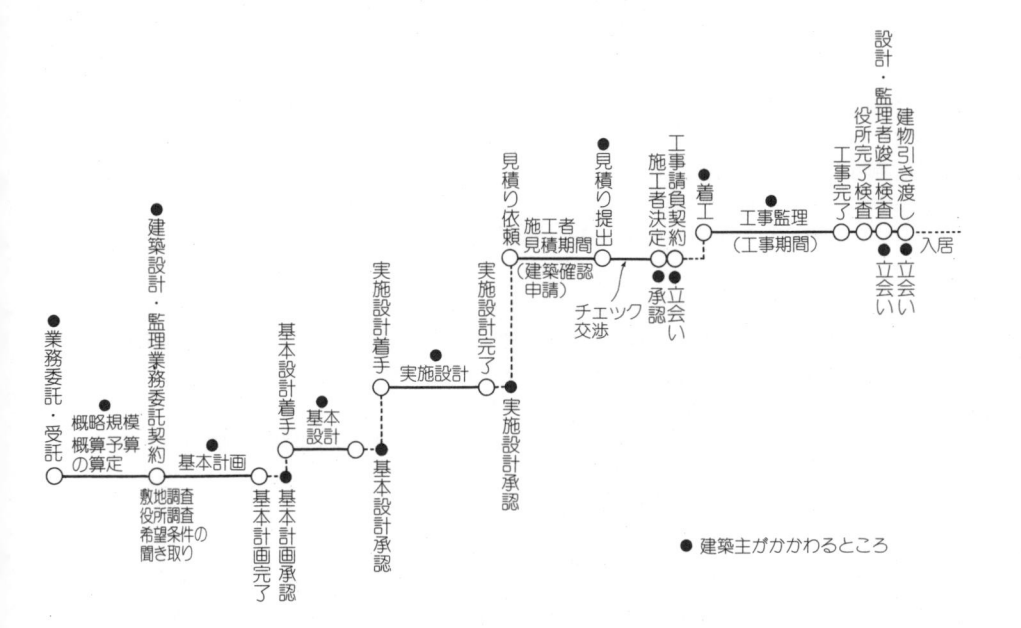

フローチャート（右から上へ読む縦書きラベル）：

- 業務委託・受託
- 概略規模概算予算の算定
- 建築設計・監理業務委託契約
- 敷地調査 役所調査 希望条件の聞き取り
- 基本計画
- 基本計画完了
- 基本設計着手
- 基本設計
- 基本計画承認
- 実施設計着手
- 基本設計承認
- 実施設計
- 実施設計完了
- 実施設計承認
- 見積り依頼
- 施工者見積期間（建築確認申請）
- 見積り提出
- チェック交渉
- 工事請負契約 施工者決定
- 承認
- 立会い
- 着工
- 工事監理（工事期間）
- 設計・監理者竣工検査 役所完了検査 工事完了
- 建物引き渡し
- 立会い
- 立会い
- 入居

● 建築主がかかわるところ

　委託書とは，設計の内容がまだ決まっていない段階で，「設計を依頼します」「お引き受けします」という約束を書面でするものです。
　その後，建築の規模，予定工事費，全体の工程，設計監理報酬（設計料）の額などが合意されると，設計・監理の契約（建築設計・監理業務委託契約）を取り交わすことになります。
　監理（工事監理）とは，建築家が建築主の代理者として工事施工者との間に入って，工事が設計図書に忠実に行われるよう現場をチェックしたり，色彩や材料を検討する仕事で，設計を補完する重要な仕事です。詳細な設計図があっても，工事監理者がいないと設計図どおりにつくられる保証はありません。完成後見えなくなる部分についてはなおのことです。詳細な設計図と密度の高い工事監理とがそろってはじめて，質の高い建築ができます。
　なお，施工者の現場監督がする「施工管理」

99

### ●設計・監理者の選別

建築士制度（建築士法）は、建築全般に関する"技術者法"であり、設計の業務に特化された、言い換えれば「設計ができることを認めた」資格ではありません。

近年、さまざまな職能分野で専門家責任が問われるとともに、消費者保護が求められ、そのための専門家情報（どのような能力をもっているのか）の開示が要請されてきています。

### ●登録建築家（建築家資格制度）

建築家の団体である（社）日本建築家協会では、2002年度から会員の必須条件としてCPD（continuing professional development継続職能研修）制度を開始し、2003年度からは建築家資格制度を始めています。

登録建築家とは、（社）日本建築家協会（略称：JIA）が建築家に関する国際的な基準に基づいて認定要件を設定し、外部からの有識者・法律家・関係団体代表等の第3者による評議員を交えて組織された「建築家認定評議会」による審査を経て、認定要件を満たし合格した建築家を認定・登録する制度で、消費者保護を目的としています。

登録建築家は、2005年3月現在全国で約1900人が登録され、日本建築家協会のホームページhttp://www.jcarb.com/で公開されています。

### ●専攻建築士制度

会員が建築家に限定されていない、（社）日本建築士会連合会（東京建築士会など全国の建築士会の連合体）でも2003年度からCPDを開始（ただし任意参加）し、さらに会員の専門分野（業務領域）が消費者にわかるように、設計、生産（施工）などの7分野に分けた「専攻建築士制度」を始めています。

設計・監理の専門家は設計専攻建築士として登録されますが、建築士資格取得後5年の建築士が審査を受けて登録されます。2005年3月現在、設計専攻建築士は全国で約2400人が登録されています。

これらの登録内容（氏名、建築士資格の別、取得年、CPD実績、専門分野の別、勤務先等）は今後公開されていく予定です。http://www.kenchikushikai.or.jp/senko/senko_towa.htm

なお、登録建築家と設計専攻建築士の両方に登録している建築士も数多くいます。

---

は、現場の運営に関するものです。同じ「カンリ」でも「監理」と「管理」の内容はまったく異なります。

また、設計をアルバイトで頼むのはお奨めできません。次に記すように、設計をアルバイトで（報酬を得て）することは建築士法にふれる場合もあります。時間的な制約もあり、監理もおろそかになり、緊急の対応ができませんし、責任の所在もあいまいになります。

【建築士】

建築士の資格をもっている人で建築士事務所の登録をした人でなければ、報酬を得て設計・監理の仕事をすることはできません。

建築士には一級建築士、二級建築士、木造建築士の3種類があり、担当できる設計または工事監理の対象が、建築の構造や規模で決められています。

## 設計と監理

### 1 設計と工事監理ですること

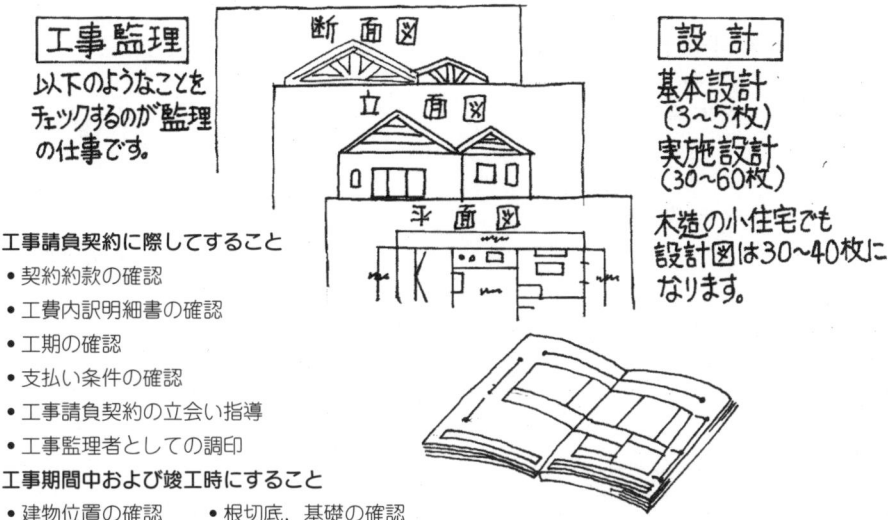

**工事監理**
以下のようなことをチェックするのが監理の仕事です。

**設計**
基本設計（3～5枚）
実施設計（30～60枚）

木造の小住宅でも設計図は30～40枚になります。

**工事請負契約に際してすること**
- 契約款の確認
- 工費内訳明細書の確認
- 工期の確認
- 支払い条件の確認
- 工事請負契約の立会い指導
- 工事監理者としての調印

**工事期間中および竣工時にすること**

- 建物位置の確認
- 構造の確認
- 設計変更の調整
- 設備機具の検討
- 竣工検査（建築主・工事監理者）
- 完了検査（法定）
- 根切底，基礎の確認
- 仕上材料の検討
- 工程の調整
- 材料・色彩の決定
- 検査済証の受領，最終支払い調整（建築主と設計者と工事監理者）
- 工事費支払い審査
- 各種検査
- 中間検査（法定）
- ダメ工事の確認（建築主・工事監理者）

## 設計と監理（設計・施工の分離）

建築家が行う業務を，順をおってあげてみます。

依頼主の希望を聞く。→設計のための予備調査をする。→基本計画をまとめる。→基本設計をまとめる。→実施設計をまとめる。→工事監理をする。→完成時には竣工検査をして，建物引き渡しに立会う。

**【業務の委託と受託】**

初めに，業務委託書（受託書）を取り交わします。お互いが安心して仕事を進めるためにも大切なことです。のちのちのトラブルを避けるためにも有効です。

**【依頼主の希望を聞く】**

依頼主（建築主）の生活設計がきちんと立てられていることが大切です。どのような住まいを希望するのか，しっかりと見きわめておいてください。住み手の要求があいまいでは，設計の手がかりがつかめません。設計の専門家ではあっても，依頼主の生活者としての領域に立ち入ることはできないからです。

## PART Ⅱ　計画編

## 2 建築設計・監理業務委託契約書（中～大規模建築の場合）

表紙

四会連合協定

建築設計・監理業務委託契約書
建築設計・監理業務委託契約約款
建築設計・監理業務委託書

平成11年10月1日制定

民間建築設計監理業務標準委託契約約款検討委員会
　社団法人　日本建築士会連合会
　社団法人　日本建築士事務所協会連合会
　社団法人　日　本　建　築　家　協　会
　社団法人　建　　築　　業　　協　　会

契約約款

建築設計・監理業務委託契約約款
目　次

第 1 条〔総則〕……………………………………1
第 2 条〔協議の書面主義〕………………………1
第 3 条〔設計業務工程表の提出〕………………1
第 4 条〔権利・義務の譲渡等の禁止〕…………2
第 5 条〔秘密の保持〕……………………………2
第 6 条〔著作権の帰属〕…………………………2
第 7 条〔著作物の利用〕…………………………2
第 8 条〔著作者人格権の制限〕…………………2
第 9 条〔著作権の譲渡禁止〕……………………3
第10条〔著作権等の保証〕………………………3
第11条〔再委託〕…………………………………3
第12条〔乙の説明・報告義務〕…………………3
第13条〔設計業務委託書等の追加・変更等〕…4
第14条〔設計業務における乙の解除〕…………4
第15条〔監理業務の変更等〕……………………4
第16条〔乙の請求による設計業務の履行期間の延長〕…4
第17条〔設計・監理業務報酬の支払〕…………5
第18条〔監理業務報酬の増額〕…………………5
第19条〔乙の債務不履行責任〕…………………5
第20条〔甲の債務不履行責任〕…………………5
第21条〔成果物のかしに対する乙の責任〕……5
第22条〔設計業務における甲の中止権〕………6
第23条〔設計業務における乙の中止権〕………6
第24条〔解除権の行使〕…………………………6
第25条〔解除の効果〕……………………………7
第26条〔保険〕……………………………………8
第27条〔紛争の解決〕……………………………8
第28条〔契約外の事項〕…………………………8

＊住宅などの小規模建築向けの契約書は、132ページを参照してください。

　要望をまとめていただいたうえで、さまざまな希望や予算などを詳細にお聞きします。計画建物について依頼主から出された要望や資料に基づき、設計のための予備調査として、建築基準法や都市計画法その他、法律上の規制などを調査します。

【基本計画】
　予算と依頼主の要望、予備調査結果に基づいて構想をまとめ、ラフな案を提示します。ふさわしい工法と、おおまかな予算配分なども提示し、目標とする予算と建物の規模を決めます。通常、このあたりまでには「建築設計・監理業務委託契約書」を取り交わすことになります。

【基本設計】
　細部の検討をして、構造、給排水衛生設備、電気設備、冷暖房設備などを考え合わせ、全体の設計方針を決定し、工費の概算をたて、概略の工程を添えて建築主の承認を受けます。基本設計図が固まるまでには、たびたび

## 2 だれに頼むか

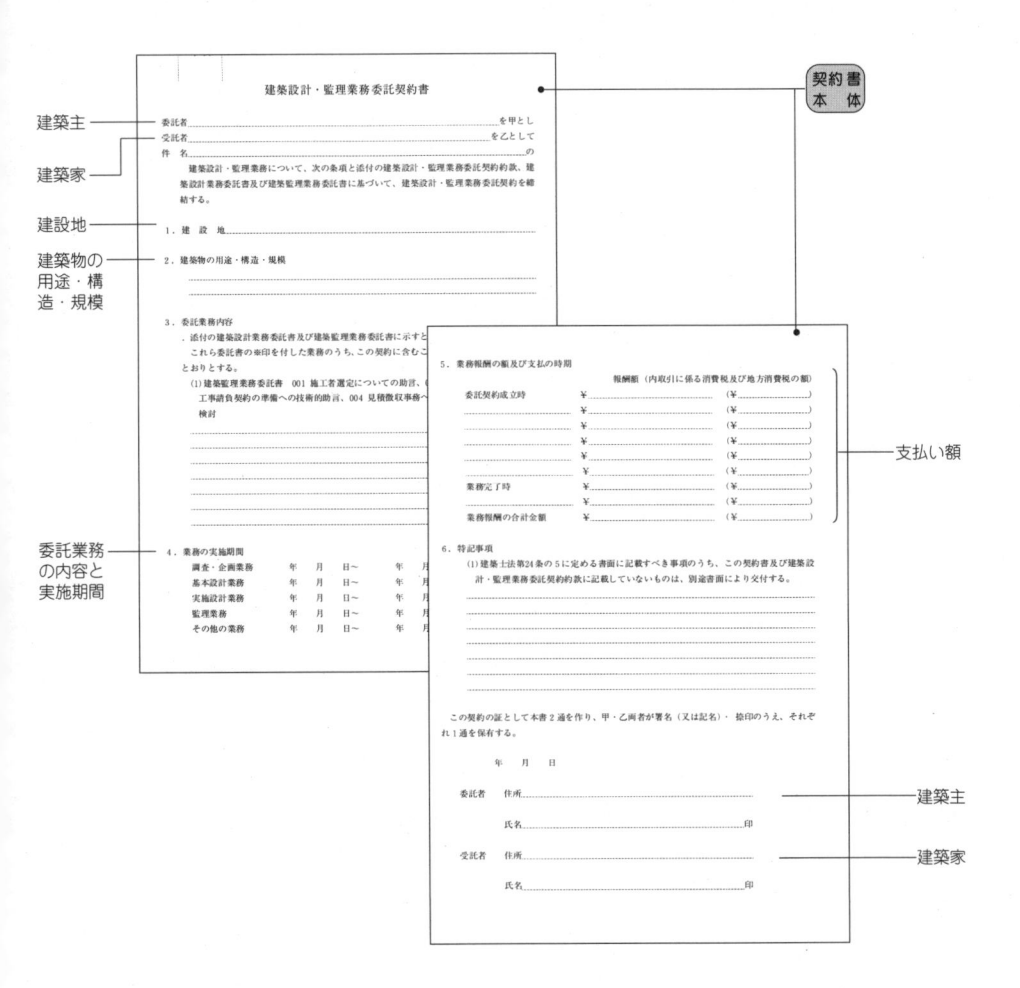

（契約書本体の図。各項目のラベル：建築主／建築家／建設地／建築物の用途・構造・規模／委託業務の内容と実施期間／支払い額／建築主／建築家）

図面のやり取りと打合せが行われ，適切な助言をしながらまとめていきます。

**【実施設計】**

基本設計に基づき詳細な設計を進め，施工者が詳細な見積りと施工をするために必要な設計図，仕様書をつくります。

また，別途業務として建築基準法に定められた確認申請のための書類作成，申請，その他必要な仕事に協力します。

**【工事監理と施工】**

設計監理を建築家（設計事務所）に頼むとき，施工は工務店等の施工会社に発注することになります。

知り合いの会社があればそこに頼むのも一つの方法ですし，設計事務所から2，3候補をあげてもらう方法もあります。技術力は設計事務所に，経営状態は取引金融機関や信用調査会社に判断してもらうのがいいでしょう。工務店の社長と親しいというだけの理由で（技術力や信用力を確かめず）頼むのは危

## 3 「設計・施工の分離」で見積りをとると

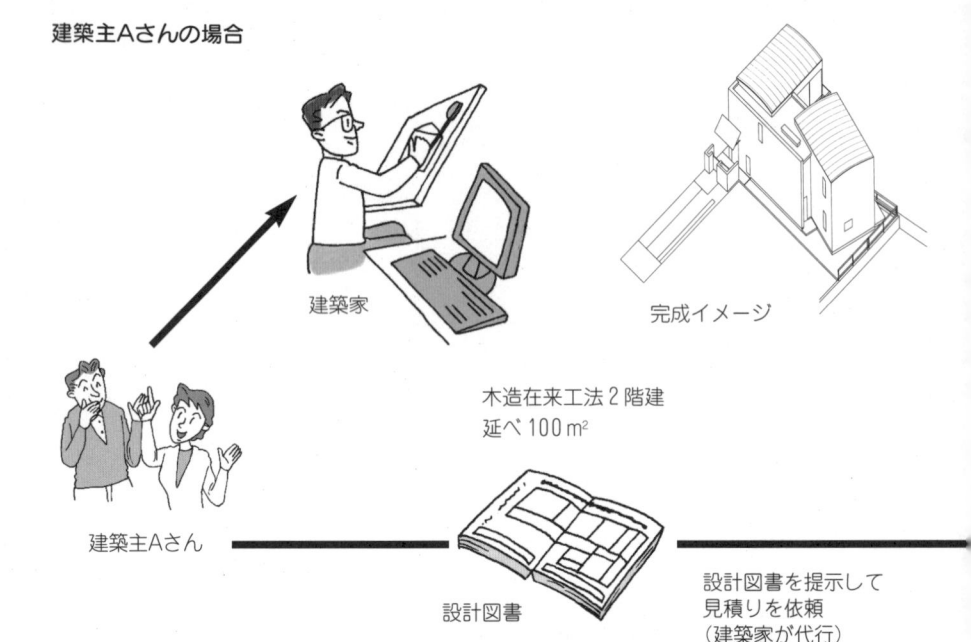

建築主Aさんの場合

建築家

完成イメージ

建築主Aさん

木造在来工法2階建
延べ100 m²

設計図書

設計図書を提示して
見積りを依頼
（建築家が代行）

●建築家（設計者）は，どうやって決めて（選択して）いくのか

建築家が工法（木造か鉄骨造かなど）を決めるとき，「はじめに〇〇ありき」ではありません。建築主の要望や，地域の気候や気象等マクロの敷地条件，地盤の状態や日当り，通風などミクロの敷地条件，準備できる予算，法規制など，さまざまな与条件や制約の中から試行錯誤しながら取捨選択して決めていきます。それは，採用する建築材料を選択する場合も，デザインを考えているときも同じです。設計にとりかかったときは白紙の状態なのです。

険なことです。建築家と相談しながら，工務店2，3社から見積りをとれば，競争の原理もはたらくので，妥当な結果も得られやすいでしよう。

施工者に実施設計図書を提示して，入札，見積り合せ，あるいは特命などの方法により，見積りを依頼します。その後，施工者から提出された見積書の内容を検討のうえ，建築主が発注先の施工者を決めるためのアドバイスをします。

施工者が決定したら，工事請負契約の内容（工期，支払い条件など）を立案します。工事請負契約に立ち会い，契約書に監理者として調印します。

着工後は工程や施工計画を検討し，工事が設計図，仕様書どおりに行われるように施工者に助言し，随時検査をします。また材料の選定，仕上げ見本の決定，工作図の検討などのほか，工事中に施工者から提出される支払い請求書の内容を検査および確認し，建築主

## 2 だれに頼むか

- C工務店
  合計　2,250万円
  （外構工事，冷暖房工事含む）
  お見積書

- D建設
  合計　2,380万円
  （外構工事，冷暖房工事含む）
  お見積書

- E建設工業
  合計　2,200万円
  （外構工事，冷暖房工事含む）
  お見積書

建築家がつくった
各社見積書（内訳付き）の比較表

建築家の査定では少しだけE建設工業より高いけど見積り落としもないし仕事も堅実なのでC工務店がおすすめらいいよ！

別途工事はなにもないのね！
それならC工務店に
お願いしましょうよ！

に報告します。

　工事中に，建築主から設計変更の要請があったときは，工事金額の増減を査定します。ただし，このような場合には監理報酬が増額になります。

　工事が完了して，建築を建築主に引き渡す前には，竣工検査を行います。

　仕上げだけでなく，建具の作動状態や設備機器類の作動状態なども確認します。

## ④「設計・施工の一括発注」で見積りをとると

**建築主Bさんの場合**

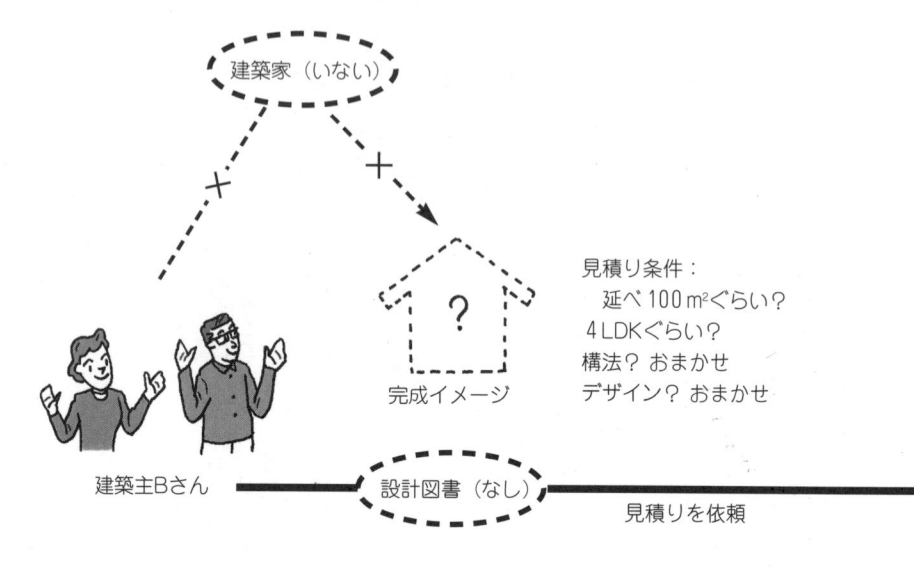

建築家（いない）

完成イメージ

見積り条件：
　延べ100㎡ぐらい？
　4LDKぐらい？
　構法？　おまかせ
　デザイン？　おまかせ

建築主Bさん　　設計図書（なし）　　見積りを依頼

---

● **トレードオフの話**
　ある機能を重視すると別の機能が犠牲になる場合，両者はトレードオフの関係にあるといいます。明るくするために窓を大きくとれば反面で，断熱や遮音の性能は落ちます。また，材料Bと比較して優れている材料Aでも，Cと組み合わせたときにはBよりも劣ってしまうこともあります。設計は総合的に判断していくものなので，狭い視野で優劣を判断するのは間違いのもとです。したがって，部分だけをみて「外断熱が最高！」などといつのるようなことは正しくありません。

## 設計・施工の一括発注

　設計も施工も一括で頼むときは，建築士事務所の登録をしていて，管理建築士（常駐が義務）のいる施工者に頼みましょう。

　設計・施工一括発注の体制では，同じ組織のなかで設計も施工も行うので，建築主にとって望ましいことでも，利益をあげにくい面倒な設計（施工）は排除されがちです。つまり，価値を追求しなければならない設計監理と，利益も追求しなければならない施工とが同一組織内で行われるという矛盾があり，設計担当者の立場が弱いことにも問題があります。

　また，この場合は一社に特命で発注しますから競争の原理ははたらきません。住まいづくりのトラブルで最も多いのは，このケース（建売，建築条件付き売買も含む）です。営業（契約）段階での「言った，言わない」，施工段階での下請任せ（ほとんど丸投げ）による欠陥などが数多く報告されています。

　せかされても，あわてて契約しないでくだ

## 2 だれに頼むか

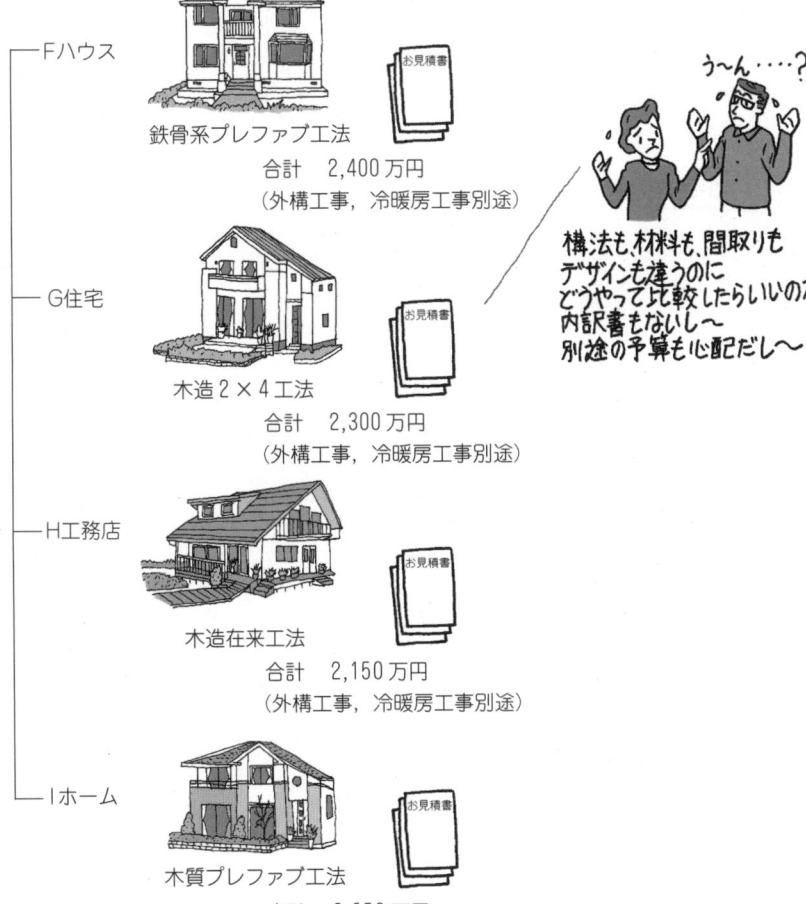

- Fハウス
  鉄骨系プレファブ工法
  合計　2,400万円
  （外構工事，冷暖房工事別途）

- G住宅
  木造2×4工法
  合計　2,300万円
  （外構工事，冷暖房工事別途）

- H工務店
  木造在来工法
  合計　2,150万円
  （外構工事，冷暖房工事別途）

- Iホーム
  木質プレファブ工法
  合計　2,350万円
  （外構工事，冷暖房工事別途）

う〜ん……???
構法も，材料も，間取りも
デザインも違うのに
どうやって比較したらいいのから
内訳書もないし〜
別途の予算も心配だし〜

さい。あなたがお金をだして，あなたの住まいをつくるのですから，遠慮などする必要はありません。注文したことは，必ず図面や見積書（文書）で確認しておきましょう。

契約する前には，まえもって契約書と契約約款のコピーをもらって検討し，十分納得してから契約にのぞんでください。また，「建設業者登録」の確認と「設計者」「工事監理者」の名前と建築士番号も聞いておきましょう。

いずれにしても，施工会社の規模の大小と，建築の品質は必ずしも一致しません。規模が小さくても，誠実かつ良質な仕事をする工務店も存在します。

消費者側に立って欠陥住宅問題に取り組んでいる弁護士達は，「欠陥住宅を防止するには，第三者による設計監理が必要」と強く主張しています。言い換えれば，設計監理は信頼できる設計事務所に依頼して，工事だけを工務店に頼みなさいということになります。

# 3 資金づくり

住まいづくりは，資金のやりくり算段から始まります。借り入れする場合は，返済の無理のない範囲内で借り入れ調達することを考えるべきでしょう。

## どんな費用が必要か

**住まいづくりにかかる費用の例**

- 事前調査
  （地盤調査費用等）
- 設計監理料
- 確認申請料
- 建築工事費
- 別途工事費
- 諸経費

その他
- 地鎮祭，上棟式，落成式等の費用
- 引越しの費用
- 家具，家電，カーテンなど
- 保険料

**建築予算内の公租公課について**
- 不動産取得税
- 登録免許税（印紙税）
- 固定資産税
- 都市計画税
- 消費税等

＊時期による税率・税額の変動や，減免措置，還付請求等の詳細は，必ず税の専門家に確認してください（138ページ・表「不動産を取得した場合の税金」参照）

## どんな費用が必要か

資金は一体いくら用意したらいいのか，これはにわかには見当がつきかねます。家族構成，生活のスタイル，求める便利さの程度などによって，かかる費用の内容と金額に大きな違いが生じるためです。

そこでこの段階で，建築家などに出してもらった概算の予算配分（99ページ「フローチャート」参照）をもとに，借り入れも含めていくら資金を用意できるかをはっきりさせることから出発すべきです。

住まいづくりにかかる費用のおもなものは，土地の購入費と建物の建設費です。調達できる資金のどれだけを土地の購入にあてがい，また建設費にあてるかによって，住まいづくりの輪郭が決まります。

# 3 資金づくり

## 建設費

**A氏邸新築工事概要**

- 木造 2 階建住宅

- 家族構成：
  老・若夫婦，子供（2人）計6人

- 間取り 5LDK：
  浴室，化粧脱衣室，厨房，ユーティリティ，1・2階に洋室トイレ，納戸，全室洋間

- 仕上げ：
  個室などの床はじゅうたん敷込み

- 設　備：
  電気温水器，冷暖房機器，浄化槽新設

- 外構工事：
  駐車スペースの土間コンクリート，物干し，門などは本工事。造園は生垣を含め別途工事

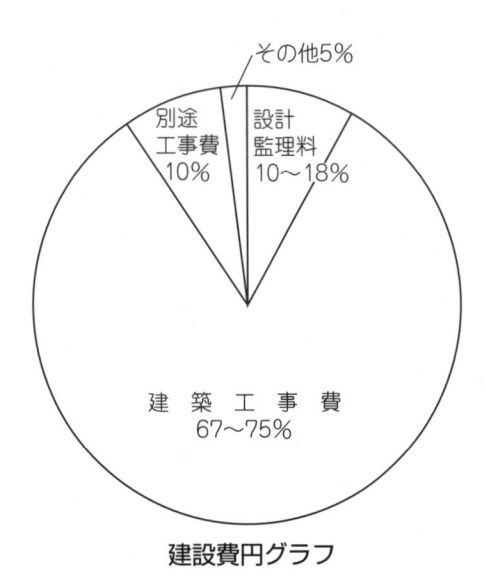

その他5%
別途工事費 10%
設計監理料 10〜18%
建築工事費 67〜75%

建設費円グラフ

## 建設費

　建設費の大半は施工業者に支払う工事代金で占められます。よく坪当り何10万とかm²当り何 10 万などといいますが，これは工事代金を延べ床面積で除して求めたもので，お金のかけ方の目安とされます。

　設計図・仕様書に基づいて細かく積算してもらったところ，高いところと安いところとでは2割もの違いがでたこともあります。また，敷地の立地条件による施工難易度や工事代金の支払い条件によっても，見積り金額は左右されます。

　工事費のほかには，設計料（報酬），監理料（報酬），建築確認をとるための手続費用や確認申請および検査の手数料などが必要となります。

　上記の費用のほかに，引越し費用，登記と諸税などの諸経費が必要です。

　以下で，設計監理報酬のことに少しふれておきます。本書のなかでは，設計事務所に設計を依頼する以上は実施設計まで依頼し，引

## PART II　計画編▶▶

## 1 設計監理料

### 設計監理業務報酬の算定方法

報酬（C）＝直接人件費（P）＋軽費（E）
　　　　　＋技術料（F）＋特別軽費（R）

略算方法によると，P＝E，F＝P×0.5
　C＝2.0P＋F＋R＝2.5P（R＝0とした場合）

たとえば，
工事費2,000万円で，一般的な木造戸建住宅の場合の試算（右表参照）をすると，
　C＝2.5×34人・日×600万円/200人・日
　　＝2.5×34人・日×3万円[1]/人・日
　　＝255万円[2]

となる。

1）直接人件費3万円/人・日は，一級建築士取得後3年未満の技術者の推定年収約600万円を，平均業務人数の200日で計算した日当。

2）対工事費換算：12.75％

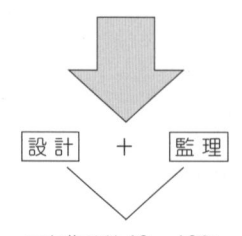

⬇

| 設計 | ＋ | 監理 |

工事費の約10〜18％

### 設計・工事監理業務標準人

| 区分 | 第 4 類 | | | | | |
|---|---|---|---|---|---|---|
| | 1 | | | 2 | | |
| 建築物の用途等 | 戸建住宅（一般的な木造建住宅を除く） | | | 一般的な木造戸建住宅 | | |
| 業務内容区分 | 設計 | 監理 | 計 | 設計 | 監理 | 計 |
| 工事費 1,000万円 | 23 | 11 | 34 | 13 | 7 | 20 |
| 1,500万円 | 32 | 16 | 48 | 18 | 9 | 27 |
| 2,000万円 | 42 | 21 | 63 | 23 | 11 | 34 |
| 3,000万円 | 60 | 30 | 90 | 31 | 15 | 46 |
| 4,000万円 | 78 | 39 | 117 | 38 | 19 | 57 |
| 5,000万円 | 95 | 47 | 142 | 45 | 23 | 68 |
| 6,000万円 | 111 | 56 | 167 | 52 | 26 | 78 |
| 7,000万円 | 128 | 64 | 192 | 58 | 29 | 87 |
| 8,000万円 | 144 | 72 | 216 | 64 | 32 | 96 |

1999年度の工事に対する人日数を示しています。人日数は，建設省告示第1206号におけるEランク換算技術者数です。このランク付けは，標準日額換算率および日数について，建築士等の資格，業務経験者等による技術者をA〜Fに区分したもので，さらに，ランクごとに示された地域別の人件費年額推定値に基づいて計算しています。

Eランク（地域：東京・大阪）の場合
建築士等の資格，業務経験者等による技術者の区分：
- 一級建築士取得後3年未満のもの
- 二級建築士取得後5年以上8年未満の業務経験があるもの
- 大学卒業後5年以上相当の能力のあるもの

業務報酬の換算率：1.00
平成11年度人件費年額推定値：684.6万円
（日本建築士事務所連合会「建築士事務所」1997年12月号掲載の「技術者人件費に関する検討」による）

き続いて監理まで受けもってもらうのが最良の方法と考えて説明しています。

①諸々の事情で建築家にすべてを頼むことが困難な場合でも，基本デザインだけ，つまり基本設計のみ依頼することも可能です。

②建設地が遠隔地である場合など，設計だけを頼むことができます（基本設計から実施設計）。

では，どのくらいの金額で設計と監理を頼めるのか。これについては計算のしかたが国土交通大臣の告示で決められていて，直接人件費＋経費＋技術料＋特別経費で求められます。これは工事費の金額とそれぞれの事務所によっても異なりますが，標準的な木造住宅では10〜18％程度となります（設計監理報酬は工事費に反比例して下がります）。

設計料と監理料の比率は約2対1です。

工事費は，たとえばハウスメーカーの場合には，家具，カーテン，照明器具，門，塀，カーポートなどの外構・造園工事，外部設備

## 3 資金づくり

### 設計監理報酬の内訳[1]

| 設計 | 基本設計 | 20 %<br>(51.00 万円) | 67 %<br>(170.85 万円) | 工事費の<br>12.75 %<br>(255 万円) |
|---|---|---|---|---|
| | 実施設計 | 47 %<br>(119.85 万円) | | |
| 工事監理 | | 33 %<br>(84.15 万円) | | |
| 合　計 | | 100 % | | (255 万円) |

1) (　)内は、工事費2,000万円／一般的な木造戸建住宅の場合の試算額です。試算は、平成11年度年額推定値（Eランク技術者）により試算しています。詳しくは、110ページの「設計監理業務報酬の算定方法」を参照してください。

### 支払い条件の目安[1]

| 契　約　時 | 10 % | (25.50 万円) |
|---|---|---|
| 基本設計<br>(終了時までに) | 15 % | (38.25 万円) |
| 実施設計<br>(終了時までに) | 50 % | (127.50 万円) |
| 監　理<br>(終了時までに) | 25 % | (63.75 万円) |
| 合　計 | 100 % | (255 万円) |

### 2 確認申請料

#### 確認申請手数料（特定行政庁の場合）

| 床面積の合計 | 手数料 | | | |
|---|---|---|---|---|
| | 確認申請 | 完了検査 | 中間検査 | 中間有完了 |
| 30 m²以内 | 5,000 円 | 10,000 円 | 9,000 円 | 9,000 円 |
| 30 m²を超え 100 m²以内 | 9,000 円 | 12,000 円 | 11,000 円 | 11,000 円 |
| 100 m²を超え 200 m²以内 | 14,000 円 | 16,000 円 | 15,000 円 | 15,000 円 |
| 200 m²を超え 500 m²以内 | 19,000 円 | 22,000 円 | 20,000 円 | 21,000 円 |
| 500 m²を超え 1,000 m²以内 | 34,000 円 | 36,000 円 | 33,000 円 | 35,000 円 |
| 1,000 m²を超え 2,000 m²以内 | 48,000 円 | 50,000 円 | 45,000 円 | 47,000 円 |
| 2,000 m²を超え 10,000 m²以内 | 140,000 円 | 120,000 円 | 100,000 円 | 110,000 円 |
| 10,000 m²を超え 50,000 mm²以内 | 240,000 円 | 190,000 円 | 160,000 円 | 180,000 円 |
| 50,000 m²を超えるもの | 460,000 円 | 380,000 円 | 33,000 円 | 370,000 円 |
| 建築設備 | 9,000 円 | 13,000 円 | | |
| 工　作　物 | 8,000 円 | 9,000 円 | | |

の接続などが別途工事費として工事費に計上されない場合があります。

別途工事は自分で専門者と打合せをして発注することができるために行うものであり、なにを別途工事とするかは建築主自身が決めるべきものです。家具でも、造付けの家具は工事費に含むのが一般的です。別途工事については、概算予算の段階で把握しておきましょう。

なお、施工者への支払いは、資金繰りを配慮しながら交渉のうえ、通常、3または4分割して支払います。ただし、支払い条件については、後の「工事請負契約」の項（118ページ）でふれてありますが、過払いにならないよう十分注意することが必要です。

## 3 建設工事費

工事費内訳

| 工種別 | | 内 訳 |
|---|---|---|
| 建築工事 | 仮設工事 | 足場，養生，電力，清掃，運搬費等 |
| | 基礎工事 | 公庫基準程度 |
| | 木工事 | ヒノキ土台，スギ柱，ヒノキ柱等 |
| | 屋根工事 | カラーベスト，コロニアル |
| | 金属工事 | 雨押え，塩ビ樋，飾り(板金)工事含む |
| | 金属製建具工事 | カラーアルミサッシ，雨戸等，ガラス共 |
| | 木製建具工事 | 玄関既製品ドア |
| | 石工事 | 玄関回り鉄平石 |
| | タイル工事 | 浴室，台所壁，デザインタイル |
| | 左官・吹付工事 | 外壁吹付タイル，和室じゅらく壁 |
| | 塗装工事 | 外部OP仕上げ，内部OS仕上げ |
| | 内装工事 | 壁ビニルクロス，床フローリング等 |
| | 雑工事 | キッチンセット，バスタブ(ホーロー引)等 |
| 設備工事 | 電気設備工事 | コンセント，TV配線アンテナ共，電灯等 |
| | 給排水・衛生設備工事 | 湯水混合栓，サイホンゼット式便器等 |
| | 冷暖房設備工事 | 冷暖房兼用マルチタイプ，配管据付け共 |

## 4 別途工事費（おもな例）

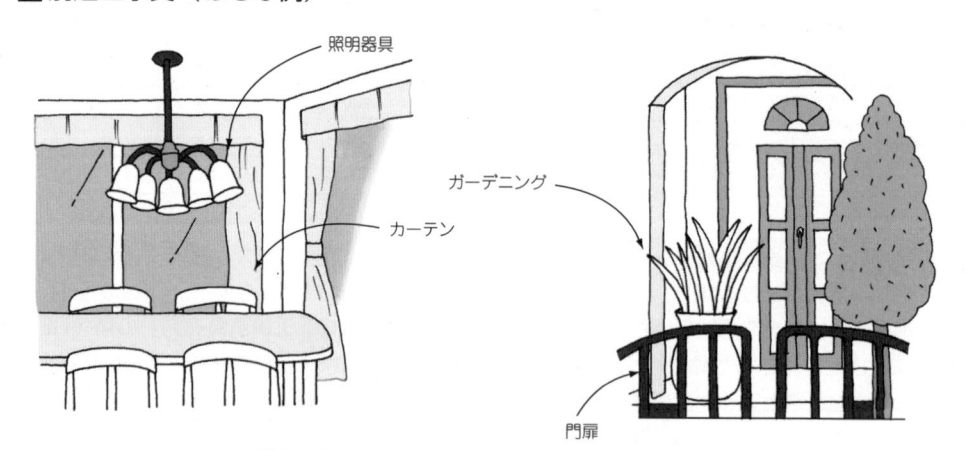

照明器具
カーテン
ガーデニング
門扉

別途工事には，カーポートや造園工事，照明器具，カーテン・ブラインドなどのファブリックといったようなものがあります。

# 資金調達

## 住宅ローンの種別

| 住宅ローンの種別 | 特　徴 | 選択の目安 |
|---|---|---|
| 住宅金融公庫「公庫融資」 | ・全期間固定型ローン（11年目以降は金利が変わる2段階制）<br>・購入物件に対する要件は厳しいが，それ以外借り入れる本人への要件は少ない。<br>・住宅ローン金利をローン申込み時に決定することができる（新築マンション購入時，ローン申込みから引渡しまで1年くらいかかる場合などは資金計画が立てやすい）。 | ・新築マンション購入などで，借り入れる時期（引渡し時期）まで時間のある方（借り入れるときまでの金利上昇リスクは避ける）<br>・サラリーマンから独立してまもない方 |
| 財形住宅融資 | ・5年ごとに変動する5年固定金利<br>・勤労者（サラリーマン）のみ対象<br>・公庫融資と併せて融資を受けることができる。<br>・住宅ローン金利をローン申込み時に決定することができる。 | ・勤め先から住宅手当・利子補給・社内融資などの援助が受けられる方<br>・新築マンション購入などで，借り入れる時期（引渡し時期）まで時間のある方（借り入れるときまでの金利上昇リスクは避ける）。 |
| 民間金融機関 | ・金利タイプや種類が豊富（金利キャンペーンや各種保険，メガバンクから地場の信用組合やネット銀行まで千差万別）。<br>・一般的に借入れ本人への要件が厳しい。<br>・通常，住宅ローン金利は借り入れるときに決定する。<br>・物件購入やリフォームだけではなく，借換えにも対応。<br>・店舗の場所により，取扱エリアが限定的。 | ・上場企業にお勤めのサラリーマンの方（有利な金利優遇を得る可能性大）<br>・物件取得価格100％に近い借入れが必要な方（諸費用も対応可能な銀行もある）<br>・借換えでメリットを出したい方 |
| ノンバンク | ・不動産会社を通じて販売するケースが多い。<br>・メーカー系の会社や，特殊な商品をもつ会社が多い。<br>・物件購入やリフォームだけではなく，借換えにも対応。<br>・民間金融機関のように給与引落口座などの指定がない。<br>・借入れ本人への要件は比較的柔軟。 | ・賃貸併用，投資物件，特定ハウスメーカー専用住宅を購入する方<br>・素早い手続きが必要な方<br>・個人事業を営まれている方<br>・借換えでメリットを出したい方 |

## 資金調達

　資金調達先の大きな柱の一つに，公的融資である住宅金融公庫融資と財形住宅融資があり，また民間金融機関やノンバンクの住宅ローンもさまざまな商品があります。これら金融機関のほかに，地方自治体が行う自治体融資などもあり，自治体により助成制度など設けているところもあります。

　金融機関と住宅ローンの選択は，あくまで個人的なものですので，まずは現状の支払い・貯蓄状況を把握することからはじめ，金融機関をよく調べ，ご自身の資金計画にあった賢い選択をしましょう。

　一般的には，必要な資金の80％までが借り入れ調達の限度といわれています。手持ち資金は多いにこしたことはありませんが，最低でも20％用意してかからなければなりません。

# 4 見積りと工事発注

設計図がまとまった段階で，ここと思う施工者に設計図書を示して工事金額を見積ってもらいます。できれば複数の会社から見積りをとって比較検討して決めるのが賢明です。これを見積り合わせといいます。金額と内容をチェックして発注先を決めることになります。

## 施工者の選び方

**チェックポイント**
①その地域で長く続いた信用と実績。
②経営状態の良好なところ。
③打合せを面倒がらずにしてくれるところ。
④設計事務所に評価をしてもらう。
⑤最近施工した家を見せてもらう。
⑥得意な分野がある（図参照）。

おもに建売住宅を施工している。
または，プレファブ住宅の施工をしている。

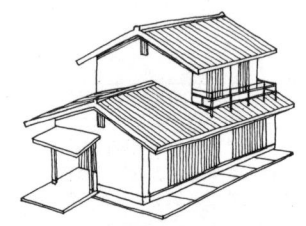

おもに和風の木造住宅を施工している。

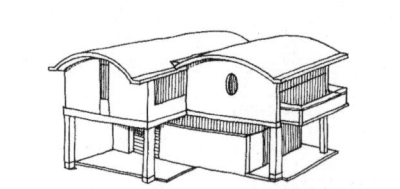

おもに鉄筋コンクリート造の住宅を施工している。

## 施工者の選び方

　工事会社を決めるには，設計図書を示して見積りを依頼します。ここと思うところがない場合は，設計事務所とも相談したうえで，なるべくなら建設地の近くの施工者を選んで見積りをとります。設計事務所に施工技術の優れている工務店を複数探してもらえばよいでしょう。見積り内容が同等の場合には，会社が建設地に近いということも判断の目安になるでしょう。
　施工者の決め方として，ほかに特命という方法があります。これは特定の施工者を信頼して指名することです。工事を依頼しようとする施工者に経歴などがわかる資料をもらって事前に確認しておきましょう。

# 4 見積りと工事発注

## 見積り合せ

**○△邸見積り要領書（例）**

1）工事場所
2）建築主　　　　○△
3）予定工事期間　平成　年　月～平成　年　月（解体工事を含む）
4）提出書類
　　宛先名　　　　建築主
　　提出先　　　　□□設計事務所
　　部　数　　　　各2部（見積書・経歴書）
　　提出期日　　　平成　年　月　日（　）午後　時必着
5）決定方式　　　指名施工会社（複数）による合見積り
6）見積り範囲　　設計図及びこの見積り要領書に記載の範囲とします。
　　　　　　　　　木拾い，設備関係の内訳書も記載してください。
　　　　　　　　　既存建物の解体工事
7）見積り書式　　別紙の見積り書式（参考）にまとめてください。
8）質疑応答　　　質疑は，□□設計事務所あてFAXでお願いします。
　　　　　　　　　質疑応答の内容で図面に記載の無い事項は，見積書備考欄に明示してください。
9）特　記　　　　工事契約後の手続き等は請負者の負担とします（完了検査申請手数料等公的申請の手数料は建築主が負担します）。
　　　　　　　　　地鎮祭に係るテント，椅子，幕などの会場設定は施工者にて準備してください。
　　　　　　　　　初穂料は建築主が負担します。上棟式は行いません。
10）支払い条件　　別紙によります。
11）設計図書　　　設計図書一式○○枚1部貸与。見積り提出時，設計者宛にご返却ください。

複数の施工者に上記のような見積りの提出を受け，その比較検討上発注先を決定します。
見積り合せの結果では金額に開きが生じることがあるので，その場合に一番安いところを選ぶのが，必ずしも適切であるとは言えません。

**見積り書式（参考）**

●大項目
A．共通仮設工事
B．建築工事
C．電気設備工事
D．給排水衛生設備工事
E．冷暖房換気設備工事
F．外構造園工事
G．解体工事
H．現場管理費，諸経費
I．別途工事・負担金等

●中項目
B．建築工事
　1）直接仮設工事
　2）基礎工事
　3）防水工事
　4）屋根および板金工事
　5）外壁工事
　6）木工事
　7）タイル・左官工事
　8）金属工事
　9）金属製建具工事
　10）木製建具工事
　11）ガラス工事
　12）内装工事
　13）塗装工事
　14）家具および住設機器工事
　15）雑工事
C．電気設備工事
　1）幹線分電盤工事
　2）電灯コンセント工事
　3）照明器具工事
　4）弱電設備工事
D．給排水・衛生設備工事
　1）給水設備工事
　2）給湯設備工事
　3）衛生器具工事
　4）排水設備工事
　5）ガス設備工事
E．冷暖房換気設備工事
　1）冷暖房設備工事
　2）換気設備工事
F．外構造園工事

## 見積り

【見積り合せ】

　何社かに見積りを同一条件で依頼することを，「見積り合せ」をするといいます。

　見積りに際しては，どのような条件で見積るのかを明確にしておかなければなりません。この条件を明示したものを見積り要領書，または現場説明書などと呼びます。特に複数の会社で見積り合せをする場合など，A社，B社，C社とそれぞれに異なった条件で見積らせたのでは比較ができないことは明らかなので，見積り要領書は必須です。

　見積り合せ，特命にかかわらず，この要領書に明示する事項は，最低限，以下8項目が必要となります。
①建築主名──建築主はだれか
②工期──いつ着工していつ引き渡してほしいか
③支払い条件──お金はどのように支払うか
④特記──特別な条件があればその内容をあらかじめ知らせておくこと

PART II　計画編

# 見積書のチェック

## 1 設計者による見積書のチェック

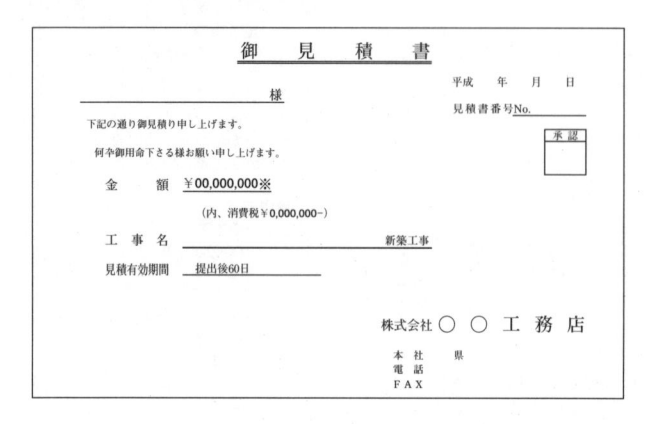

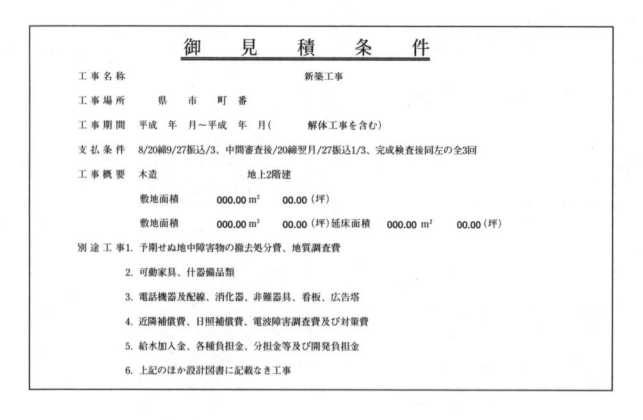

**御見積書**

```
　　　　　　　　　　　　　　　　　　　平成　年　月　日
　　　　　　　　　　　様　　　　　見積書番号No.
　下記の通り御見積り申し上げます。　　　　　　　　　　承認
　何卒御用命下さる様お願い申し上げます。
　金　　額　￥00,000,000※
　　　　　　　　（内、消費税￥0,000,000-）
　工　事　名　　　　　　　　　新築工事
　見積有効期間　提出後60日

　　　　　　　　　　　株式会社 ○ ○ 工 務 店
　　　　　　　　　　　　本　社　　　県
　　　　　　　　　　　　電　話
　　　　　　　　　　　　FAX
```

**御見積条件**

```
　工事名称　　　　　　　新築工事
　工事場所　　　県　　市　　町　番
　工事期間　平成　年　月～平成　年　月（　解体工事を含む）
　支払条件　8/20締9/27振込3、中間審査後/20締翌月/27振込1/3、完成検査後同左の全3回
　工事概要　木造　　　　地上2階建
　　　　　　敷地面積　　000.00 m²　　00.00（坪）
　　　　　　敷地面積　　000.00 m²　　00.00（坪）延床面積　000.00 m²　　00.00（坪）
　別途工事　1. 予期せぬ地中障害物の撤去処分費、地質調査費
　　　　　　2. 可動家具、什器備品類
　　　　　　3. 電話機器及配線、消化器、非難器具、看板、広告塔
　　　　　　4. 近隣補償費、日照補償費、電波障害調査費及び対策費
　　　　　　5. 給水加入金、各種負担金、分担金等及び開発負担金
　　　　　　6. 上記のほか設計図書に記載なき工事
```

**チェックポイント**

① あとで落ちがないように、見積りする範囲をはっきりさせておきましょう。

② どの範囲までがいくらかということをはっきりさせておきましょう。見積書で明確でない場合は覚書きを取り交わすなどして、細かく内容を確認しておかないと後でトラブルになりかねません。

③ 設計図書の内容と突き合わせながら見積り内容を説明してもらうようにしましょう。そして少しでも不明確な点があれば覚書きにしたためましょう。

④ 当所の見積り内容に落ちがあって、後から追加して発注すると割高になってしまいます。

⑤ 提出日──見積書はいつまでに提出してもらうか

⑥ 質疑応答──設計図書その他、見積りのための資料について疑問があるとき、どういう方法で答えるか

⑦ 選定方法──どういう方法で施工者を決定するか

⑧ 見積り書式

見積り依頼の際には、見積り項目表を渡して、必ず内訳明細書付きの見積書を要求します。各社の見積りがそろったときに項目がそろうようにしておけば、比較するときにもわかりやすくなります。通常、この表（見積り書式）は設計事務所がまとめます。

見積り期間は、一般には2～3週間程度は必要でしょう。設計図書の解釈に誤りがあると、後でトラブルになる場合もありますので、疑問の点は質疑応答書を作成し、契約書に反映させることをおすすめします。

【見積書のチェック】

## 4 見積りと工事発注

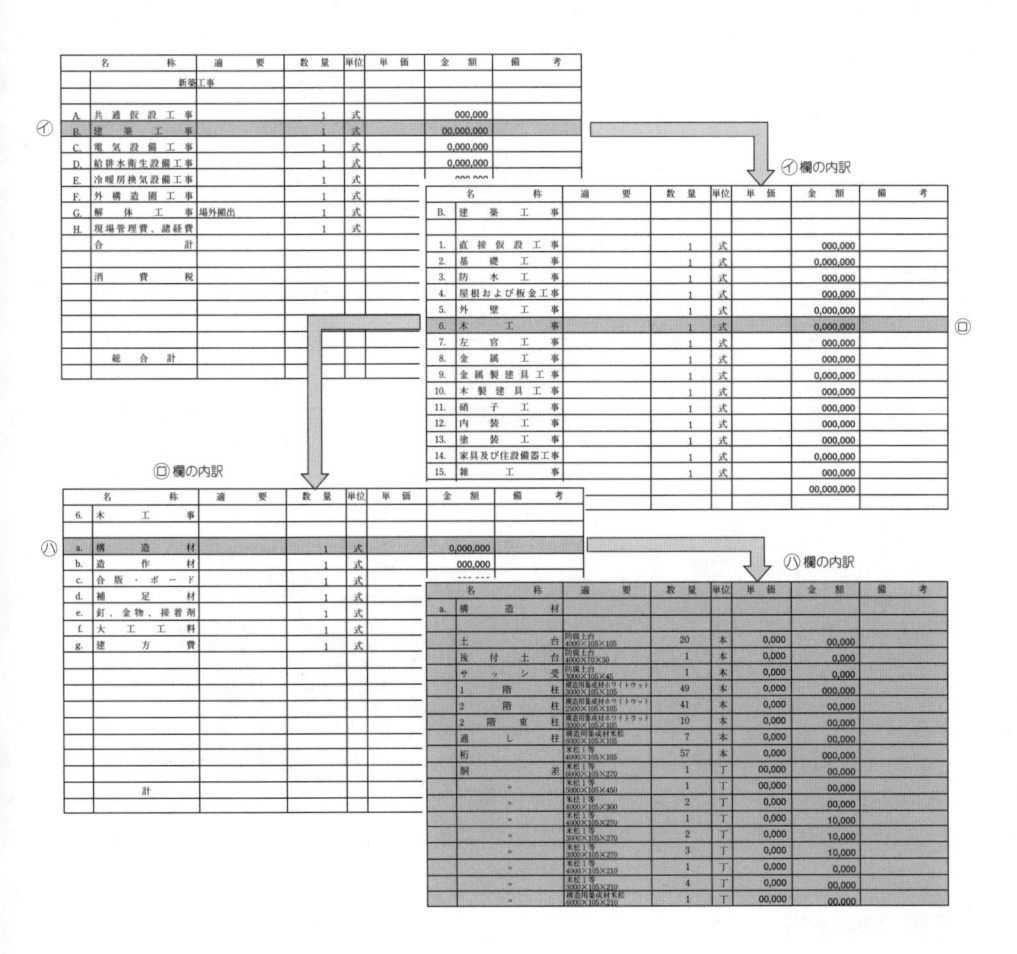

設計事務所では主要な資材の数量を比較したり、建具などの部材の数量を図面と照合します。また、工事作業の難易度など評価を加味し、参考資料や今までの事例を踏まえて判断します。ハウスメーカーや工務店に設計・施工で依頼している場合には、建築主自身がこれらのチェックを行わなければなりません。しかし設計図書や見積り内訳書が不足していることもあるので、その場合には専門家でもチェックができないことになります。

## 2 見積り比較表のチェック

### 新築工事　見積り比較表

(大項目)

| 項　目 | A社 | B社 | C社 |
|---|---|---|---|
| 1）解体撤去工事 | 900,500 | 953,000 | 934,800 |
| 2）建築工事 | 19,300,000 | 19,900,000 | 23,495,163 |
| 3）外構工事 | 950,000 | 1,074,710 | 1,602,750 |
| 4）電気設備工事 | 700,000 | 988,400 | 1,612,700 |
| 5）給排水衛生設備工事 | 2,026,020 | 2,544,000 | 3,098,620 |
| 6）空調換気設備工事 | 1,183,640 | 1,073,600 | 1,191,200 |
| 7）諸経費 | 1,899,739 | 2,646,290 | 4,865,000 |
| 調整額 | △10,101 |  | △233 |
| 合　計 | 26,970,000 | 29,180,000 | 36,800,000 |
| 消費税　5％ | 1,348,500 | 1,459,000 | 1,840,000 |
| 総　計 | 28,318,500 | 30,630,000 | 38,640,000 |

見積書のチェックは，依頼した設計事務所がしてくれます。
上記の比較表は大項目だけですが，設計事務所は1ページごとにチェックします。

## 工事請負契約

　各社の見積りが出そろったところで，見積書の内容を設計事務所にチェックしてもらい，内容が妥当と思われる施工者を選びます。

　なお，ハウスメーカーや工務店が心配であれば，各都道府県の建設業者許可担当部署に行けば，建設業者の登録簿を閲覧することができます。そこで資本金や業歴などがわかりますから，ある程度の信用度が把握できます。

　これらを確認したうえで，いよいよ工事契約を結ぶことになります。

　工事請負契約書とは，工事費，工期，支払い条件が明記され，工事請負契約約款，工事費内訳明細書，設計図，仕様書，工事工程表，質疑応答書を添えて一冊に製本したものに，建築主と請負者がそれぞれ合意調印したものです。なお，設計事務所が監理する場合は，監理者として調印します。ここでは，近隣との日照，騒音に対しての紛争によって起きた損害の責任，負担を明確にしておくことも必

# 工事請負契約

## 1 工事請負契約書(民間(旧四会)連合協定の例)

（工事請負契約書の様式）

工事請負契約書は，建築主と請負者との間の権利と責務を双方の合意によって取り決めるものです。

要です。

〔**工事費**〕　工事費内訳明細書を添付します。

〔**工期**〕　工期は無理のない設定にします。一般に在来構法の木造住宅は4,5カ月程度で完成できるでしょう。

〔**支払い条件**〕　契約時1/3，上棟時1/3，完成時1/3といったような支払い方法が一般的に行われてきましたが，最近，工事の出来高に応じて支払う方法も出てきています。住宅金融公庫などの公的融資や金融機関の融資を受ける場合には，自己資金や融資の条件を踏まえて施工者と支払い条件を協議して決めることになります。

〔**工事請負契約約款**〕　建てるべき建物の内容は，設計図や仕様書，見積書などに示されていますが，工事が遅れた場合どうするか，設計変更したとき工事費の増減をどうするかなど，多くの約束ごとを取り決めるのが約款です。

　工事請負契約約款は，民間(旧四会)連

## 2 工事請負契約約款（民間（旧四会）連合協定の例）

### 工事請負契約約款目次

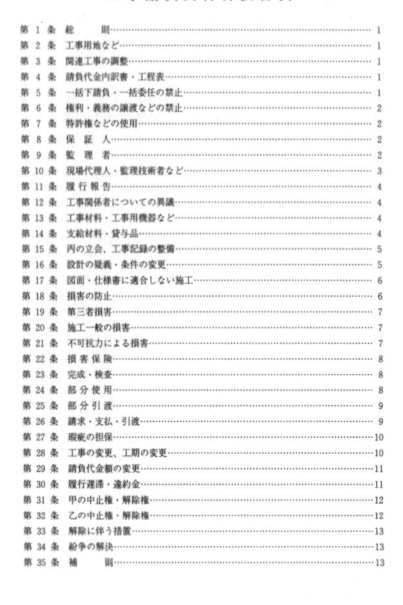

| 条 | 項目 | 頁 |
|---|---|---|
| 第1条 | 総則 | 1 |
| 第2条 | 工事用地など | 1 |
| 第3条 | 関連工事の調整 | 1 |
| 第4条 | 請負代金内訳書・工程表 | 1 |
| 第5条 | 一括下請負・一括委任の禁止 | 1 |
| 第6条 | 権利・義務の譲渡などの禁止 | 2 |
| 第7条 | 特許権などの使用 | 2 |
| 第8条 | 保証人 | 2 |
| 第9条 | 監理者 | 2 |
| 第10条 | 現場代理人・監理技術者など | 3 |
| 第11条 | 履行報告 | 4 |
| 第12条 | 工事関係者についての異議 | 4 |
| 第13条 | 工事材料・工事用機器など | 4 |
| 第14条 | 支給材料・貸与品 | 4 |
| 第15条 | 丙の立会、工事記録の整備 | 5 |
| 第16条 | 設計の疑義・条件の変更 | 5 |
| 第17条 | 図面・仕様書に適合しない施工 | 6 |
| 第18条 | 損害の防止 | 6 |
| 第19条 | 第三者損害 | 7 |
| 第20条 | 施工一般の損害 | 7 |
| 第21条 | 不可抗力による損害 | 7 |
| 第22条 | 損害保険 | 8 |
| 第23条 | 完成・検査 | 8 |
| 第24条 | 部分使用 | 8 |
| 第25条 | 部分引渡 | 9 |
| 第26条 | 請求・支払・引渡 | 9 |
| 第27条 | 瑕疵の担保 | 10 |
| 第28条 | 工事の変更、工期の変更 | 10 |
| 第29条 | 請負代金額の変更 | 11 |
| 第30条 | 履行遅滞・遅延金 | 11 |
| 第31条 | 甲の中止権・解除権 | 12 |
| 第32条 | 乙の中止権・解除権 | 12 |
| 第33条 | 解除に伴う措置 | 13 |
| 第34条 | 紛争の解決 | 13 |
| 第35条 | 補則 | 13 |

### 工事請負契約約款

**第1条　総則**

（1）発注者と請負者（以下、発注者を「甲」、請負者を「乙」といい、甲および乙を「当事者」という。）とは、おのおのの対等な立場において、日本国の法令を遵守して、互いに協力し、信義を守り、契約書、この工事請負契約約款（以下「約款」という。）および添付の設計図・仕様書（以下添付の設計図・仕様書を「設計図書」といい、現場説明書およびその質問回答書を含む。）にもとづいて、誠実にこの契約（契約書、約款および設計図書を内容とする請負契約をいい、その内容を変更した場合を含む。以下同じ。）を履行する。

（2）乙は、この契約にもとづいて、工事を完成して契約の目的物を甲に引き渡すものとし、甲は、その請負代金の支払を完了する。

（3）監理者（以下「丙」という。）は、この契約が円滑に進行されるように協力する。

**第2条　工事用地など**

甲は、敷地および設計図書において甲が提供するものと定められた施工上必要な土地（以下これらを「工事用地」という。）などを、施工上必要と認められる日（設計図書に別段の定めがあるときはその定められた日）までに確保し、乙の使用に供する。

**第3条　関連工事の調整**

甲（甲が監理に関する契約において関連工事の調整を行うことを丙に委任した場合は、丙）は、甲の発注にかかる第三者の施工する他の工事がこの工事と密接に関連する場合において、必要があるときは、それらの施工につき、調整を行うものとする。この場合において、乙は、甲または丙の調整に従い、第三者の施工が円滑に進捗し、完成するよう協力しなければならない。

**第4条　請負代金内訳書・工程表**

乙は、この契約を結んだのちすみやかに請負代金内訳書（以下「内訳書」という。）および工程表を、甲に提出してその承認をうける。

**第5条　一括下請負・一括委任の禁止**

乙は、あらかじめ甲の書面による承認を得なければ、工事の全部もしくはその主たる部分または他の部分から独立して機能を発揮する工作物の工事を一括して、第三者に請け負わせ

— 1 —

約款は、契約の不履行や設計図・仕様書に適合しない場合の改造義務、瑕疵担保責任など、工事請負契約書の取り決めごとを実行していく条件を詳細にまとめたものです。これがないと、後になってトラブルが生じたときは、その解決に苦労することになります。

合協定（（社）日本建築学会、（社）日本建築協会、（社）日本建築家協会、（社）全国建設業協会、（財）建築業協会、（社）日本建築士会連合会、（社）日本建築士事務所協会連合会が制定したもの）の約款および住宅金融公庫契約書式などがあります。小規模建築請負契約約款（通称・工務店約款）というものも定められています。

工務店やハウスメーカー独自の契約約款は、特に注意して読む必要があります。不安な場合には、法律の専門家に相談するのもよいでしょう。

なお、工事請負契約書のなかに、監理技師として押印する欄がありますが、これはたいへん重要な意味があります。建築士法のなかに、工事監理者の役割として工事が設計図どおり施工されているかどうかを指示・立会い・確認・審査・承認等を行うことという条項があります。そこでは、設計図に基づいて施工者に必要な指示をし、監理者の指示に従

# 4 見積りと工事発注

ることもしくは委任することはできない。

### 第6条　権利・義務の譲渡などの禁止
（1）当事者は、相手方の書面による承諾を得なければ、この契約から生ずる権利または義務を、第三者に譲渡することまたは承継させることはできない。
（2）当事者は、相手方の書面による承諾を得なければ、契約の目的物、検査済の工事材料（製造工場などにある製品を含む。以下同じ。）・建築設備の機器を第三者に譲渡することもしくは貸与すること、または抵当権その他の担保の目的に供することはできない。

### 第7条　特許権などの使用
乙は、特許権、実用新案権、意匠権、商標権その他日本国の法令にもとづき保護される第三者の権利（以下「特許権など」という。）の対象となっている工事材料・建築設備の機器、施工方法などを使用するときは、その使用に関するいっさいの責任を負わなければならない。ただし、甲がその工事材料・建築設備の機器、施工方法などを指定した場合において、設計図書に特許権などの対象である旨の明示がなく、かつ、乙がその存在を知らなかったときは、甲は、乙がその使用に関して要した費用を負担しなければならない。

### 第8条　保証人（保証人を立てる場合に用いる）
（1）保証人は、当事者に債務不履行があったときは、この契約から生ずる金銭債務について、当事者と連帯して保証の責を負う。
（2）保証人がその義務を果たせないことが明らかになったときは、当事者は、相手方に対してその変更を求めることができる。

### 第9条　監理者
（1）丙は、甲の委任をうけ、この契約に別段の定めのあるほか、つぎのことを行う。
　a　設計意図を正確に伝えるため、乙と打ち合わせ、必要に応じて説明図などを作成し、乙に交付すること。
　b　設計図書にもとづいて作成した詳細図などを、工程表にもとづき工事が円滑に進行するため必要な時期に、乙に交付すること。
　c　乙の提出する施工計画を検討し、必要に応じて、乙に対して助言すること。
　d　設計図書の定めにより乙が作成する施工図（現寸図・工作図などをいう。以下同じ。）、模型などが設計図書の内容に適合しているか否かを検討し、承認すること。
　e　設計図書に定めるところにより、施工について指示し、施工に立ち会い、工事材料・建築設備の機器および仕上見本などを検査した検討し、承認すること。

— 2 —

f　工事の内容が設計図・説明図・詳細図・施工図（以下これらを「図面」という。）、仕様書などの契約に合致していることを確認すること。
g　乙の提出する出来高払または完成払の請求書を技術的に審査すること。
h　工事の内容・工期または請負代金額の変更に関する書類を技術的に審査すること。
i　工事の完成を確認し、契約の目的物の引渡に立ち会うこと。
（2）甲は、本条（1）と異なることを丙に委任したときは、書面をもって乙に通知する。
（3）乙がこの契約にもとづく指示・検査・試験・立会・確認・審査・承認・意見・協議などを求めたときは、丙は、すみやかにこれに応ずる。
（4）当事者は、この契約に定める事項を除き、工事について当事者間で通知・協議を行う場合は、原則として、通知は丙を通じて、協議は丙を参加させて行う。
（5）丙は、甲の承認を得て全部または一部の監理業務を代理して行う監理者または現場常駐監理者をおくときは、書面をもってその氏名と担当業務を乙に通知する。
（6）丙の乙に対する指示・確認・承認などは原則として書面による。

### 第10条　現場代理人・監理技術者など
（1）乙は、現場代理人および工事現場における施工の技術上の管理をつかさどる監理技術者または主任技術者ならびに専門技術者（建設業法第26条の2に規定する技術者をいう。以下同じ。）を定め、書面をもってその氏名を甲に通知する。
（2）現場代理人は、工事現場いっさいの事項を処理し、その責を負う。ただし、工事現場の取締・安全衛生・災害防止または就業時間など工事現場の運営に関する重要な事項については、丙に通知する。
（3）現場代理人は、つぎに定める権限を除き、この契約にもとづく乙のいっさいの権限を行使することができる。
　a　請負代金額の変更
　b　工期の変更
　c　請負代金の請求または受領
　d　第12条（1）の請求の受領
　e　工事の中止・この契約の解除および損害賠償の請求
（4）乙は、本条（3）にかかわらず、自己の有する権限のうち現場代理人に委任せず自ら行使しようとするものがあるときは、あらかじめ、当該権限の内容を甲に通知しなければならない。
（5）現場代理人・監理技術者または主任技術者および専門技術者は、これを兼ねることができる。

---

工事請負契約書および約款には、工事内容、着工および完成年月日、引き渡し時期、請負代金の額、支払いの方法と時期、さらに瑕疵担保責任、天災等による危険負担、契約不履行または遅滞の場合の違約金・遅滞利息、紛争の解決方法などを記載することが肝要です。

わない場合は建築主に報告する義務が規定されています。この義務を果たすうえで、調印に加わるのです。この調印がないと、設計事務所が口を差しはさむ場合に、どういう資格でものを言うのか、立場が明確でないことになります。

設計監理業務委託契約については、132ページを参照してください。

121

# 5 契約と手続き

住まいづくりのトラブルの多くは，契約の不備に起因しています。つい口約束ですませて，後で言った言わないの水かけ論，らちがあかずに泣きを見た，というケースがもっぱらです。重要なことは書き留めることを習慣にしたいものです。

契約とは，書名で交わすものだけではなく，口頭による口約束でも成立するので注意しましょう。
必ず，お互いに覚え書きなどで残すことが肝心です。

## 契約とは

　契約とは，双方の合意です。文章にする場合は，契約書，覚え書き，確認書など，呼び方は異なっても，双方が合意していれば立派な契約成立です。口頭でも，意思が合致していれば合意があり，契約といえますが，後で合意を証拠づけることが困難な場合が多いので，後日のためにも，すくなくとも主要な点は，文書にしておくことが大切です。

　契約は双方の合意ですから強制するわけにはいきません。しかし，いったん契約すれば，双方ともこれを履行する義務があります。契約違反があれば履行を求め，または契約を解除して，場合によっては損害賠償を求めることもあります。

　住まいづくりのための契約としては，土地を入手する土地売買契約や土地の賃貸借契約，融資を受ける金銭消費貸借契約，設計や監理を依頼する設計監理業務委託契約，建物を建てるのに必要な建築工事請負契約などがあります。

# 5 契約と手続き

## 契約とは

### 契約の進行

| 契約の各段階 | 契約の種類 | |
| --- | --- | --- |
| | ヤキイモ屋さん | 建物の建築請負 |
| 申込みの誘引 | 「このヤキイモ１ケ○○円で安いよ。いらんかね？」 | 「設計に従った見積書の提示」 |
| 申込み | 『では，３つください』 | 『この設計とこの代金でお願いします』 |
| 承諾（双方の合致） | 「はい。毎度ありがとさん」 | 「結構です。お引受けします」 |
| 契約の成立 | 口頭で契約 | 工事請負契約書 |
| 履行 | 売主：物の引き渡し<br>買主：代金支払い | 業者：建築工事<br>施主：代金支払い |

注）申込みの誘引，申込み，承諾の流れの中では，さまざまな交渉や打合せがあります。

　いずれにしろ，調印しようとする文書によく目を通し，納得したうえで署名や捺印をしてください。表現が曖昧だったり，記載がなかったりした場合は，どんどん指摘して，書き込むなり，覚え書きを交わすなどして，あなたの立場を明確にしておきましょう。
　建物を建てる，土地あるいは建物を入手する形態としては，次の種類があります。
①土地をすでに所有している場合は，建物を設計する設計監理業務委託契約と建築工事請負契約。
②土地を新たに買って建物を建てる場合は，土地については土地（不動産）売買契約，建物については設計監理業務委託契約と建築工事請負契約。土地を売るについて，特定の会社で建築させたいという条件がついている場合もあります（建築条件付き土地売買契約）。
③借地に建物を建てる場合は，土地については借地契約の条件変更など，地主の承諾が

## 土地売買契約書

土地売買では、土地の所有権を取得するのに対して代金を支払います。代金の額や支払い方法は、売買契約上の重要な要素です。

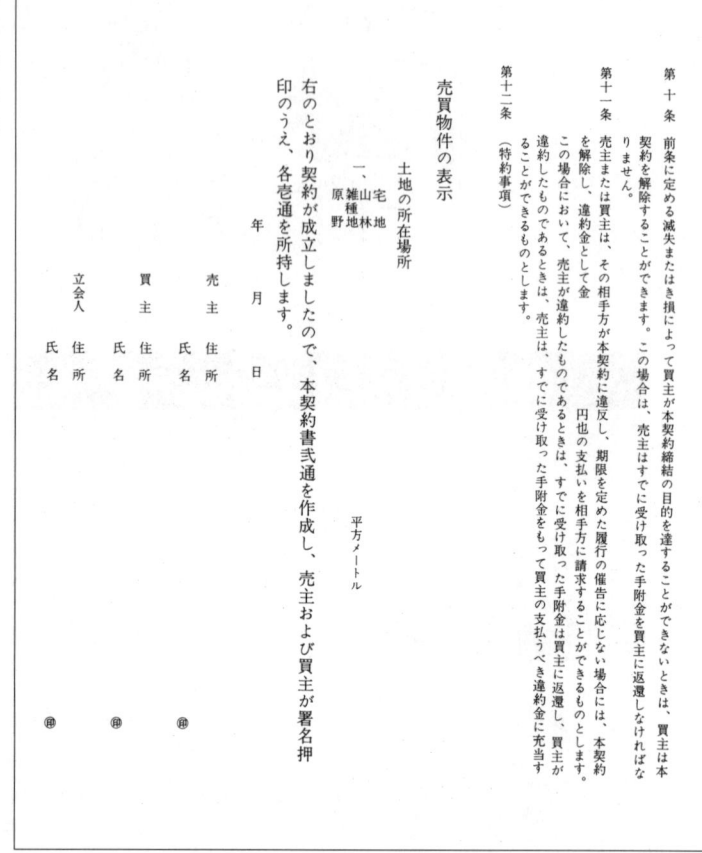

第十条　前条に定める滅失または毀損によって買主が本契約締結の目的を達することができないときは、買主は本契約を解除することができます。この場合は、売主はすでに受け取った手附金を買主に返還しなければなりません。

第十一条　売主または買主は、その相手方が本契約に違反し、期限を定めた履行の催告に応じない場合には、本契約を解除し、違約金として金　　　　　　　　　　円也の支払いを相手方に請求することができるものとします。この場合において、売主が違反したものであるときは、すでに受け取った手附金は買主に返還し、買主が違反したものであるときは、すでに受け取った手附金をもって買主の支払うべき違約金に充当することができるものとします。

第十二条（特約事項）

売買物件の表示
　土地の所在場所
　一、山宅地
　　　雑種地
　　　原野　　　　　　　　　平方メートル

右のとおり契約が成立しましたので、本契約書弐通を作成し、売主および買主が署名押印のうえ、各壱通を所持します。

　　　　年　　月　　日

売主　住所
　　　氏名　　　　　　　　　㊞

買主　住所
　　　氏名　　　　　　　　　㊞

立会人　住所
　　　　氏名　　　　　　　　㊞

必要です。建物については設計監理業務委託契約と建築工事請負契約。

④新たに土地を借りて建物を建てる場合、土地については建物所有を目的とする借地契約。建物については設計監理業務委託契約と建築工事請負契約。

⑤土地も建物も購入する場合は、土地建物（不動産）売買契約。まだ建てていない建物を簡単な設計図だけで買う場合もあり、建ててある建物を見て買う場合もあります。いずれも建て売りです。建築工事請負契約は取り交わさず、建築確認申請図面程度しかなく、建物の詳細な内容がわかりにくいという心配があります。

# 5 契約と手続き

## 土地売買契約書

貼　収入印紙　用

売主　　　　　　と買主　　　　　　との間に、次のとおり土地売買契約を締結します。

第一条　売主はその所有する後記の土地（以下本件土地という）を買主に売り渡し、買主はこれを買い受けるものとします。

第二条　本件土地の後記の表示は登記簿記載の表示によるものとします。

第三条　本件土地の売買代金は、壱平方メートルにつき金　　円也とします。ただし、登記簿上の面積（登記簿上の面積）にもとづいて算出し、合計金　　円也の割合で、売買代金の一部を買主に返還します。

この契約締結後壱年以内に買主より請求があったときに限り、売主は、壱平方メートルにつき金　　円也を支払い、売主はこれを受領します。

第四条　買主は本契約締結と同時に売主に対し手附金として金　　円也を支払い、売主はこれを受領しました。この手附金は解約手附金とします。

第五条　売主から買主への本件土地の引渡しおよび所有権移転登記申請手続きまでに行うものとし、登記申請完了と同時に、買主は売主に対し売買代金を支払います。所有権移転登記に要するいっさいの費用は買主の負担とします。

第六条　売主は、前条第一項による引渡しの時までに、隣地および道路との境界線および境界点を買主に明示し、買主はそれを確認するものとします。

第七条　売主は、前条第一項による引渡しのときまでに、本件土地上に存する抵当権、質権、借地権その他買主の完全な所有権の行使を妨げるいっさいの負担を除去し、かしのない完全な所有権を買主に移転するものとします。

第八条　本件土地の所有権は、第五条第一項の売買代金の支払いが完了した時に、買主に移転するものとします。

本件土地にかかる公租公課その他の賦課金および負担金は、本件土地の引渡しの完了日をもって区分し、翌日以降の分は買主の負担とし、その日までの分は売主の負担とします。

第九条　本契約締結後、第五条第一項による本件土地の引渡しの完了前に、売主または買主のいずれの故意または過失によらないで本件土地の全部または一部が流失、陥没その他により滅失または毀損したとき、あるいは公用徴収、建築制限、道路編入等の負担が課せられたときは、その損失は売主の負担とし、買主は売買代金の減額または原状回復のために生ずる損害の賠償を請求することができるものとします。

## 土地売買契約

　住まいのための土地を買い入れるときに結ぶ契約です。契約に先立って，その土地について購入の意思を固めるとともに，その土地のことについての履歴や地盤，排水などできる限り情報を集めることが肝心です。そして，代金の額や支払い方法について，相手方と話し合って，折り合いがついたときに初めて契約を締結することとなります。

　契約の相手方は土地の所有者です。管理している人がいたとしても，契約は所有者と交わします。契約のときに出てくる人が代理人であっても，契約上の売主は土地所有者です。代理人がその名前で署名捺印するなら，委任状でその権限を確認する必要があります。相手が会社などの法人である場合は，代表権のある人が相手になりますので，代表権をもっている人がだれか，商業登記簿謄本などで確認しておく必要があります。

## 借地権の設定

## 借地権の設定と売買

　土地を借りて住まいを建てる場合があります。土地所有者の了解を得ないで建物を建てるのは違法ですから、当然、土地の貸借に関する契約を事前に取り交わす必要があります。それが土地の貸借契約です。賃料を払う場合が「賃貸借」、払わないでタダで借りる場合は「使用貸借」と呼ばれます。賃貸借や使用貸借でなく、地上権を設定する場合もあります。

　建物所有を目的とする地上権または土地賃借権のことを「借地権」といいます。借地権は、借地借家法で手厚く保護され、かつては、いったん土地を貸したら返してもらえないとすらいわれ、そのために地主が土地を貸すことにためらいを感じる向きもありました。しかし、これを見直す方向で借地法、借家法の全面改正が行われ、平成4年8月1日から新しい借地借家法が施行されています（その骨子は、92ページ「土地の利用（所有権と借地権）」の項で前述しました）。

## 定期借地権

### 定期借地権の類型と特色（事業用借地権を除く）

| 特色 | 定期借地権 | | 普通借地権 |
|---|---|---|---|
| | 一般定期借地権（22条） | 建物譲渡特約付借地権（23条） | |
| 存続期間 | 50年以上 | 30年以上 | 30年以上 |
| 目的 | 限定なし | 限定なし | 限定なし |
| 成立 | 更新や買い取りを請求しない特約も可。ただし、特約は公正証書等の書面による。 | 30年以上を経過した日に、建物を地主に相当の対価で譲渡することをあらかじめ約する。 | 制約なし |
| 終了 | 期間満了による。 | 建物譲渡の効果による。 | 期間満了によるが法定更新あり。更新拒絶には正当事由を要する。 |
| 終了時の建物と、その利用関係 | ・建物買い取り請求権排除も特約可。<br>・建物撤去土地返却が原則。借家人も退去する、ただし、善意の借家人は明渡猶予請求が可。 | ・建物所有権は地主に移転。<br>・借地人が使用していれば、借家関係に移行。<br>・借家は継続。 | ・建物買い取り請求権あり。<br>・買い取り請求権が行使されると、借家関係は承継。<br>・借地人は原則として退去。 |

【定期借地権付き売買】

借地借家法で新しく認められたものに定期借地権があります。借地権の存続期間を50年以上とする場合には、存続期間の延長や建物買い取り請求はしない（すなわち、50年たったら必ず無条件で返す）ことを定めることができます。また、期間30年以上を経過した場合には、建物を相当の代価で借地権設定者（地主）に譲渡することができることを定めることもできます（その他、事業用の借地権の規定もありますが、ここでは割愛します）。

いずれにしても、土地を借りて建物を建てる場合は、借地権を設定し、あるいは地主の承諾を得て、借地権の購入をしなければなりません。

## 建て売りの形態

### 1 完成した建物の建て売り

建物の外見で決めることになります。
壁のなかの基礎など，見えないところが未確認ということになるので注意が必要です。

### 2 これから建てるものの建て売り

図面しかありませんので，マンションなどの売買の際に，施工の良し悪しを確認できないままに契約することが多いので要注意です。

## 「建て売り」と「売り建て」

**【建て売り（土地建物売買契約）】**

　業者が販売を目的として住宅を建て，完成後にその土地建物をセットで売却することで，さまざまな形態があります。

①すでに建築は終了して現物を見ることができる状態での土地建物売買の場合があります。少なくとも土地や建物を見ることができるので，建物の点検さえよくできれば，失敗は比較的少ないほうかもしれません。自分でよく見ると同時に，建築に詳しい人にも見てもらい，心配な点も十分理解してから納得して買うことができます。しかし，建物の基礎や壁の内部は見ることができませんので，使い始めてから雨漏りや壁の亀裂，わずかな風にも揺れるなど，さまざまな不具合が判明することがあります。

②建物はこれから建築するが，建物の内容は設計図や間取り図などである程度判断できる状態での売買があります。この場合は，建物を見ることができないまま，土地建物

## 5 契約と手続き

### ❸ 設計に買い主の意見が反映される建て売り

買主の希望をできるかぎり生かしますが、限界もあり、細かい仕様などには及ばないことがありますので、よく確認するようにしましょう。

の売買をすることになります。建物の内容は図面（あるいは仕様書）だけですから、建築費や工事費もいくらかかるのかわかりません。建築中のマンション販売の多くや、一区画の土地を区分して一斉に建てて売る場合もこの形態の売買があります。建築中の現場は見れても建築の質まではわかりませんので、業者の信用に頼ることとなりかねません。この場合も専門家のアドバイスを受けるとよいと思います。

③買主の意見を一部取り入れる形態の建て売りもあります。しかし、それも住宅設備や仕上材の種類など、基本設計そのものに及ばないことが多く、建物の質に関しては、限界がありそうです。

これらの「建て売り」は、買主にとっては手っ取り早いのですが、建物の内容や質に関しては売主に依存することとなり、危険性もあります。いずれにしろ、建築が終了した段階での代金の支払いと同時に所有権も移転し

## 売り建ての形態

いわゆる建築条件付き土地売買のことです。この形態では，建物内容があまりはっきりしないまま土地売買と建築代金が決められることが多いので，注意が必要です。

ますので，それまでは買主の所有というわけにはいきません。

**【売り建て（建築条件付き土地売買契約）】**

　土地売買契約にはさまざまな条件が付される場合がありますが，建築条件付き土地売買契約もそのひとつです。建築条件付き土地売買契約とは，土地を譲渡するにあたって，その土地に建物を建てる場合は，特定の会社に建築させることを条件にする売買です。

　この「特定会社」は，土地の売主であることもあり，売主が指定する会社であることもあります。いずれにしろ，請負契約の相手方が決まってしまっており，競争相手がいない状態です。したがって，請負契約の内容が施工者に大幅に有益にならざるを得ず，土地の買主にとっては，不利を強いられる結果となりかねません。

　この形態の契約は，土地を販売するに当たり，その土地に建物を建築することや，その土地の売主もしくは売主が指定する建設業者

> 建物の請負契約の際は見積書、設計図、仕様書などの内容をできるだけ明確にしておくことが肝心です！

●建築条件付き土地売買契約の条件について

　建築条件付き土地売買契約は、かつては、独占禁止法の問題があるのではないかと指摘されてきました。しかし、地価の長期下落傾向などによって土地取引の需給が緩和されるなど、不動産状況の変化があるので、平成15年に「不動産公正取引協議会連合会」から、建築条件付き土地売買の規制に関して、公正取引委員会への意見照会がなされました。

　その結果、「建築条件付き土地取引は、建築請負契約を締結する当事者、期間及びその条件の種類・態様のいかんを問わず、それ自体が直ちに独占禁止法上の問題となるものではなく、当該宅地建物取引業者の市場における地位、宅地建物の需給の状況等を踏まえ、公正競争を阻害するおそれの有無によって個別に判断されるものである」との見解を基本とし、「土地を販売するに当たり、当該土地に建物を建築すること又は当該土地の売主若しくは売主が指定する建設業者との間において、当該土地の建築する建物について一定期間内に建築請負契約が成立することを条件とするときは、当該取引の対象が土地である旨並びに当該条件の内容及び当該条件が成就しなかったときの措置の内容等を明らかにして表示すること」とされています。

との間において、その土地の建築する建物について一定期間内に建築請負契約が成立することを条件とするときは、その取引の対象が土地である旨と、その条件の内容およびその条件が成就しなかったときの措置の内容などを明らかにして表示することになっています。そして、上記の「一定期間」は、例えば3カ月未満のようにあまり短いものであってはならず、請負契約が実質的に顧客の積極的な注文・指示に従って行われるものであることが必要です。

　建築条件付き土地売買契約をしようとする場合は、これらの表示が適正になされるか確認のうえ、売買交渉に入ってください。

## PART II 計画編 ▶▶

## 建築設計・監理業務委託契約書（住宅など小規模の場合）

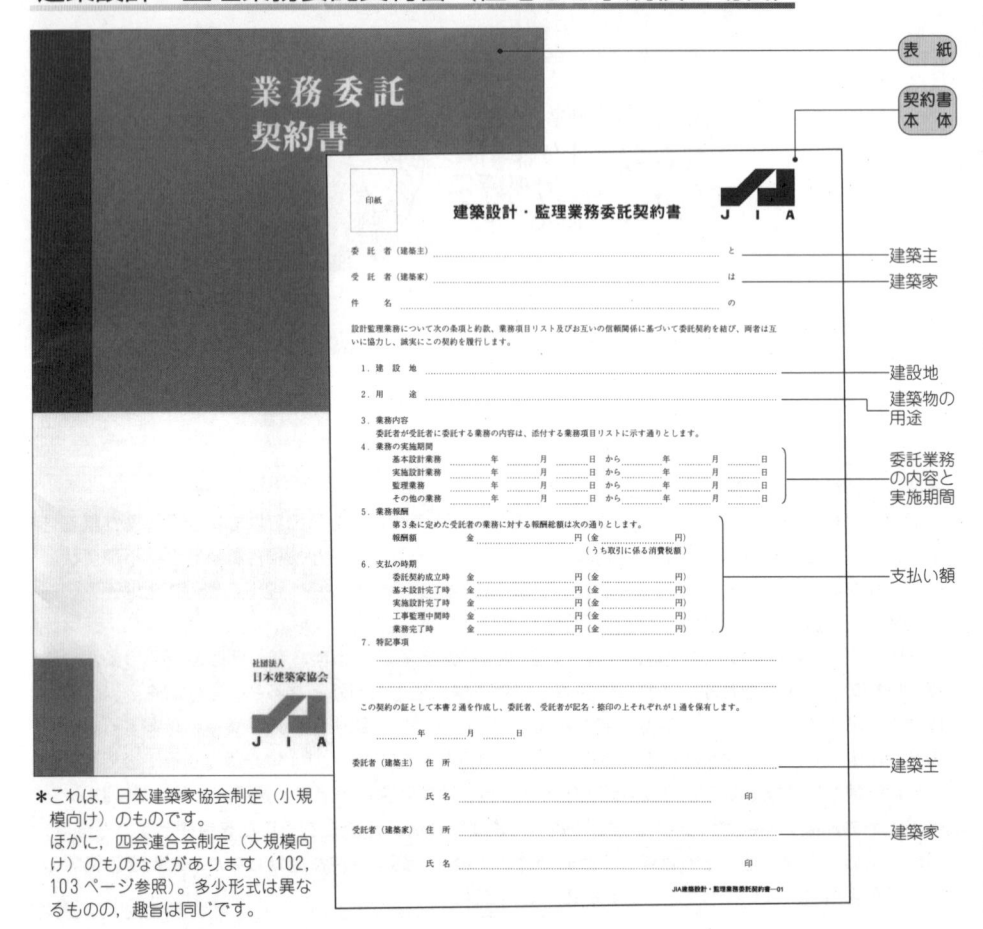

（表紙）
（契約書本体）

建築設計・監理業務委託契約書

- 委託者（建築主）　　　　　　　　と　　　　　　　── 建築主
- 受託者（建築家）　　　　　　　　は　　　　　　　── 建築家
- 件　名　　　　　　　　　　　　　　の

設計監理業務について次の条項と約款、業務項目リスト及びお互いの信頼関係に基づいて委託契約を結び、両者は互いに協力し、誠実にこの契約を履行します。

1. 建設地　　　　　　　　　　　　　　　　　　　　　　── 建設地
2. 用　途　　　　　　　　　　　　　　　　　　　　　　── 建築物の用途
3. 業務内容
　委託者が受託者に委託する業務の内容は、添付する業務項目リストに示すとおりとします。
4. 業務の実施期間
　基本設計業務　　　　年　　月　　日　から　　年　　月　　日
　実施設計業務　　　　年　　月　　日　から　　年　　月　　日　── 委託業務
　監理業務　　　　　　年　　月　　日　から　　年　　月　　日　　　の内容と
　その他の業務　　　　年　　月　　日　から　　年　　月　　日　　　実施期間
5. 業務報酬
　第3条に定めた受託者の業務に対する報酬総額は次のとおりとします。
　報酬額　　金　　　　　　　　円（金　　　　　　　　円）
　　　　　　　　　　　　　　　　（うち取引に係る消費税額）
6. 支払の時期
　委託契約成立時　金　　　　　　円（金　　　　　　円）
　基本設計完了時　金　　　　　　円（金　　　　　　円）　── 支払い額
　実施設計完了時　金　　　　　　円（金　　　　　　円）
　工事監理中間時　金　　　　　　円（金　　　　　　円）
　業務完了時　　　金　　　　　　円（金　　　　　　円）
7. 特記事項

この契約の証として本書2通を作成し、委託者、受託者が記名・捺印の上それぞれ1通を保有します。
　　　　　年　　月　　日
委託者（建築主）　住　所　　　　　　　　　　　　　　　　── 建築主
　　　　　　　　　氏　名　　　　　　　　　　　　　　印
受託者（建築家）　住　所　　　　　　　　　　　　　　　　── 建築家
　　　　　　　　　氏　名　　　　　　　　　　　　　　印

＊これは、日本建築家協会制定（小規模向け）のものです。
ほかに、四会連合会制定（大規模向け）のものなどがあります（102，103ページ参照）。多少形式は異なるものの、趣旨は同じです。

## 設計監理業務委託契約

　建て売りも売り建ても、注文住宅ではないので、購入者のために設計してくれる設計者はいません。しかし、注文住宅では、建築主の方針や希望の建物の間取り・構造・形態・仕様などに反映してくれる設計者が必要です。そして、設計どおりに工事がなされているか、監理してもらう必要もあります。

　設計監理の仕事を依頼するときには、おおよそいくらなのかを聞いておきましょう。

　また、施工者によっては、設計も自分の会社でできるし、工事はしっかりやるから設計・監理を別の人に頼まなくてもいいのではないか、費用の節約をしたらどうですかと勧める場合もあります。

　しかし、その施工者が本当に建築主のためを思ってくれるならいいのですが、やはり、商売上の利益も見込まなくてはなりませんので、設計内容においても工事や材料調達の都合のよさを考えて、建築主側の意見より施工者の都合を優先させる心配があります。工事

# 5 契約と手続き

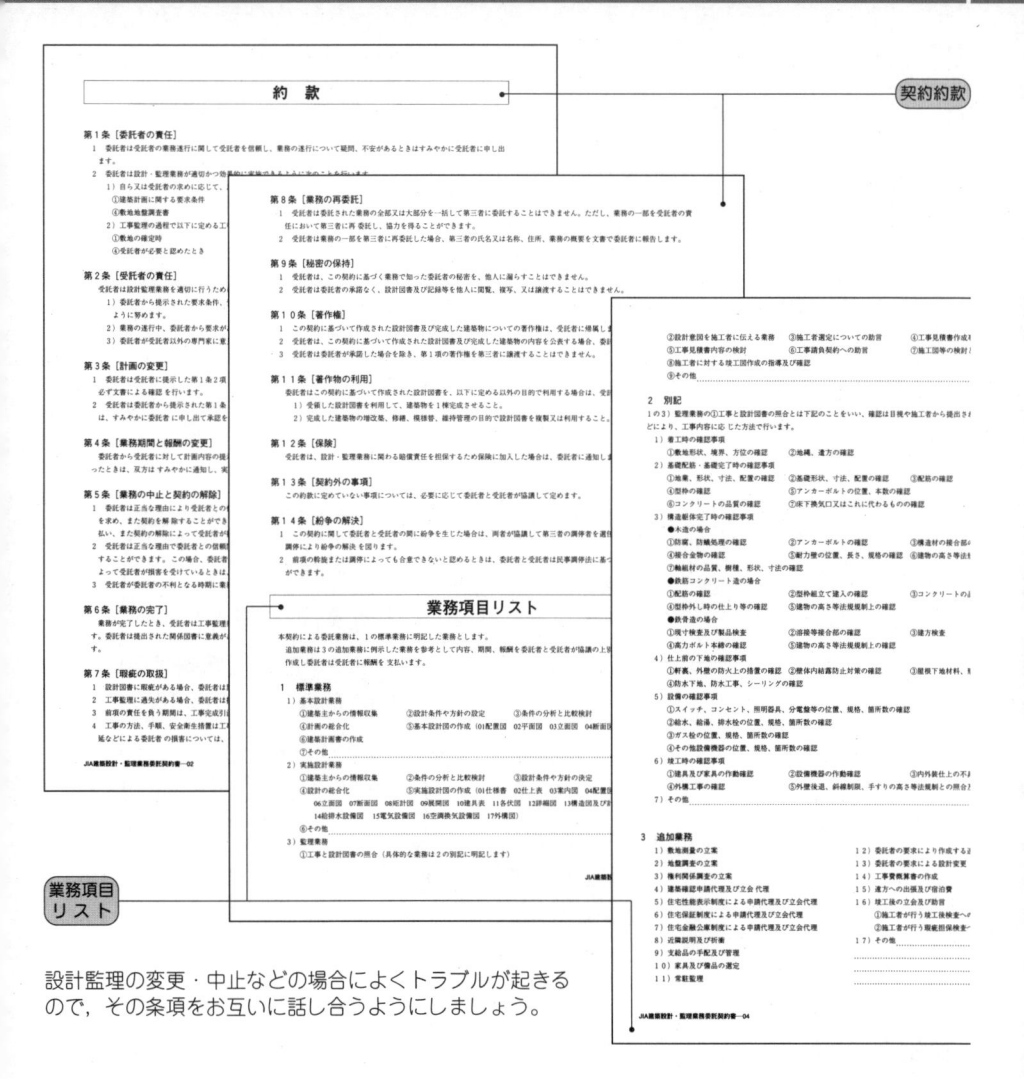

**契約約款**

**業務項目リスト**

設計監理の変更・中止などの場合によくトラブルが起きるので、その条項をお互いに話し合うようにしましょう。

監理者も建築主側の人ではないので、十分に監理できるとも思えません。

施工者が設計も行うことを「設計施工」と呼んでいます。設計と施工が分離されていないことです。設計者は多くの場合、監理も行うので、設計施工とは、監理も同一者が行うということを意味します。施工者の良心に工事をゆだねることとなり、施工者によってはいい建物ができることもあると思いますが、見えない部分に手抜きがあったり、品質を落したり、でき上がって入居してから不具合を発見することが珍しくありません。

設計監理費用がかかっても、長年暮らす住まいの出来や品質を保証する方法として、設計監理者をおいて安全な方法を取ることをお勧めします。総額で考えれば設計監理業務報酬は負担増にはならず、合理的な必要経費といえるでしょう。

工事請負契約については、118ページを参照してください。

133

# 登 記

## 1 登記される事例と権利

### 登記される事項と権利

|  | 土 地 | 建 物 |
|---|---|---|
| 登記される事項 | 所在地番<br>地　目<br>面　積<br><br>権利者と権利内容 | 所在地<br>家屋番号<br>構　造<br>種　類<br>床面積<br>付属建物<br>権利者と権利内容 |
| 登記される権利 | ・所有権　・地上権　・永小作権<br>・地役権　・先取特権　・質権<br>・抵当権　・賃借権　・採石権 |  |

> 登記とは…
> 不動産を購入したり家を建てたりした場合に所有権などの権利を公的に証明する大切なものです。

## 登記と納税

【登記】

　土地を買ったり建物を建てたときには，必ず，その時点で直ちに登記をするべきです。

　登記は不動産に関する権利の変動を公の帳簿に記載して権利者を保護する制度で，その帳簿が登記簿，それを記載する人が登記官です。登記簿は登記所（法務局）に保管され，だれでも手数料を払えば閲覧でき，謄本をもらうこともできます。

　たとえば，不動産の所有権は，共有の場合以外は2人以上の人が同時に所有者であることはありません。また，複数の抵当権者がいる場合，権利の優先順位が問題となります。登記制度は，真の権利者，先順位者を保護しようとするものです。したがって，登記できる権利の変動があれば直ちに登記します。

　登記には次のような効力があります。

①対抗力——登記できる権利をもっている権利者は，登記をしなければ自分の権利を第三者に対抗することができません（民法

# 5 契約と手続き

## 2 登記の種類

登記
- 表示（変更）登記
  新築，増改築のいずれの場合にも必要となる（後者のときに表示変更登記となる）。1カ月以内に手続きすることが義務づけられている。
- 保存登記
  ローンの抵当に入れたり，借地上の建物の場合に必要となる登記。登録免許税を納付して手続きする。

登記
未登記不動産についての最初の所有権登記。
- 本登記
  本来の登記。
- 仮登記
  本登記に要する条件が整いきっていない時点で，あらかじめ本登記の順位を保全するために行う登記。
- 予告登記
  登記原因の無効または取消しによる登記の抹消，または回復の訴えが提起された場合に，取引き者に用心させるためになされる登記。

> 登記をすると納税義務が発生します！わからない場合は専門家にたずねて，登記の種類を選びましょう！

177条)。たとえば，土地を買って代金を支払っても，登記をしておかなければ，売主に対してはともかく，別の人に対しては自分が所有者であると主張できません。別の人がその土地を買って登記してしまうと，その人のほうが対抗力をもってしまいます。先に買った人は売主に対して，契約違反だ，代金を返せ，損害を賠償しろとは言えても，その土地は自分のものだとは言えないこととなります。

②推定力——登記がなされている権利者は，その権利をもっているであろうと推定されます。登記は権利者保護の重要な制度なので，権利を取得した者は登記をするのが通常だからです。登記をもっている者が真実の権利者ではないというには，反証をしなければなりません。

③公信力はありません。登記のみを信頼して取引きをしてもその信頼は保護されません。登記は権利状態を表す大切な制度では

## ❸ 登記簿

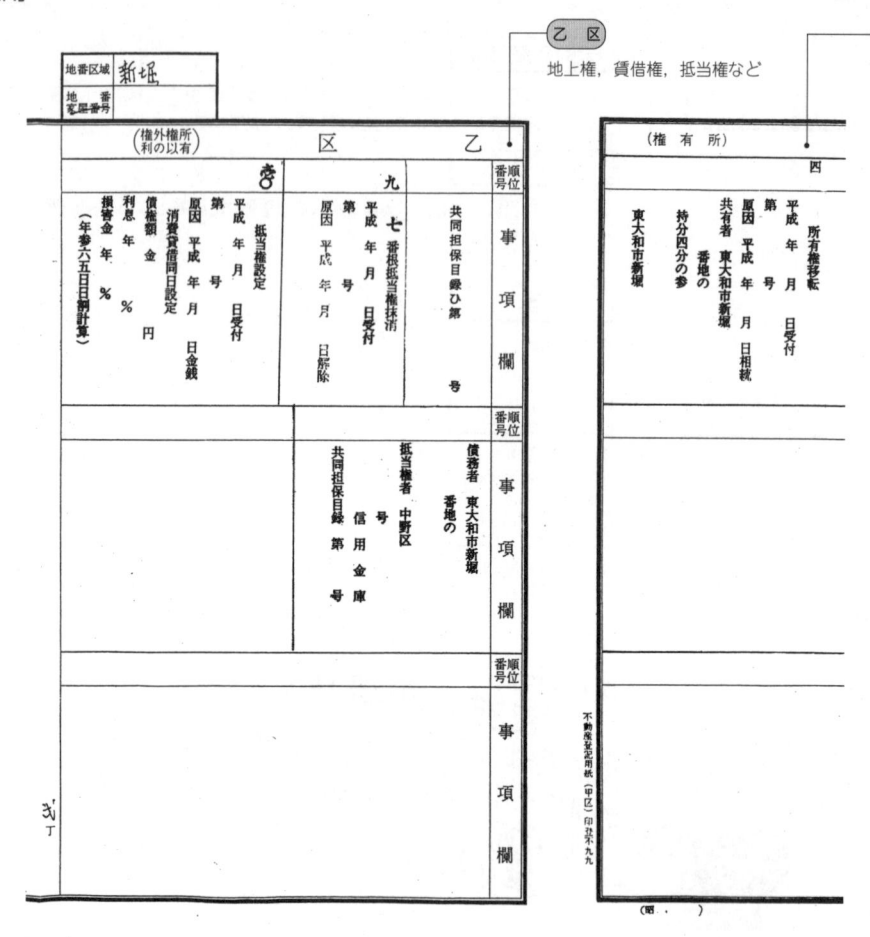

*(登記簿の図版：甲区・乙区の記載例。乙区には地上権、賃借権、抵当権などが記載される。)*

あっても，絶対のものではないわけです。

登記簿に登記がすんだら，提出書類の一つ（登記原因を証明する書類または登記申請書副本）に登記済みを証明する公印が押されて，登記権利者に返却されます。この印がある書類が登記済証です。土地を買ったときの所有権の登記済証なら，次にその土地を売るときには，それによって権利者であることを示します。登記済証がないと，保証人の保証書がいるなど，面倒な手続きをしなくてはなりません。

登記簿は，登記所で閲覧の申請をして，決められた場所で見ることができます。見たい不動産の登記簿であることを確かめ，甲区という欄に所有権の変動が記載されていますので，最後に登場する人が現在の所有名義人です。乙区には所有権以外のことが記載されていて，担保に入っているか，その債権者や債権の額，極度額などがわかります。

登記簿の謄本（原本と相違ないと登記官が

# 5 契約と手続き

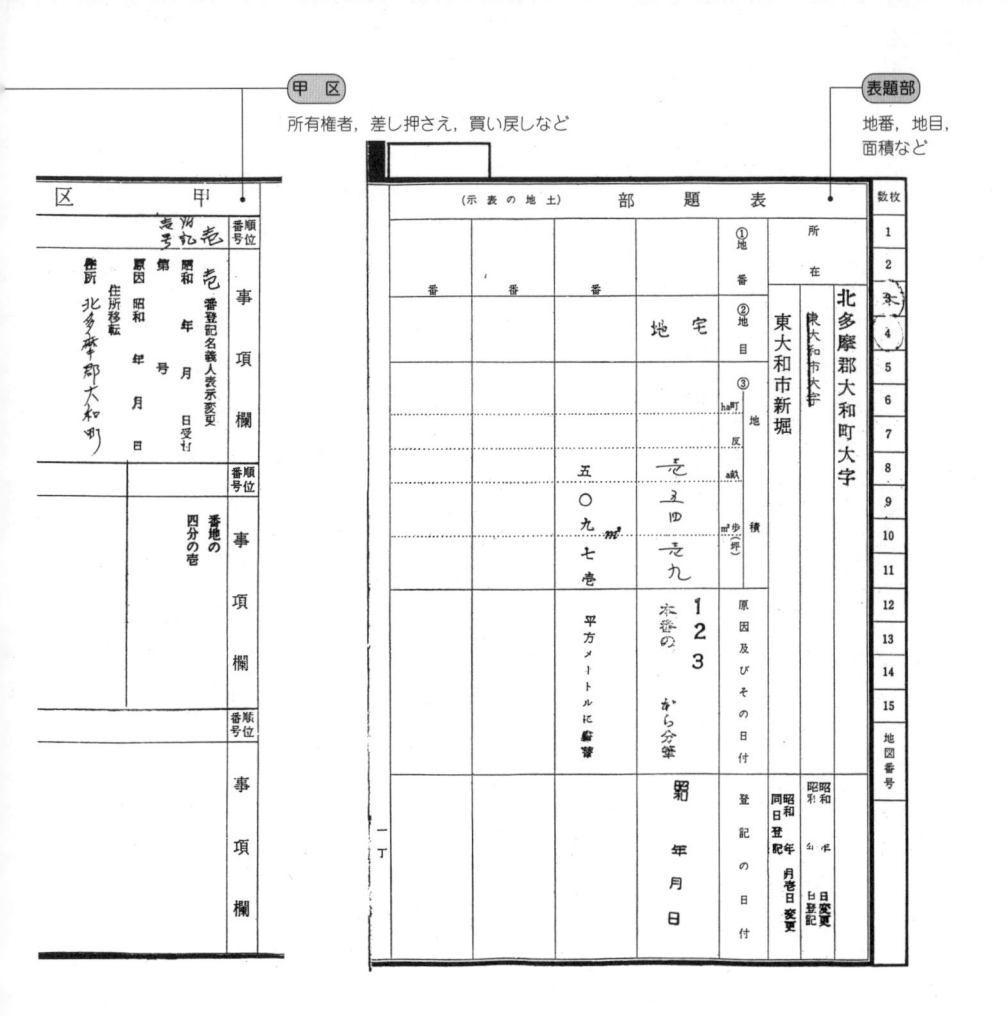

**甲区** 所有権者，差し押さえ，買い戻しなど

**表題部** 地番，地目，面積など

住まいづくりにともなう税金でまず必要なのは，土地売買契約書や工事請負契約書に貼る印紙税です。その額は契約金額によって決まります。印紙税は当事者のどちらが負担するのか，契約のときにはっきり決めておく必要があります。

次に，土地建物の登記のときに登録免許税がかかります。登録免許税の額を国に納め，その領収証を登記申請書に貼りつけて提出し，または一定額以下の場合は税額相当の印

証明した写し）は，遠隔地の場合などは郵便で取り寄せることもできます。

登記について，わからないときや手続きを頼みたいときには，信頼できる司法書士に相談したり依頼するのが賢明でしょう。法務局にその氏名が登録されています。

**【納税】**

苦心して土地を買い家を建てたが，資金計画の中に税金のことが抜けていて，四苦八苦することが珍しくありません。

# 納 税

### 不動産を取得した場合の税金

| 税の種類 | | | | 税率・税額 | 備 考 |
|---|---|---|---|---|---|
| 消費税 | | | | 売買価額の5% | 土地代にはかからない |
| 不動産所得税 | | | | 評価額の4%（3%） | 新築住宅で一定の床面積要件を満たしていれば1,200万円控除 |
| 登録免許税 | 所有権の保存登記 | | | 不動産価額の0.4%（0.2%） | |
| | 所有権の移転登記 | 売買等/遺贈,贈与,その他 | | 不動産価額の 2%（ 1%） | |
| | | 相続,合併/共有物の分割 | | 不動産価額の0.4%（0.2%） | |
| | 地上権等の設定等 | 設定，転貸 | | 不動産価額の 1%（0.5%） | |
| | | 移転 | 売買等 | 不動産価額の 1%（0.5%） | |
| | | | 相続,合併/共有に係る権利の分割 | 不動産価額の0.2%（0.1%） | |
| | 先取特権の保存,質権,抵当権の設定等 | | | 債権金額の0.4% | |
| | 仮登記（所有権の移転,その他） | | | 本登記の1/2 | |
| | 附記登記，更正・変更・抹消登記 | | | 1個につき1,000円 | |
| 印紙税 | 500万超～1,000万以下 | | | 1万円 | 契約書に貼る収入印紙 |
| | 1,000万超～5,000万以下 | | | 2万円 | |
| | 5,000万超～1億以下 | | | 6万円 | |
| 特別土地保有税（2000㎡以上） | 取得分 | | | 保有分土地取得価額×3%−不動産取得税額 | 一定規模以上の土地を取得,保有した場合にかかる（平成15年度以降のものは，当分の間新たな課税は行われない） |
| | 保有分 | | | 保有分土地取得価額×1.4%−固定資産税額 | |
| 固定資産税 | | | | 固定資産額の1.4% | 毎年1月1日現在の土地,家屋,償却資産の所有者にかかる |
| 都市計画税 | | | | 固定資産税の0.3% | 毎年1月1日現在の市街化区域内に所在する土地,家屋,償却資産所有者にかかる |
| 相続税 | 1,000万以下 | | | 10% | 土地や家屋などを相続したときにかかる |
| | 3,000万以下 | | | 15%［控除 50万］ | |
| | 5,000万以下 | | | 20%［控除200万］ | |
| | 1億以下 | | | 30%［控除700万］ | |
| 贈与税 | 200万以下 | | | 10% | 土地や家屋などの贈与を受けたときにかかる |
| | 300万以下 | | | 15%［控除 10万］ | |
| | 400万以下 | | | 20%［控除 25万］ | |
| | 600万以下 | | | 30%［控除 65万］ | |
| | 1,000万以下 | | | 40%［控除125万］ | |
| | 1,000万超 | | | 50%［控除225万］ | |

（平成16年4月1日現在法令より）

＊1）（ ）内の税率は，平成15年4月1日から平成18年3月31日までの登記に適用される特例措置。
＊2）さまざまな特例や算定法などの詳細は，必ず各地方税務署か税の専門家に問合わせのこと。

紙を貼って提出しないと登記ができません。
　さらに，不動産の取得に対して不動産取得税がかかります。ここでいう取得とは，土地の購入や建物の新築,購入はもちろんですが，建物の増築によって価値が上昇した場合も含まれます。登記の有無にかかわらず，これらの取得があったとわかれば課税されます。相続による取得の場合は，相続税はかかっても不動産取得税はかかりません。
　その他，地域によっては特別土地保有税など，別の税金がかかることがあります。不動産を取得して，その後，保有していることに対しても，固定資産税がかかります。また，地域によっては都市計画税がかかることもあります。
　このように，不動産の移動,所有については，いろいろな税金がかかります。種類,税率,特例など，なかなか複雑なうえに変わることもありますので，信頼できる税理士に相談するのが賢明でしょう。

# PART III 実施編

1 プランニング

2 設計図書の内容

3 現場管理と工事監理

# 1 プランニング

住まいの平面や断面をどのように構成し、必要な機能を確保させるかを検討するのがプランニングです。それは、建築主が漠然と、あるいは断片的にいだいている住まい方への希望や新しい住まいのイメージをひとつひとつ突き合わせ、整理することからスタートして、ゾーニング、平面スケッチ、断面スケッチ…と進められます。

## 配置からプランニングへ

**配置計画の重要なポイント**

- 周辺環境を理解する。
- 眺望、通風、日照、プライバシー
- 太陽の動き角度、窓の位置、大きさ
- 美しいアプローチ
- 外構、造園も初めから考えて。
- 「街並みに調和する住まい」に住み手（建築主）も自覚を。
- 良い家は近隣に刺激を与えて、徐々に街並みを美しくする。
- 違反建築にご注意。取り壊しの憂き目も。

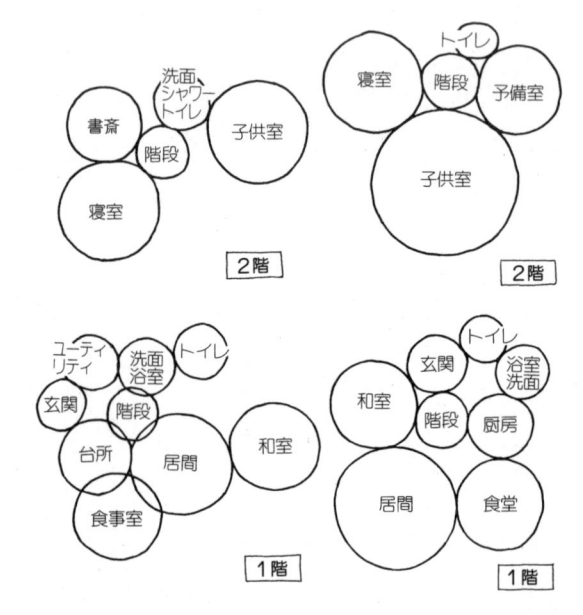

ゾーニングは、必要な部屋の種類とその広さ、他室とのつながりを表現するもの。ここにあげたものは、左も右も2階建の例です。プラン検討のベースとなります（○の大きさで広さの違いを表している）。

ゾーニングの例

## 配置・ゾーニング

本編では、あなたの家を形づくるためのプランニングの方法について考えていきます。

住居の計画をするためには、まず家を建てる土地の環境をよく理解することにはじまります。隣近所が専用住宅なのか、小売店舗か、または軽工業の作業所などが混在しているような地域なのか、川や谷や海や林や丘など自然に恵まれているのか、そして敷地と道路の関係はどうなのか、敷地の形が整形か変形しているのか、方位はどうか、眺望や風通し、日当たりはよいか、湿潤な土地ではないか…。

これら敷地ごとに異なる外的条件や環境条件の違いによって、家の形や位置が大きく変わってくるものなのです。とくに建物の概略位置を想定するときに、外部に設置する機器や建物へのアプローチのしかた、造園のイメージなども配慮しておくことが大切です。

これに対して、家族の構成・年齢・職業・趣味、また高齢者や障害者がいるのかなどの内的条件があります。

# 1 プランニング

## プランニングのためのチェックシート例

| 間取りのポイント | 室名* | 玄関 |
|---|---|---|
| これからの希望 | 独立か兼用か（兼用させるスペース） | ホール |
| | 必要な広さ | たたき1.5㎡ |
| | 配置・つながり | ホールと可動スクリーン |
| | 和風か洋風か | 洋風と基本 |
| | 居住性能 | 高い天井 |
| | 収納をどうする | ウォークインクローゼット |
| | 特別な機能 | 通風口 |
| | その他 | |
| 現状 | どんな住まい方か | 1.0㎡ |
| | いだいている不満 | せまい |
| | その他 | |

\*必要なスペースごとにチェックしていきます。
　まずパブリックスペースから
　　玄関，廊下，階段，居間，食事室，接客コーナー，
　　家事室，手洗い
　次にプライベートスペース
　　夫婦寝室，書斎，納戸，子供室，便所，洗面，浴室

このようなチェックシートをつくることによって，家族の希望条件を整理するのに役立ちます。

### 自立と介護

これからの住まいに求められることは，「自立した生活を可能にする」ことであり，その自立している時間をできるだけ長く保ちたいものです。特にいま，介護が問題となっている現状を考えると，自立を促す住まいづくりは大切なことです。

しかしながら，身体状況により介護が必要な場合も生じてくるでしょう。高齢社会では，介護する人，される人ともに高齢で，寝かせきりになりやすい状況です。寝たきりの原因が住宅にあることは当事者にも，また家族にとっても不幸なことです。今後，施設介護から在宅介護への流れのなかでは，介護しやすく，介護されやすい空間である住宅の設計が必要でしょう。

：バリアフリーに連する補足事項を示していますので，参考にしてください。

---

### 配置計画の重要なポイント

- 間取りは，設計のうちのほんの一部。
- 住まい（建築）の本質は"空間"。
- 豊かな空間とデザイン，コストなどすべてを視野に入れたうえで計画を。
- 過去に住んでいた家の改良案ではなく，新規に発想する。
- 動線（動く距離）が短ければ良い住まいであるとはいえません。
- 家族像はさまざまです。わが家独自のライフスタイルを創ろう。

---

また，将来展望や資金計画なども重要な要素となります。まず，これら内外の条件相互の関連を検討し整理するのがスタートです。いろいろと絡まるこれらの糸をほどく作業を繰り返します。あるものは複合させ，あるものはカットすることによって，全体として均整のとれたブロックプランと空間構成を形づくっていきます。

ゾーニングは，具体的なプランニングの第一歩です。スペースや空間の組合せと動線，全体の概念をつかみます。

設計者は，チェックシートなども参考にしながら空間構成をしていきます。ここでは，二世帯住宅および各室空間について，いくつかの実例をあげてみました。後半には，土地の有効利用などの要求に対して地下室利用，外構計画の重要性などにも触れていきたいと思います。

# 二世帯住宅

① 独立する（完全に分離）

② 結ぶ仕掛けをつくる（一部を共用）

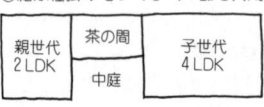

③ 自立を確保する（一部機能を集約）

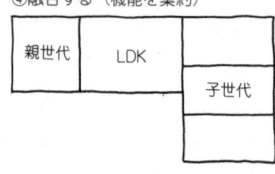

④ 融合する（機能を集約）

二世帯（多世帯）住宅の基本構成パターン

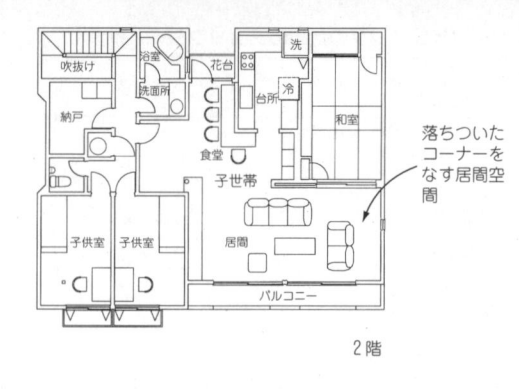

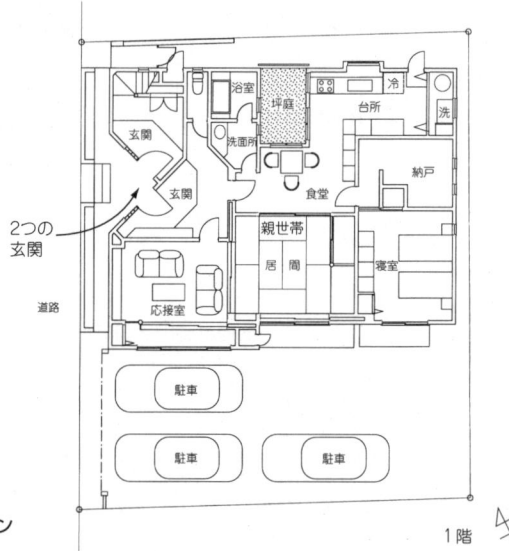

プラン例－１

## 二世帯住宅

　昨今では，経済的な理由などから，住宅の建て替えに際して二世帯型住宅を計画する傾向が増加してきました。

　現実の同居についての資金面，生活面での問題は多々あるわけですが，この折り合いを上手につけられるかどうかは，家族の話し合いにかかります。

　例としては，上図①〜④のようなものです。各世代間のかかわり方は，融合して住むか，分離して住むかなどを含め，考え方やライフスタイルをもとにして，慎重に検討されるべきです。それぞれが自立し，お互いの自由を尊重することが大切なことだと思います。

　特に，自立を確保することがお互いに良い結果をもたらすと考えられる場合は，親世代に無理のない範囲で水回りなどを設けます。また，世帯間の独立と協調とのバランスをどこにおくかによりますが，それぞれの間を結ぶ何らかの仕掛けを講ずることは，重要な要素になるのではないでしょうか。

# 1 プランニング

## バリアフリー計画の基本事項

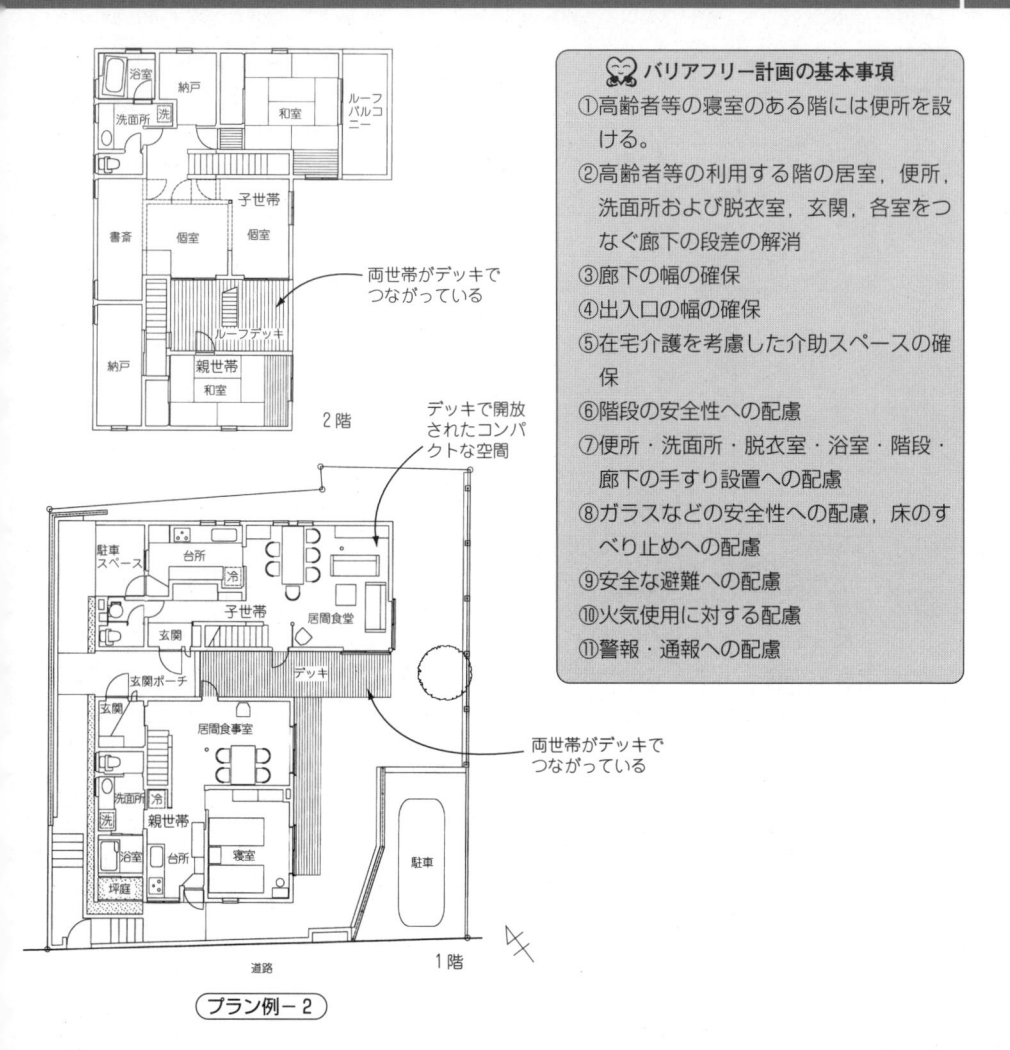

① 高齢者等の寝室のある階には便所を設ける。
② 高齢者等の利用する階の居室，便所，洗面所および脱衣室，玄関，各室をつなぐ廊下の段差の解消
③ 廊下の幅の確保
④ 出入口の幅の確保
⑤ 在宅介護を考慮した介助スペースの確保
⑥ 階段の安全性への配慮
⑦ 便所・洗面所・脱衣室・浴室・階段・廊下の手すり設置への配慮
⑧ ガラスなどの安全性への配慮，床のすべり止めへの配慮
⑨ 安全な避難への配慮
⑩ 火気使用に対する配慮
⑪ 警報・通報への配慮

プラン例−2

　接続の方法も，いったん屋外に出るという独立性の高いものから，建具や廊下だけで接続するものや，共有する空間をお互いの住戸に組み込む大家族的協調性の高いものまで，さまざまな仕掛けと工夫が考えられます。
　また，非常時を含めた相互の連絡方法や安全管理のしかた，庭や外部のしつらいなどにも配慮するとより快適な二世帯住居がつくれることになります。
　両親世帯の高齢化の程度や体力にあわせて，共有する設備なども選択する必要があります。
　最近は，住宅用エレベーターを使う前提で考える場合もあり，敷地条件によっては2階が親世帯という構成もまったくないともいえません。また，ライフスタイルの変化を意識して，計画することも欠かせません。

# PART Ⅲ　実施編 ▶▶

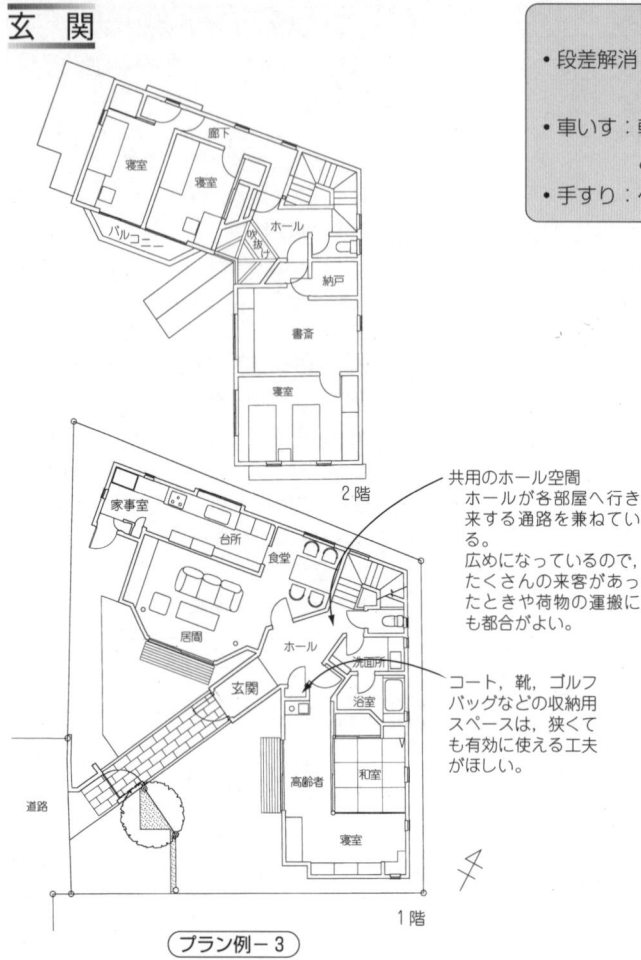

## 玄関

> 🐱 **玄関・ポーチ**
> - 段差解消：スロープ，段差解消機への配慮
> - 車いす：転回スペース，玄関ドアの形式とサイズへの配慮
> - 手すり：ベンチへの配慮

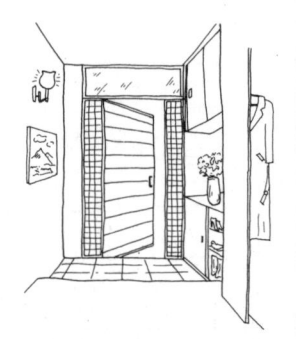

2階

1階

- 共用のホール空間
  ホールが各部屋へ行き来する通路を兼ねている。広めになっているので，たくさんの来客があったときや荷物の運搬にも都合がよい。

- コート，靴，ゴルフバッグなどの収納用スペースは，狭くても有効に使える工夫がほしい。

プラン例－3

玄関は人が出入りをする場所で，「住まいの顔」といえます。しかし，だからといって，単に豪華に飾りたてるだけでなく，機能的な面と装飾的な面とをうまく調和させ，感じのよいものにしたいものです。

玄関の計画

## 玄関

　玄関の設計条件は，通常の家族の出入りに支障がないこと，来客と対応できること，防犯に最低限の配慮があることです。また，将来の高齢化を配慮できれば，より安心です。

　収納スペースの確保も大事です。収納されるものは，右にあげるようなものです。これらのなかには，必ずしも玄関で収納しなくてもよいものもあります。要は，玄関にスキーやベビーカー，自転車まで置いて，人がやっと通れるといった状態にはしないことと，そ

のための収納スペースの確保を考える必要があるということです。靴などのウォークインクローゼットをつくるということも考えられます。

【収納されるおもなもの】
- 靴，ブーツ，靴に関連した小物
- スリッパ
- 傘
- コート，帽子
- ゴルフバッグ，スキーの類　他

# 1 プランニング

## 廊下と階段

階段吹抜け 上部にトップライトを設けると、柔らかな光を導くことができる。

階段の幅は、最低でも75cmなければならない。

1階玄関に光を落とす

プラン例−3　2階

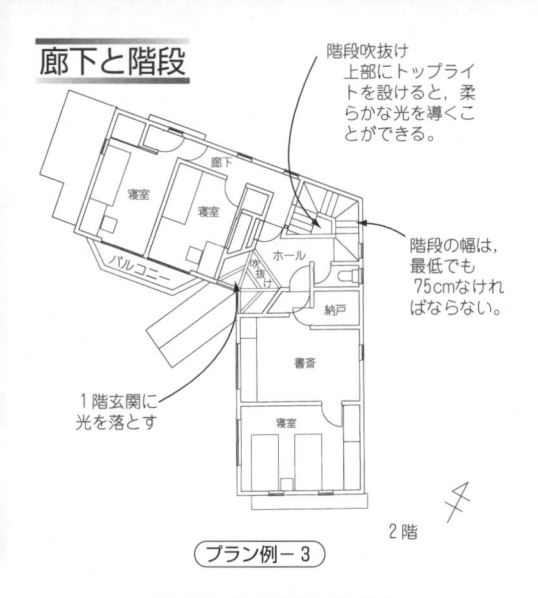

### 😊 廊下と階段

- 手すりが連続して取り付けられるように下地は両側に必ず入れましょう。
- 段鼻と蹴込み板は滑らかに納めましょう。蹴込みが深いと足先がひっかかり転倒の原因になります。
- 手すりの端は壁側に曲げ袖口がひっかからないようにします。理想的には、階段は上り下り端より30cm程度余長をとります。
- 廊下の突きあたりに車いす時の回転スペースとしてホール形式のスペースを確保すると理想的です。

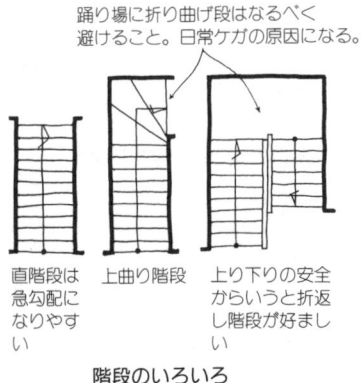

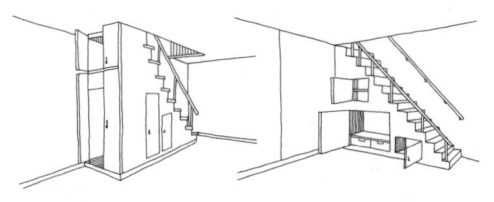

踊り場に折り曲げ段はなるべく避けること。日常ケガの原因になる。

直階段は急勾配になりやすい

上曲り階段

上り下りの安全からいうと折返し階段が好ましい

階段のいろいろ

デッドスペースになるところを工夫していろんな収納スペースに利用することができる。洋風ダンスや整理ダンスがわりにしたり、雑多な小物入れや本箱にした例もある。

階段下の床下収納スペース

## 廊下と階段

　廊下は、手すりを付けた場合を考慮して、有効幅で85cm以上ほしいところです。ときには大きな荷物や家具を運搬することがありますが、普通の洋服ダンスや机は、直進するとき約75cmの有効幅があればほとんど問題なく通過します。

　また、廊下に面する扉がぶつかり合うような出入り口の関係はあまり好ましくないので打合せのなかで確認します。

　次に階段ですが、廊下と同様に手すりの取付けを考慮すると、幅は85cm以上が望ましいです。廊下と異なり勾配があるので、老人や子供が使うことを考えると、安全には十分な配慮が必要です。中間に踊り場を設けたり、できるだけ勾配を緩くするなどの配慮をしましょう。

　また、階段下を収納として積極的に利用する例や照明を組み込んで踏み外しにくくするなど、さまざまな工夫の余地もあります。

# 居間

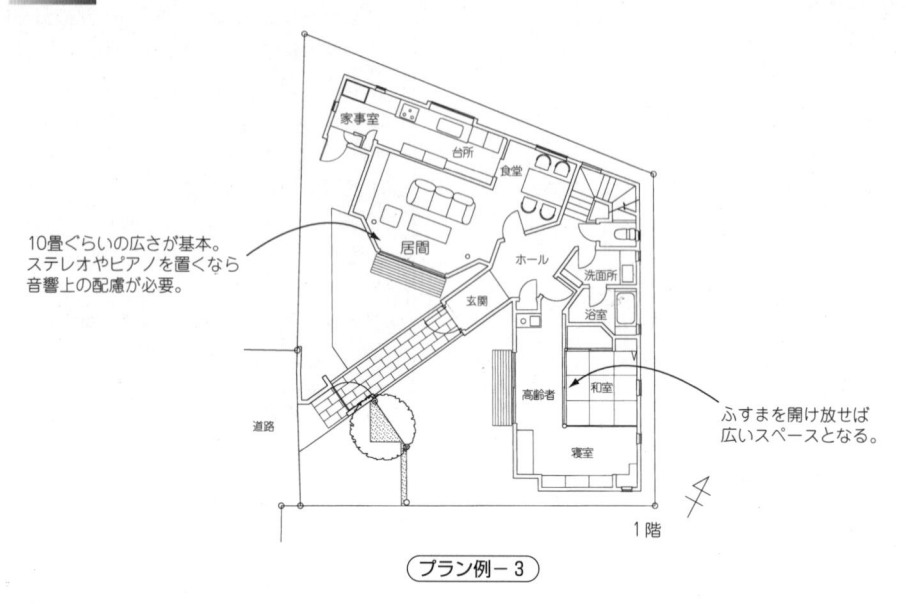

**プラン例－3**（1階）

図中注記：
- 家事室／台所／食堂／居間／玄関／ホール／洗面所／浴室／高齢者／和室／寝室／道路
- 10畳ぐらいの広さが基本。ステレオやピアノを置くなら音響上の配慮が必要。
- ふすまを開け放せば広いスペースとなる。

スペースにもよりますが、応接もかねて居間を考える場合と、まったく家族だけがくつろぐ居間として考える場合とでは、インテリアの考え方も大きく変わってきます。
しかし、いずれにしても、居間は"くつろぐ場"であることを忘れないようにしたいものです。

---

**空間と建築コストとの関わりを理解しよう**

- 空間とコスト。
- 材質とコスト。
- "坪単価"にまどわされないで。
- "坪単価"は単なる結果。コストパフォーマンスこそが重要。
- 居住性、デザイン、美しさを抜きにコストを論じないで。

---

# 居間

家族が食事を中心に団らんに利用するリビング・ダイニング（LD）型とするか、リビングの独立性を高くして家族や来訪者が歓談する空間を重視し、場合によっては食事もできるフォーマルリビング型といわれる2つの生活スタイルがあり、どちらを選択するかの方向付けがまず必要です。

また、リビングの独立性を高くした場合に、就寝までの間にゆったりとくつろげる空間で、簡単な飲み物が楽しめゲームができるなど、寝室・個室により近い場所に、第二の居間としての家族のための空間をしつらえるファミリールーム型を想定することもあります。

**【リビング・ダイニング（LD）型】**

食卓と食器棚が主要な家具となりますが、その食卓は68cmの高さが望ましく、椅子も多少低めで少し奥行の深いくつろげるものを選びます。また、ベンチ形式にすることも考えられます。テレビやオーディオ、本棚・

# 1 プランニング

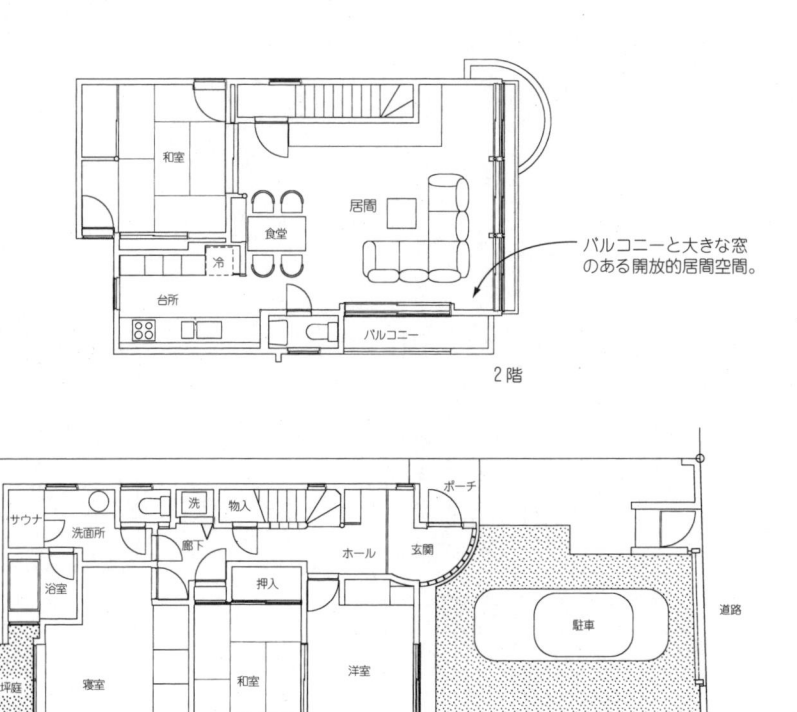

バルコニーと大きな窓のある開放的居間空間。

2階

プラン例－4

1階

　飾り棚などの収納家具，電話なども近くに置きたいところです。
　家族だけが使用するわけですから，部屋の配置は，あえて玄関に近い必要はありません。むしろ台所との関係が重要です。
　また，個室や客室の条件が優先される場合を除いて，敷地外部や庭との関係や日当たりなど，室内・室外ともになるべく条件の良いところを選びたいものです。バルコニーやサンルームを設ける場合には，これに接している

ほうが空間の広がりがあって，よりくつろげる部屋になるでしょう。
　部屋の広さがどのくらい必要かについては一概にはいえませんが，和室の場合は8～10畳で，家具を置くため畳の回りに30～60cmほどの板張りの部分を設ければゆったりと過ごせます。
　洋間の場合には，10～12畳大は確保したいところです。広い分にはさしつかえありません。

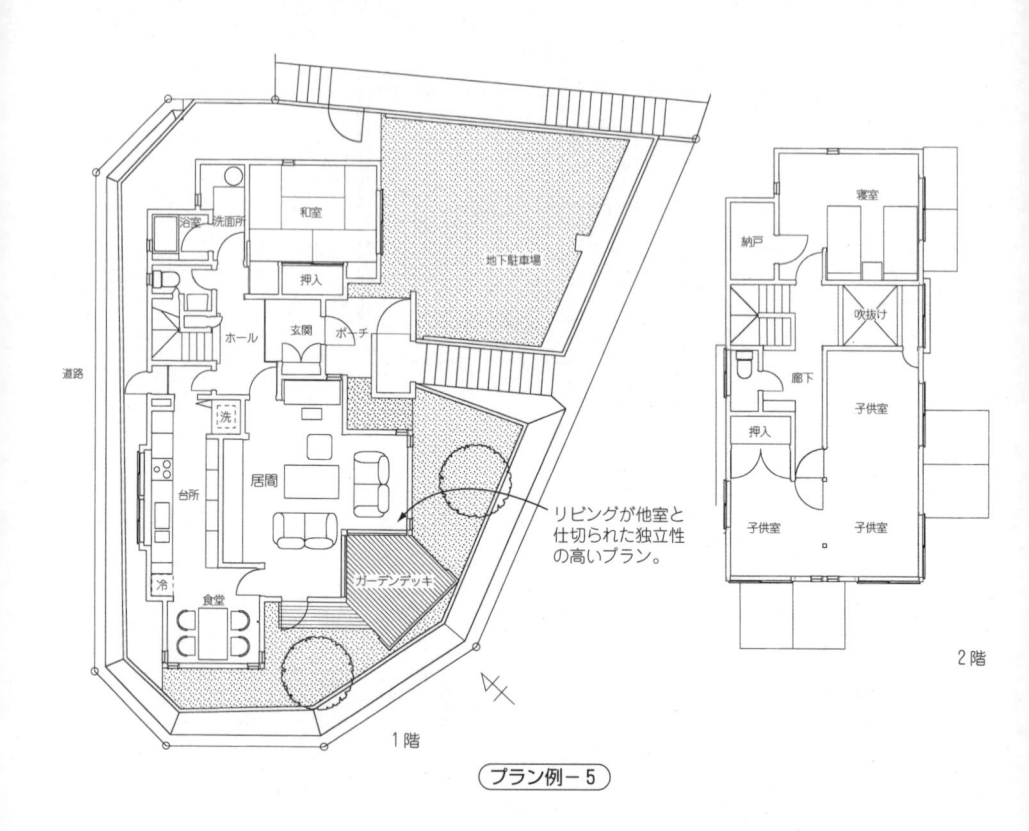

リビングが他室と
仕切られた独立性
の高いプラン。

プラン例－5

【フォーマルリビング型】
　純粋な客間ではありませんので，家族が普段過ごすことを中心に考えながら，ある程度のお客がいつでも集まって来られるように配慮することがポイントです。集まる人数は，ご家族のつきあいの幅によるので，空間のボリュームもそれにあわせることになります。
　普通の住宅でとれる空間のボリュームはおのずと限られ，その割に来客人数が多いことを考えると，家具の配置は片寄せる必要があり，大きな応接セットを真ん中に置くのは無理があります。リラックスできるリビング家具を周辺のコーナーなどに寄せて配置する方法もあります。
　場合によっては椅子などの家具を置かないで，じゅうたんの上に直接座ることも考えられます。
　コタツや低いテーブルをいくつか置いたり，座いす・クッションなどをたくさん置いて，人数・状況にあわせて自由な使い方がで

## 1 プランニング

2階

ホールでつなぎ敷地の形状を有効に活用したプラン。

隣地の豊富な緑を借景できるウッドデッキ

広いデッキに接しているので、日当たりもよく、開放的で広々とした居間空間。

食事や家族の団らん、また応接に利用。

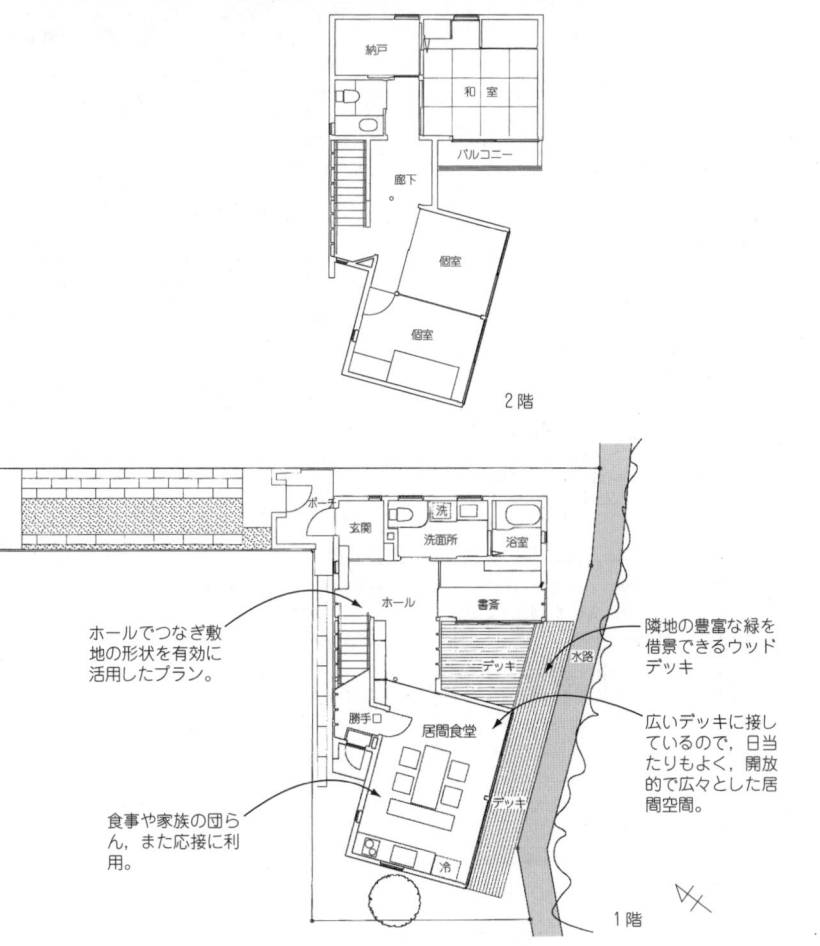

1階

プラン例ー6

きるようにするのも方法です。

　ピアノなど大型楽器を置く場合は，この場所に置くことになると思いますので，こういう前提条件がある場合は，音響的な配慮や構造的検討も必要な場合があります。

　このように大勢の人が集まるとすれば，天井高も十分ほしいところです。思い切って2階まで吹き抜けにすることも考えられます。

　部屋の広さについては，一概にはいえませんが，洋間で10〜14畳大（和室なら8〜12畳）程度は欲しいでしょう。ゆったりとした広さを求めるなら，15〜20畳ぐらいだと思われます。

　最初にも触れたように，普段の家族だけの空間と両立させる工夫をしておかなければ，家族だけのときに変にがらんとした空間になってしまうので注意が必要です。

【ファミリールーム型】

　家族だけのための第二の居間として，寝室・個室，子供室の近くやキッチンの周辺に

## PART Ⅲ　実施編▶▶

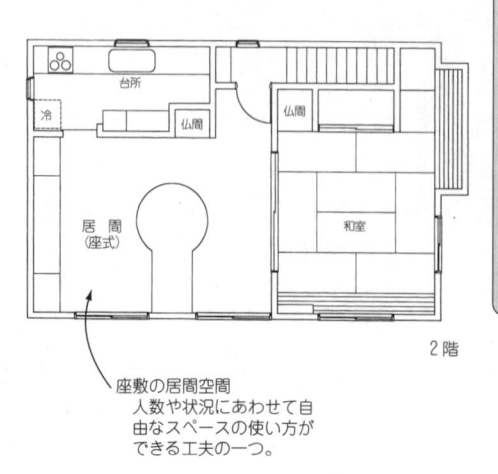

> 🐾 **居間・食事の場**
> - 多目的に使用できる大きなテーブルは有効です。加齢に伴い，家族のみでなく地域や友人とのコミュニケーションの場に対応できます。
> - 個人別収納を居間にも設けるとよいでしょう。居間・食堂は雑多な小物があふれて，整理をしないと危険です。個人別に自己管理しやすい収納を設けたいものです。

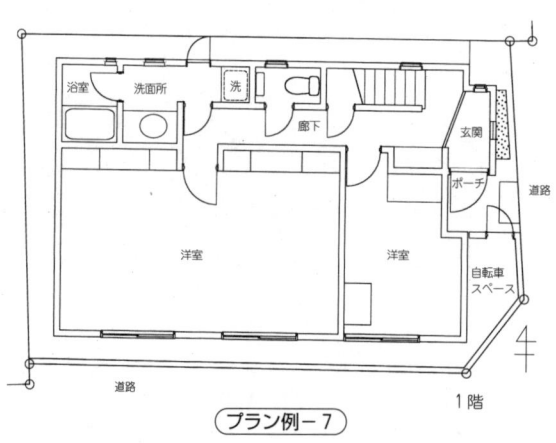

2 階

座敷の居間空間
人数や状況にあわせて自由なスペースの使い方ができる工夫の一つ。

1 階

（プラン例－7）

設けるなど，家族の食事後から就寝までの時間の過ごし方を豊かにする空間をつくるための一つの方法です。専用のテレビ・オーディオの設置，ミニキッチン，簡単なバーコーナーなどを設ける，また小さい子供がいるときには，家族一緒のプレイルーム，ゲームルームとしても使用できるゆとりのスペースとして多目的な利用が可能です。

たとえば，2階の廊下の一部をアルコーブとして膨らませ，ファミリールームスペース

として計画するなど，空間を生み出すいろいろな可能性が考えられます。6畳から10畳程度の範囲でいろんなしつらえ方があるのではないでしょうか。

また，全体の面積バランスのなかでの話ではありますが，前記以上のスペース配分もあり得ます。

## 食事の場

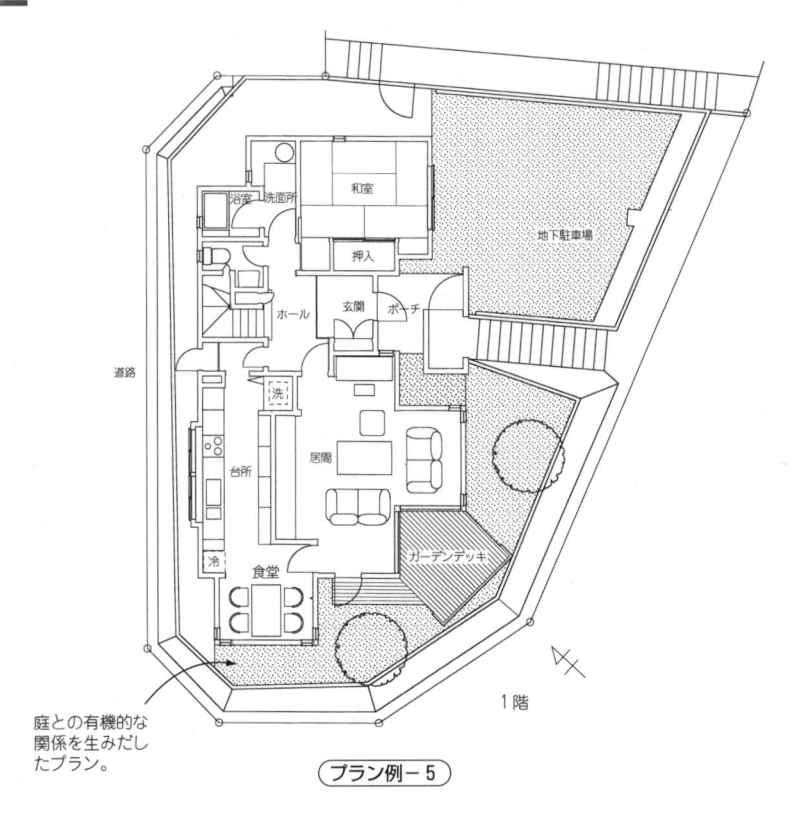

(プラン例-5)

庭との有機的な関係を生みだしたプラン。

## 食事の場（ダイニング）

　食事の場をどうしつらえるかは、家族構成、家庭のこれまでの生活パターンや食事のとり方、家族以外の人との食事の頻度などをチェックしてみないことには、アウトラインすらもつかめません。

　それだけ家族ごとにさまざまな食事のとり方が考えられるということです。

　次に少し例をあげてみます。

①台所と連結
　「ダイニングキッチン」
②単独の食堂
　「ダイニング」
③居間と連続
　「リビング・ダイニング」
④居間と連続し台所とも連結
　「リビング・ダイニングキッチン」
⑤居間と連続し、朝食程度は台所で
　「リビング・ダイニング＋ダイニングキッチン」
⑥改まったときはフォーマルリビングを使用

## PART Ⅲ　実施編

**プラン例－8**

ダイニングの独立性を確保できるプラン。仕切りによって台所と居間にうまくつながっている。

1階／2階

リビングダイニング　　リビングキッチン　　ダイニングキッチン

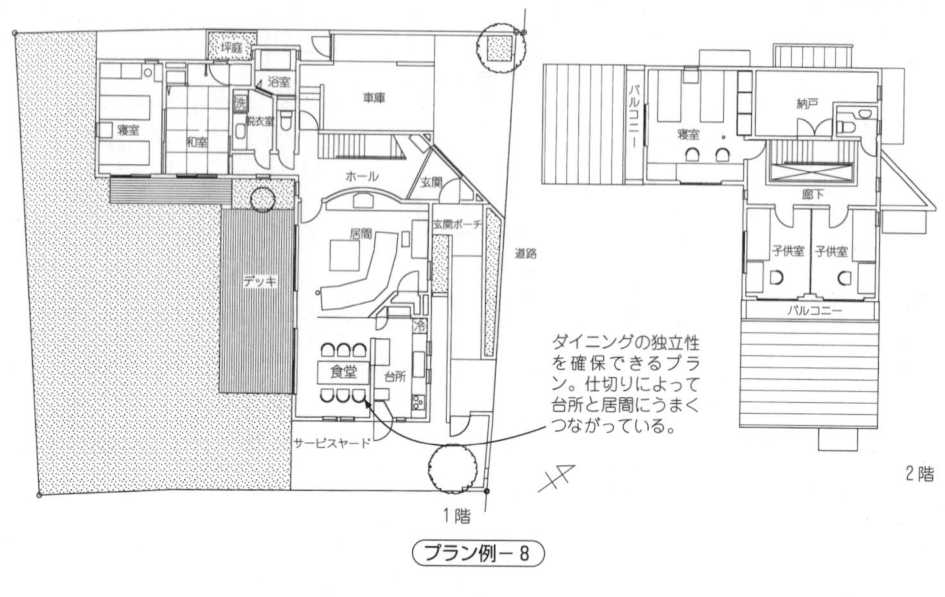

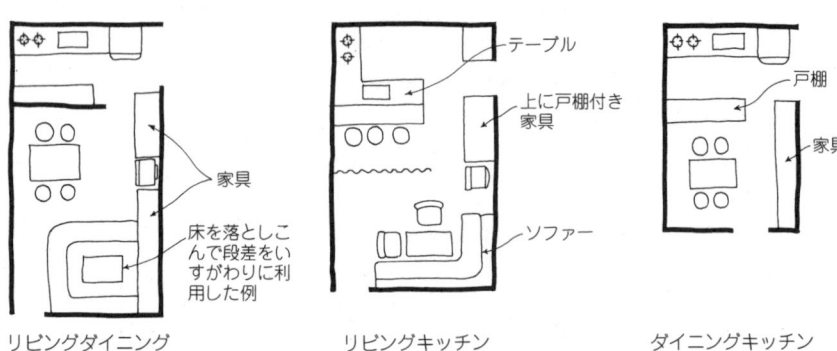

するが，普段は別のリビング・ダイニングで食べる
「フォーマルリビング＋リビング・ダイニング」

【ダイニングキッチン】
　台所との距離が近いので，配膳や食事のサービスに便利で，家事もしやすく，家族の食事時間が一致していなくても支障は起こりにくい組合せです。しかし，食事の前後の時間の過ごし方によっては，キッチンのなかが居間化することがあります。

【ダイニング】
　ぜいたくなスペースのとり方です。フォーマルな生活に慣れていれば，おしゃれで，それなりの雰囲気がある生活が楽しめます。

【リビング・ダイニング】
　前出（146ページ「居間」参照）。

【リビング・ダイニング・キッチン】
　リビング・ダイニングにキッチンが隣接した形式です。

# 1 プランニング

## 台所

台所をすっきりまとめるための収納をよく考えましょう。

勝手口との関係を活かした，収納空間の充実したプラン。

床下貯蔵庫／戸棚／台所／食堂／勝手口／居間／玄関／ホール／洗面所／浴室／高齢者／和室／寝室／道路

1階

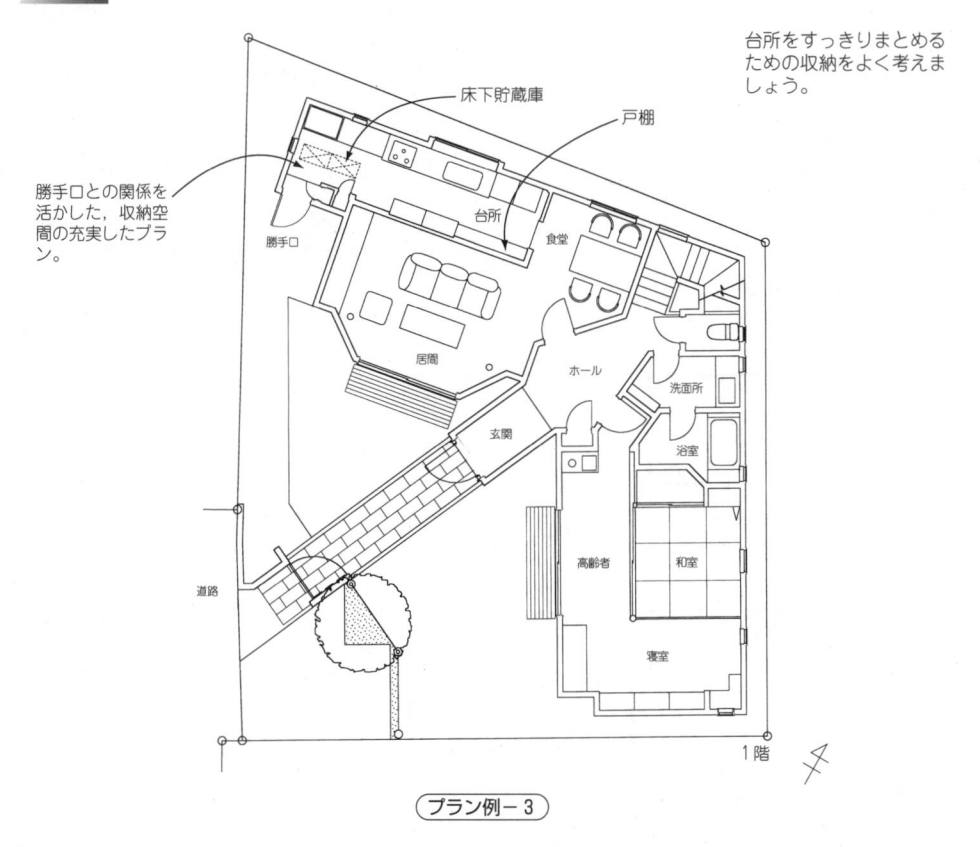

プラン例－3

## 台所（キッチン）

　台所の空間と設備は，合理化の工夫が多面にわたって行われてきました。食事の場と調理の場を一体化して，主婦の動線の短絡化をはかった「ダイニングキッチン」。居間とも一体化し，さらに作業がしやすいよう空間を広めにとった「リビングキッチン」。それを進化させて，リビングの中心にシンクを島状に配置し一体性をより求めた「アイランドキッチン」。キッチンの流し台が食事室側に向いた「対面式キッチン」やそれにカウンターをつけ，食事コーナーを兼用する「カウンターキッチン」など，生活スタイルに合わせてさまざまなバリエーションがあります。

　また，台所で洗濯やアイロン掛け作業ができるようにしたユーティリティー体型のキッチンも提案されています。

　これらは，家事労働の軽減とスペースの合理化などを目指して生まれた台所の形式ですが，これらのなかには，台所の仕事を家族全体に開放し分担させる効果と，仕事中にも家

153

台所のプランニングで一番大事なことは、使いやすさです。
下にキッチンレイアウトのいろいろなタイプをあげました。スムーズな動線で結ばれることは、もちろん基本ではありますが、主婦のいる時間が長い場所だけに、単に機能本位でなく、居心地のよさも十分配慮しておく必要があります。

> 😊 **台所**
> - 吊り戸棚の高さは眼の高さより下げたほうが安全です。
> - 余裕があれば2人以上が入れるキッチンが高齢者の住宅では役立ちます。また広すぎるキッチンも考えものです。
> - いすに座って作業できるニースペースがあり、レンジ部が一段低くなっているタイプが加齢時の自立に有効です。

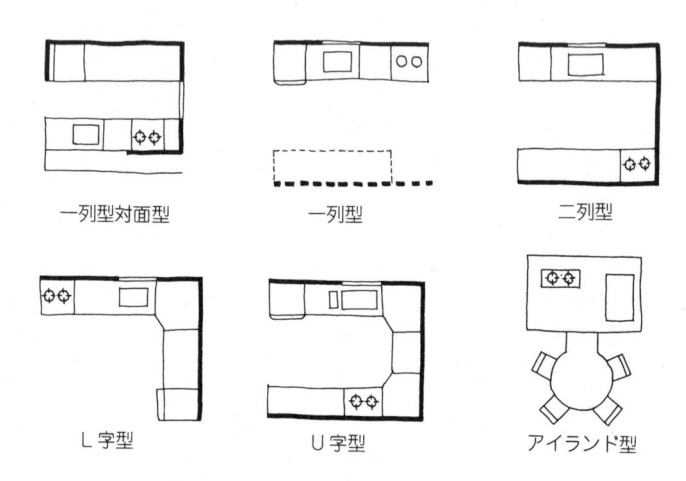

一列型対面型　　一列型　　二列型

L字型　　U字型　　アイランド型

族とのコミュニケーションがはかれるという利点をもつものもあります。
　独立した台所は、機能をおざなりにしないで考えていくべきです。そして食事をする場や洗濯や浴室にも無理のない範囲で近くにあれば、主婦の負担はより軽くなります。また、育児スペースに近いこと、熱源や電気の制御や管理がしやすいことも配慮すると、より望ましい台所となります。
　最近では、食器洗浄器やディスポーザー

(地域により使用に関する規制があります)、電気釜、ポットなどの家電製品が台所で多くのスペースをとるので、機能的な収納もよく検討しましょう。
　また、天井近くに設置された棚で、物を出し入れする際に作業が楽な位置まで下げられる吊り戸棚もあります。収納量や機能面から検討する価値があるでしょう。

# 1 プランニング

## ユーティリティ

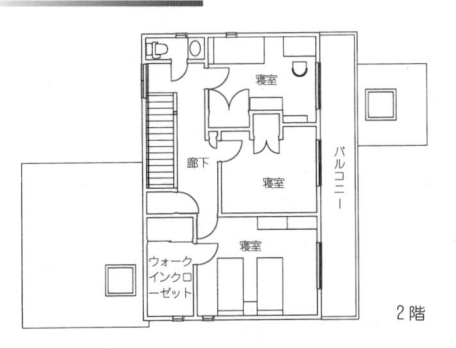

[2階平面図]

> **ユーティリティ・サービスフード**
> - 洗濯機の近くに、洗濯流しを取り付けます。余裕があれば、介護のことを考えて洗濯、掃除用流しを設置できるようにします。
> - 物干場はひさしつきにします。物干ざおが上下する製品もあります。

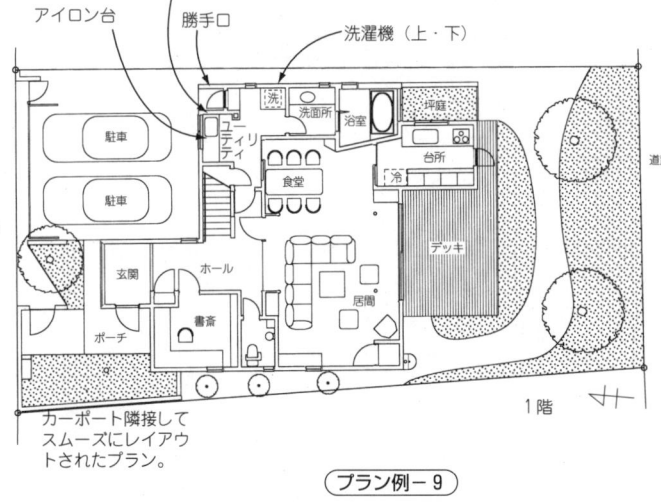

ユーティリティは、洗濯機、乾燥機、ボイラー、工作台、ミシンといった家事道具の収納、もしくはこれらの作業を行う空間です。主婦の稼働動線上にあり、勝手口から直接入れると便利です。

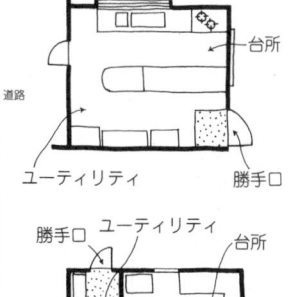

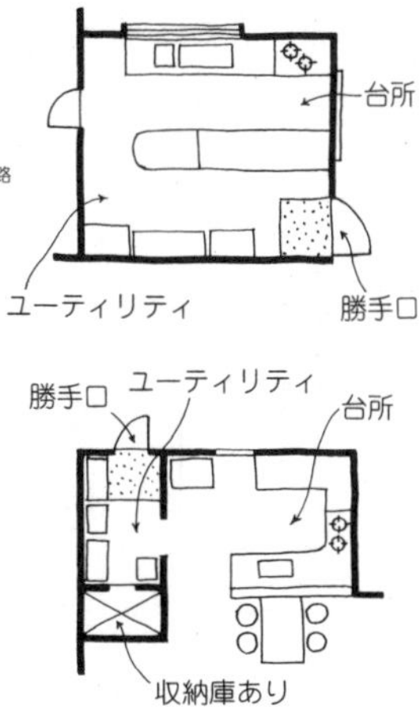

[1階平面図 プラン例－9]
カーポート隣接してスムーズにレイアウトされたプラン。

[ユーティリティのいろいろ]

## ユーティリティ

　ユーティリティとは、多面的な機能を合わせもつ家事労働空間のことですが、最近は読書や編物などもでき、主婦がくつろげる場所にもなるようにとの考え方が増えてきています。いわば「家事室」といえましょう。したがって部屋の位置も、南側の日当たりの良い部分にとり、本棚や造付けのテーブル、電話などを置くこともあります。

　ユーティリティの設備や環境の面で注意したほうがよいのは、洗濯機や乾燥器のコーナーを組み込む場合や掃除流しを取り付ける場合、またアイロン作業なども行えるようにつらえた場合、これらの作業が効率的に行えるようなレイアウトをすることです。また、湿気でカビが生えたり、水が床下に回って床下を腐らせないように、採光や換気、床の材料に気を配る必要があります。

## 便所・洗面所・浴室

### プラン例—3（1階）

- **脱衣・洗面**
  脱衣・洗面の使い勝手だけでなく，下着やタオルの収納も考えておくと便利です。

- **浴室**
  家のなかでけがの発生率が多い室なので，床・壁・天井の材料の選定に留意しましょう。
  また，将来的な安全性を考慮して，丈夫な手すりパイプをトイレも含めて設けるとよいでしょう。

**浴室の寸法**　1,400／1,800　（500・600・1,200）　（単位：mm）

**便所の寸法**　900／1,800　（500・600・1,200）　（単位：mm）　棚

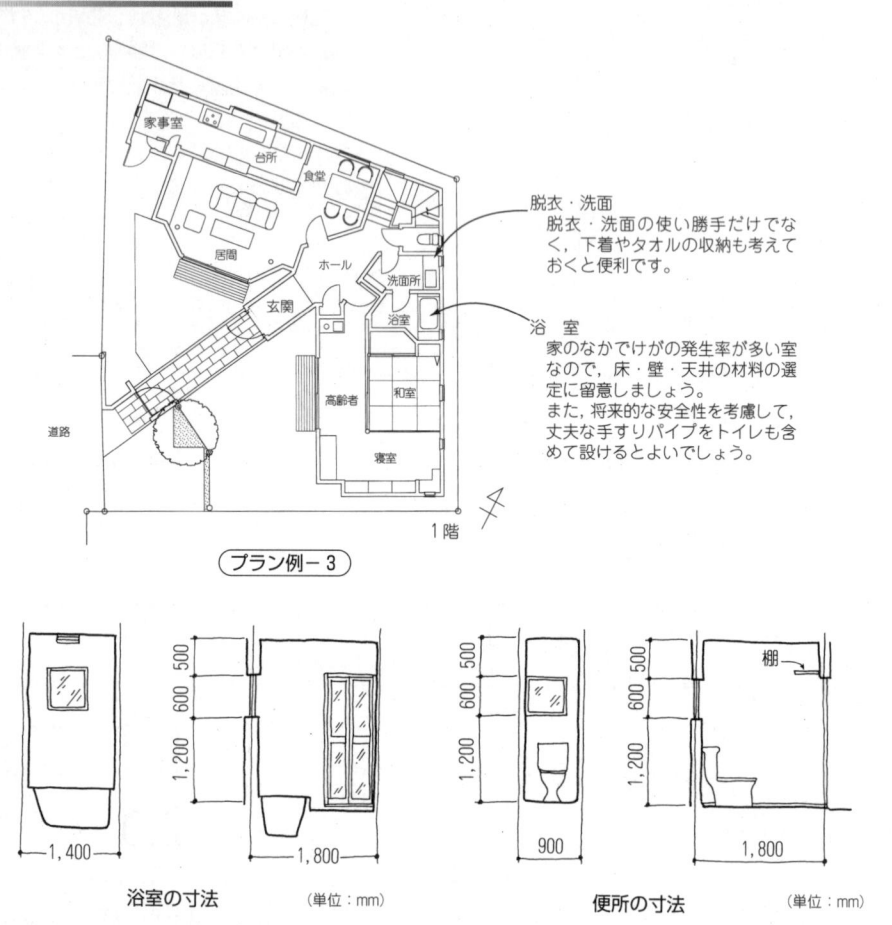

### 便所・洗面所・浴室

　便所や専用の洗面所は，機能が純粋で便器と手洗い器，あるいは洗面器と鏡類があればよく，家事労働の面でもあまり手がかからないところです。ユーティリティと離して個室に近い2階などに設けることもできます。場合によっては，欧米のように寝室に付属させることもあります。この場合，2か所以上の洗面所があるとより便利に感じます。

　全体をコンパクトにまとめることを求めてゆくと，洗面所は洗濯室や脱衣室を兼ねるようになり，結果，浴室とも隣接することが多くなります。住戸内の位置は，来客も配慮して決めるとよいでしょう。

　次に浴室ですが，夏は高温多湿，冬は低温乾燥といった気象条件下の日本では，入浴は身体を清潔にする目的のものばかりでなく，リラクゼーションとしての役割もあります。

　浴室の位置は，リモートコントロールが台所周辺にあれば，多少遠い場所でも大丈夫ですが，主婦がいる時間が長い台所やユーティ

# 1 プランニング

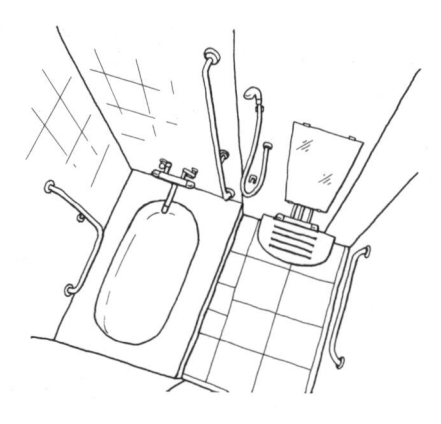

浴室の手すりの設置位置（例）

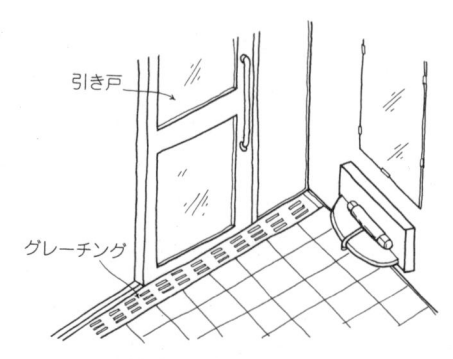

引き戸

グレーチング

脱衣室と浴室間の段差の解消

> 🦷 **便所・洗面所・浴室**
>
> - 便所・洗面所・脱衣室・浴室と寝室は近い位置に配します。
> - 手すりは最低各1か所。浴室では，その他5か所に下地を入れておくとよいでしょう。マヒは半身だけでなく左右両方の場合を考慮しておく必要があります。
> - 脱衣室のコーナーにはベンチが置ける余裕があるとよいでしょう。
> - 脱衣室と浴室間はバリアフリー対応の浴室扉（戸）の使用や排水溝のグレーチング（排水蓋）などの工夫を要します。浴室の広さは，介助入浴が可能なスペースを確保します。浴槽は広すぎず，回りに手が届くようにします。（溺死防止）。介護のためには，2方にスペースがあると便利です。
> - 便所の扉は外開きにするか，引き戸にしましょう。便器の側方に介助スペースを確保するか，将来軽微な改造により確保できるように計画しましょう。

リティの近くにあるほうがより便利です。有効利用の手段として，浴室乾燥機などを設置する方法もあります。

　また，高齢化を配慮して，便所や脱衣室・浴室に暖房を入れることも考えておくと，冬場は寒さ知らずで，より安心かつ快適に過ごせます。さらに，必要以上の段差はできるだけ排除しておくのがよいでしょう。たとえば，浴室では室外への水の流出を防ぐために出入り口に段差をとるのが一般的ですが，扉下にグレーチング（排水蓋）を置いて排水溝を設けることで，段差をなくす方法があります。

# 個室

## PART Ⅲ 実施編

寝室，書斎，子供室などの個室はプライベートなスペースであり，家具，色彩，照明などにそれぞれの個人の好み，言いかえれば個性が生かされるのが望ましいプランニングです。
ただし，落ちつける雰囲気とすることはすべての基本です。

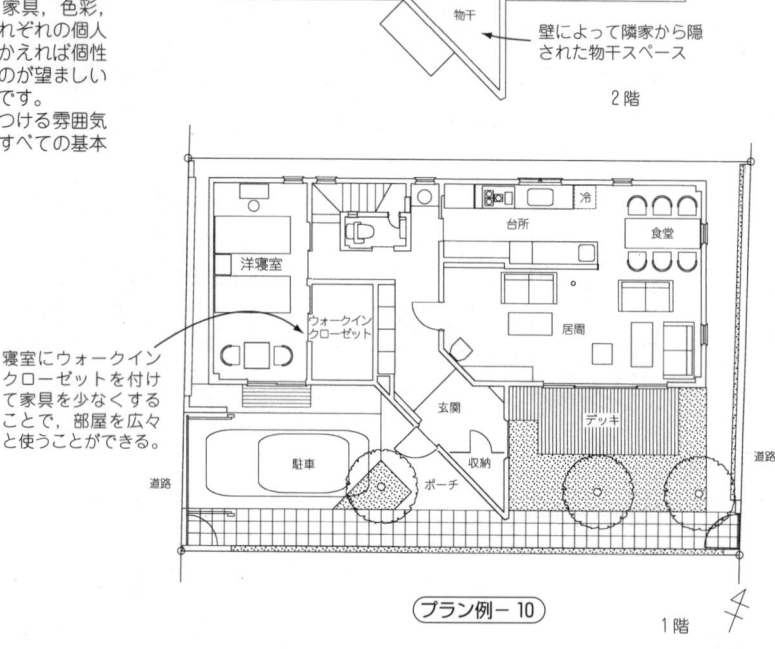

壁によって隣家から隠された物干スペース

2階

寝室にウォークインクローゼットを付けて家具を少なくすることで，部屋を広々と使うことができる。

プラン例－10

1階

## 個室

**【夫婦の寝室】**
　寝室の広さは，ベッドが収まればよいというわけにはいきません。ベッドのそばには，ナイトテーブルとスタンドが必要です。乳幼児がいればベビーベッドを置く場所も必要です。寝る以外にも，造付けのテーブルや書架を取り付け，書き物をしたりする場所として利用することも考えられます。ナイトリビングとする手もあります。
　更衣のための家具なども必要です。一般には，既製の洋服ダンス（2人分），整理ダンス，化粧鏡を置くか造付けにしますが，ウォークインクローゼットとして納戸を付属室とした寝室が増えています。バスルームを付属させることもあります。
　和室の場合には，部屋の用途ごとに入替えや片づけをすれば，ベビーベッドのスペースは要りますが，それ以外は寝具や雑品を収納するための押入れと，タンス類が置ける程度の広さでも十分に実用性があります。

# 1 プランニング

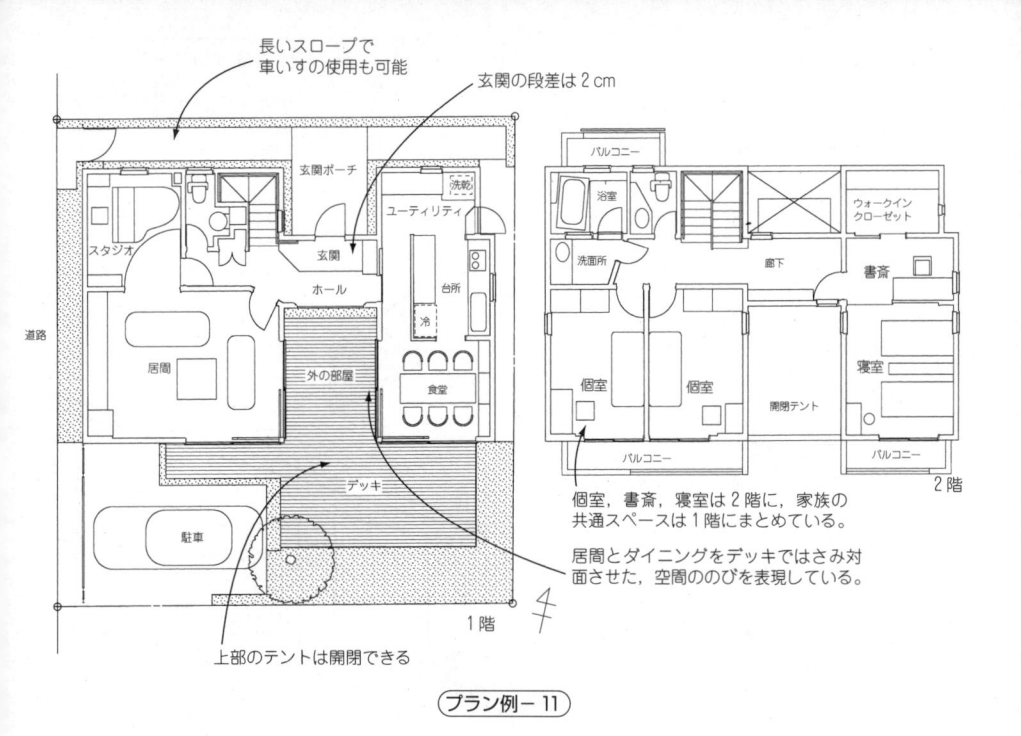

長いスロープで車いすの使用も可能

玄関の段差は2cm

個室，書斎，寝室は2階に，家族の共通スペースは1階にまとめている。

居間とダイニングをデッキではさみ対面させた，空間ののびを表現している。

上部のテントは開閉できる

（プラン例－11）

## 【子供室】

　小児のうちから個室をあてがう必要はありませんが，遊び場を兼ねて空間を用意しておき，両親の判断で子供室として使うことができるようにするのも方法です。

　家族や両親の子供たちに対する考え方や対応で，家庭内での子供の自立や成長に影響があるという考え方に立つと，家族と子供との距離や子供どうしの関係を住まい方が決める部分もあるといえます。ただ個室を与えればよいということではなく，個人としての子供との関係を考えたうえで住まい方を検討したいものです。

　子供の収納スペースについてですが，最近は子供の持ち物が多くなって，かなり大きな収納スペースが必要になっています。家具類は子供の成長につれて大きさも変わり，数も増えるので，先の見通しを十分立てておくことが大切です。

## 【高齢者スペース】

## PART Ⅲ　実施編

**高齢者と同居の場合の配慮事項**

▷共通スペースでは
　（玄関，廊下，居間，食事室，浴室，洗面，トイレほか）
　・段差をなくし，レベル差はスロープでつなぐ。
　・要所に手すりの設置。
　・余裕のある広さの確保。

▷専用スペースでは
　（寝室，収納，トイレほか）
　・日照，通風の確保。
　・収納は高い位置は避け，平面的に多くとる工夫を。

▷その他
　・家族と交流する機会をできるだけ多くする工夫を。
　・操作しやすい設備器具の選択を。

**寝室・高齢者スペース**
・将来，洋室として，ベッド使用が可能な広さを確保します。

　同居の形には，同じ棟に一室または二室程度のいわば老人の寝室だけがあるという場合から，半独立ともいえる便所や台所が付属している場合，すべての生活が完全に独立している場合と，いろいろです。
　共通して留意すべき点としては，下記のようなものがあります。対応してあげられるか，検討していただく必要があるでしょう。
①長い間の生活習慣を急に変えられない。
②愛着のある持ち物や道具類を持っている。
③部屋に長時間いることが多いので，環境の良い部屋を選ばなくてはならない。
④病気で寝たきりになる可能性がある。
⑤身体の動作反応が遅い。
⑥気温の変化に対応しにくい(冷暖房，通風)。
⑦庭との連続した生活を配慮。
⑧趣味の生活が主となる。そのための空間設定が必要。
⑨孫などが集まってくるのが何より楽しみ。

# 収納

### 高齢者と同居の場合の配慮事項
・所有物の総量
・捨てるものと残すもの。新規購入するもの。
・家具の寸法を測り，家具リストをつくる。
・収納物別に収納スペースの必要幅をつかむ。
・設計図面に置き家具の位置を記入する。
・家具と照明，コンセントやスイッチとの関係。
・外部機器，設備機器のスペースを決めておく。
・収納物の分類，場所。いつ，だれが，どこ
・外部の収納，門回り，庭回り
・ウォークインクローゼット，納戸の収納
・玄関の収納　　　　・浴室の収納
・居間の収納　　　　・便所の収納
・台所の収納　　　　・書斎の収納
・食堂の収納　　　　・和室の収納
・家事室の収納　　　・寝室の収納
・洗面脱衣室の収納

### 収納
・収納は個人別，季節別，用途別などに整理し，高齢化に伴う物忘れに対応して，しまい込むよりも管理しやすくします。
・収納のつまみはにぎりやすい大型のものを選びます。

足りなくとも余ることのないのが収納部分です。
各個室にタタミの大きさで1.5畳大の収納部分が理想です。
そのほかに，家族共通の物をおさめるのに，納戸が必要です。また通風と防虫に留意しましょう。

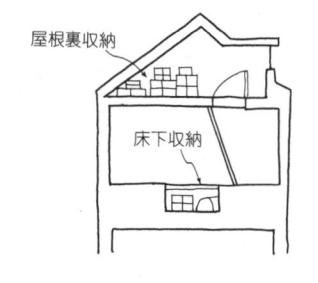

天井裏・床下収納 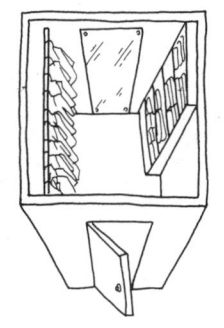　　　クローゼット 　　　造付け収納家具

# 収納

　各個室内の各人所有の収納スペースと，家族共通のものを収めるのに必要な収納スペースを確保する必要があります。

　収納施設としては，納戸，ウォークインクローゼット，造付け家具，ユニット家具，既製家具，台所の食品庫，床下収納庫，天井裏収納，オープンタイプのロフト，地下室利用，外物置などがあり，これらを住戸内に上手に組み込みます。

　ある大学で，生徒に自分の収納スペースを立体的に集約した場合どれくらいのスペースが必要になるかという検証をしたところ，幅1.5間（≒2.7m）×奥行0.5間（≒90cm）×高さ1.3間（≒2.4m）で足りるようです。

　家族の個人的な収納量と，共通の収納量をきちんと把握すれば，有効な収納スペースが確保できると思いますので，事前に収納スペースを把握することが大切です。

# 地下室

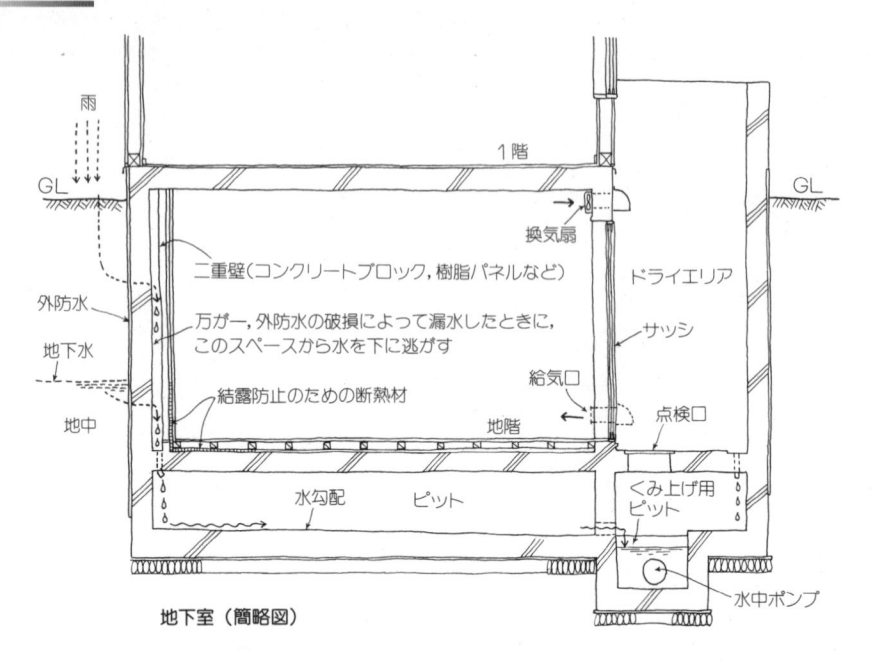

**地下室（簡略図）**

図中ラベル:
- 雨
- GL
- 1階
- 換気扇
- 二重壁（コンクリートブロック，樹脂パネルなど）
- 外防水
- 万が一，外防水の破損によって漏水したときに，このスペースから水を下に逃がす
- 地下水
- ドライエリア
- サッシ
- 給気口
- 地中
- 結露防止のための断熱材
- 地階
- 点検口
- 水勾配　ピット
- くみ上げ用ピット
- 水中ポンプ

土に接する壁や床には外防水し，内側にもう1枚の壁を，床下には集水ピットをつくります。万が一の場合，外壁から浸透してきた水を二重の壁の中で落とし，床下に設けたピットに溜め，ドライエリアの雨水とともにポンプ（故障時のため予備のポンプも必要）で排水します。

## 地下室

　建築基準法の改正により，住宅部分の延べ床面積の合計の1/3を限度として，地階の面積を容積率に算入しないことになりました。

　例をあげると，建ぺい率50％，容積率100％の地域で1階50㎡，2階50㎡の合計100㎡が許容限度の住宅の場合，さらに地階50㎡分が緩和されることになります。このため，都心部などの狭小敷地の有効利用がしやすくなりました。

　地下利用の長所は，遮音性が高いこと，温度が安定していること，防音・遮音がしやすいことなどがあげられます。

　短所は，地上部分と比較してコストが高いこと（1.5倍から2倍），通風が得にくいこと，日照を取り込みにくいこと，結露しやすいこと，地下水の漏水の危険が高いこと，周辺の地形や敷地の形状によっては浸水の危険もあることなどです。その地域の地下水の状態や地盤の強さを調べる必要もあります（88

## 1 プランニング

|地下が冠水すると一気に水が流れ込んできます|地下室では外の様子がわかりません|
|---|---|
|浸水すると電灯が消えます／エレベーターは使えません|水圧でドアは開きません|

豪雨の時には地下室は危険です。地下室のある建物をお持ちの方・ご利用の方は，浸水の危険があるときは早めに避難しましょう。
（建設省（現国土交通省）建築物防災推進協議会パンフレットより）

ページ「敷地調査」参照）。

　地下に便所など水回りを設ける場合は，その排水もポンプアップしなければなりませんから，ポンプが故障したときのことを考えると，なるべく避けたいものです。

　地下室は，従来は鉄筋コンクリートでつくられてきましたが，最近はユニット化された鉄板製のパネルを防水シールを挟み込みながらボルトで留める工法も開発されています。

　なお近ごろ，都市部を中心にして大雨による浸水被害がでています。地下室に閉じ込められた方が亡くなるという悲惨な事故も起きています。自治体では「洪水ハザードマップ」を公表しているところもありますので参考にしてください。

　また，地下室のように密閉された空間では，換気に配慮しないと事故につながるので注意が必要です。

# 外構計画と街並み

## 1 外構計画

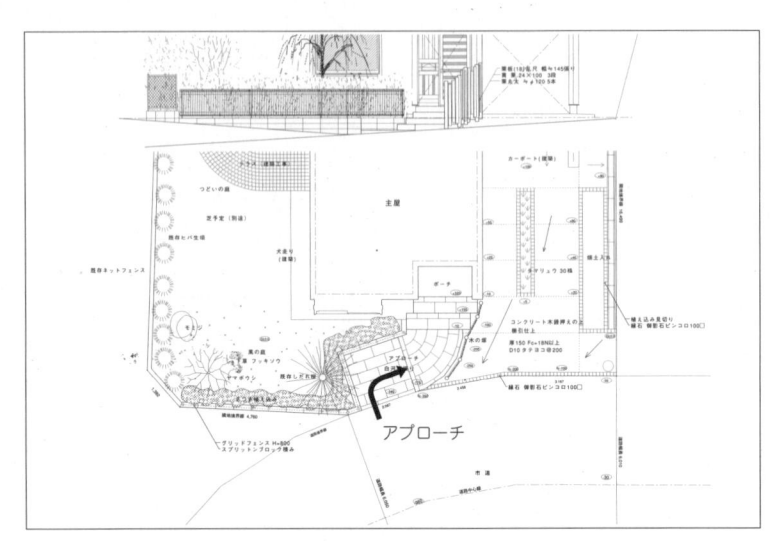

外構計画図（例）

　外観など街並みとの調和を図るとともに，道路から玄関までのアプローチや，給排水，ガス，電気，電話といった外部から引き込むものへの配慮が必要です。そのためには，住宅の敷地の形状や方位とあわせて，さまざまな環境を把握することが大切です。

### 外構計画と街並み

　前にも述べましたが，住宅の計画は敷地の形状や方位とともに周辺環境を読むことが大切です。敷地周辺の地理的・社会的環境，また歴史的・自然的環境はどうであるかなど多くの外的条件によって，住宅の形態や開口部の方向，道路から玄関までのアプローチ，給排水，ガス，電気，電話などの引込み位置，また地盤によっては基礎など構造計画に大きくかかわります。

　これら外的条件と，必要とされる間取りや機能などの内的条件とのすり合わせによって，各室と外部空間とが有機的に検討された，豊かで快適な住宅が計画されます。

　このように住宅と密接な関係をもつ外側のスペースの計画を「外構計画」といいます。住宅の敷地として内部から最初に関係する空間であると同時に，さらに外側の道路，公園や隣家などの街並みへとつながっていく空間で，ご自分の敷地であると同時に，街並みに対する住まい手の表情として，住宅そのもの

# 1 プランニング

## 2 外構工事

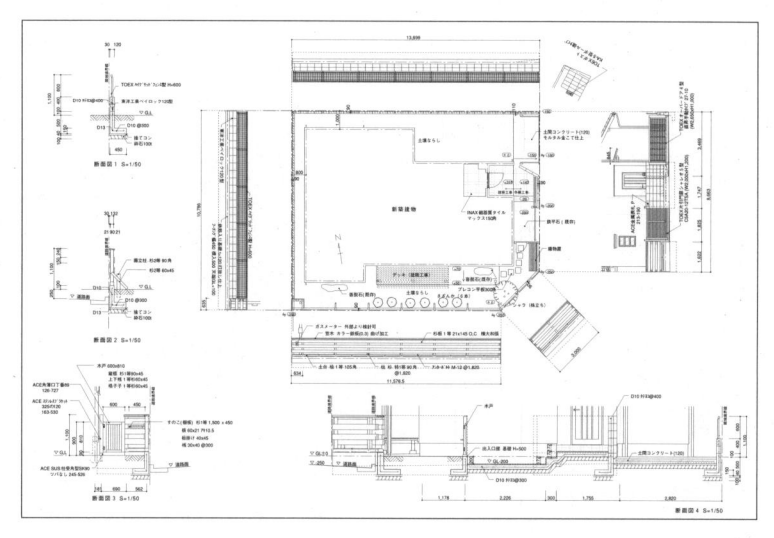

外構図（例）

付属する住宅設備機器の配置や，周りの視野環境，高齢化に対応したスロープや手すりへの配慮を含めた計画を検討しましょう。

の計画と同様に重要であり，公共性をもつものといえます。

外構工事については，さまざまな理由で後回しになりがちですが，計画や設計は必ず住宅本体と一体的に進めるとともに，実施は段階的に行うなど予算面での工夫も必要です。また昨今では，敷地が狭いことなどから，空調機の室外機の位置や方向を十分に検討しないと，音やファンの風向きなどから思わぬ相隣問題にも発展しかねませんので，注意が必要です。

また，道路などから建物へのアプローチは，訪れる人に与える印象を大きく左右する要素の一つです。建物との出会いのアプローチですから，こうした視点からの計画も考慮したいものです。

## 家相と風水

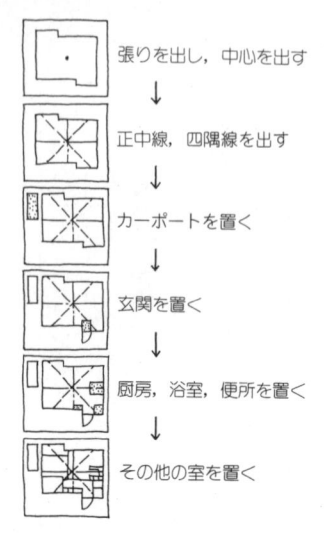

家相の間取りは2次元パズル

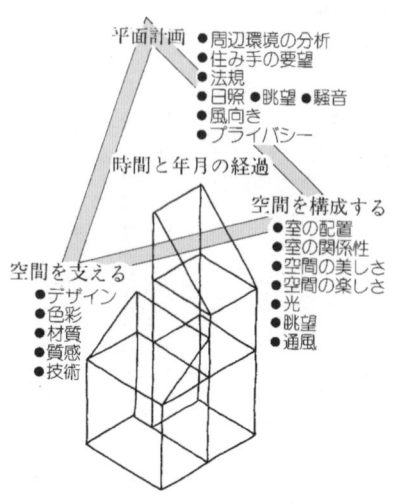

- 張りを出し，中心を出す
- ↓
- 正中線，四隅線を出す
- ↓
- カーポートを置く
- ↓
- 玄関を置く
- ↓
- 厨房，浴室，便所を置く
- ↓
- その他の室を置く

建築設計は空間（3次元＋時間）

- 平面計画
  - 周辺環境の分析
  - 住み手の要望
  - 法規
  - 日照 ●眺望 ●騒音
  - 風向き
  - プライバシー
- 時間と年月の経過
- 空間を構成する
  - 室の配置
  - 室の関係性
  - 空間の美しさ
  - 空間の楽しさ
  - 光
  - 眺望
  - 通風
- 空間を支える
  - デザイン
  - 色彩
  - 材質
  - 質感
  - 技術

家相の間取りは2次元パズルのようなものですが，建築の設計は3次元（空間）＋時間の中で，ご家族の生活をイメージし，技術やコストや環境もふまえながら空間を組み立てていきます。

## 家相・風水について

家相・風水はその歴史をたどると，中国で3000年以上前に生まれた占い（河図，洛書など）ときわめて原始的な天文学（五行説など）がルーツであることがわかりますが，環境的な考え方が取り入れられているので科学的な部分もあるという人もいます。しかし，文明が未発達の時代の"考え方"です。そのような主張は，歴史を調べ深く考えたうえでのものとはとうてい思えません。

現代の建築学には「環境工学」という分野もあります。日照，日射，採光，温熱，空気，気候風土など科学的な研究成果に基づいて建築の設計はされています。このITの時代に，迷信に頼るのはいかがなものでしょうか。

たとえば，「鬼門」の源流は古代中国のおとぎ話ですが，それには鬼門が凶方であるとは書かれていません。東北方向を凶方としたのは，日本に"輸入"されてからのことですが，それでも徳川時代の家相見の多くは，鬼門を凶方としてはいませんでした。

## 1 プランニング

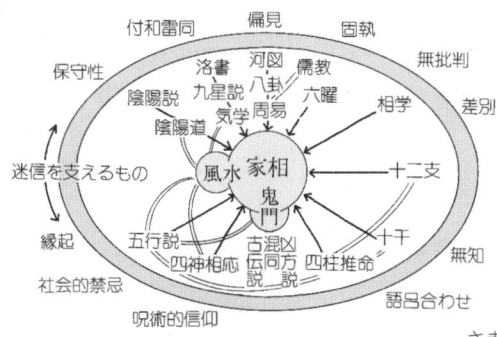

**虚構の多重構造**

さまざまに偏見や保守性、付和雷同などに支えられている、家相・風水です。

家相や風水は迷信ですからこれにとらわれる必要はまったくありません！それよりも快適性、機能性、安全性を備えた理想的な住まいづくりの実現を最優先に考えるべきです！

　今の家相では、東北方向を鬼門、南西方向を裏鬼門とし、その線上に玄関を設けてはならないとしています。鬼門を避けると、東南の角付近に玄関を置くことになります。そうするとホールや廊下、階段も付随しますから、最も日照条件の良い場所をこれらに占められます。居住性を考えれば、東南方向は居間・食堂、台所のために使いたい場所です。

　このような、日当たりが悪く居住性の低い家が、「吉」の住まいといえるのでしょうか。

　方角を検討するための基準となる、家の中心の出し方や、北の解釈（真北と磁北の違い）も説によってまちまちです。

　そもそも、家相・風水を守らないとなぜ凶になるのか、その理由を書いた文献は見あたりません。誰が決めたのかも不明です。家相風水師が「こうすれば吉だ」「凶だ」と言いつのるだけです。根拠がないから説明できないのでしょう。冷静かつ科学的に分析すればするほど矛盾点がいっぱいなのです。

## 2 設計図書の内容

設計図書は、設計図と仕様書で成り立っています。設計図以外の特記仕様書、仕上表、面積表、建具表、家具リストおよび公的団体の標準仕様書を「仕様書」といいます。

### 建築図（一般図）

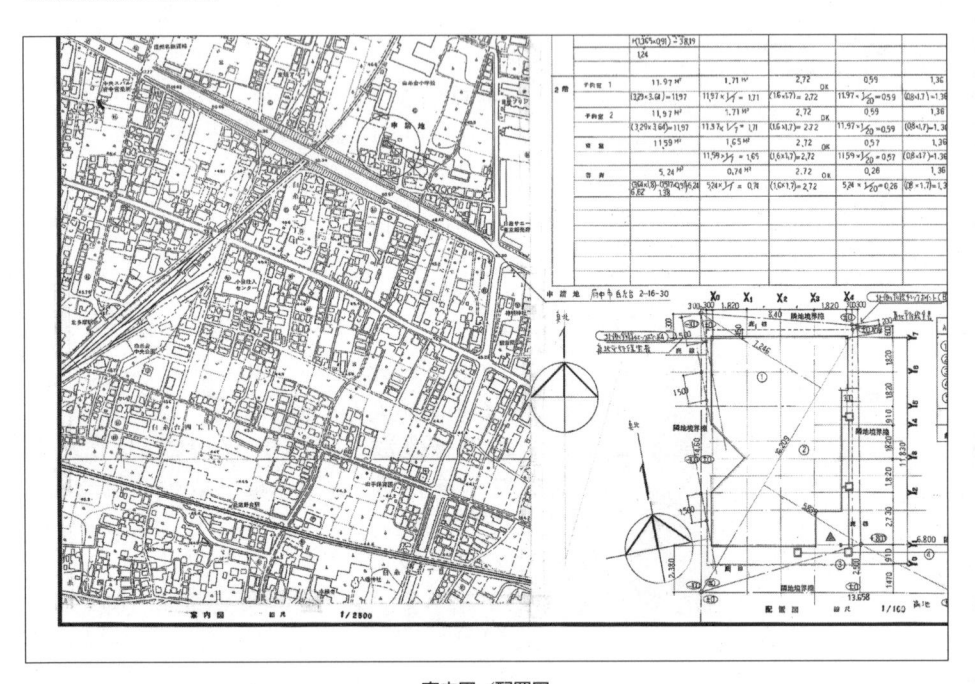

案内図／配置図

### 仕様書・設計図

**【工事概要】**
工事名称，申請地，建築主名，敷地の地域地区，建物の用途，構造規模，面積などの概要を記載します。

**【面積表】**
敷地の面積，建築面積，各階別の床面積とその合計である延べ床面積を計算した表です。確認申請にはもちろん，家の登記などに必要な建物の基本的数値です。

**【付近見取図（または案内図）　1／3000 程度】**
敷地の所在を示すもので，方位，道路，敷地にいたる目標となる建物や，最寄りの駅などを表示します。

建築確認申請では，登記簿上の地名地番を記入しますが，通常の住居表示の番地とは異なる場合がありますから，注意が必要です。

配置図，平面図ともに，原則として北を上に表示するのが一般的です。

**【配置図　1／200～1／100】**
敷地とこれが接する道路の種類や関係，前

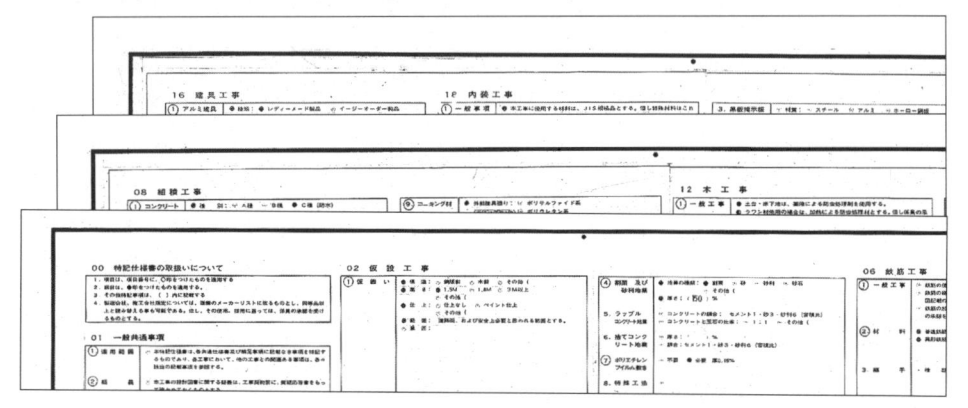

## 2 設計図書の内容

特記仕様書

仕上表

面道路の幅員と，どの位置に建物を配置するかを示す図面です。道路や隣地境界から建物の壁面までの距離，必要な場合は擁壁や浄化槽の位置も書き入れます。敷地，隣地，道路に高低差があるときにはその数値も明示します。この図によって，建ぺい率や隣地境界線からの距離などがチェックされます。

### 【特記仕様書】

設計図では表しにくい詳細な内容が書かれます。たとえば，使用する材料の種類，性能などの品質のほか，施工にあたっての注意事項などが明記されます。特記仕様書が不足していると正確な見積りはできません。

### 【仕上表】

内外の各部分の仕上材料を箇所別に表に示したものです。外部では，屋根，軒裏，樋，外壁，開口部，基礎，根回り，テラスなどの項目別に記され，室内では各室ごとに床，幅木，腰壁，壁，回り縁，天井に分けてそれぞれの下地および仕上げが記入されます。

平面図

面積表

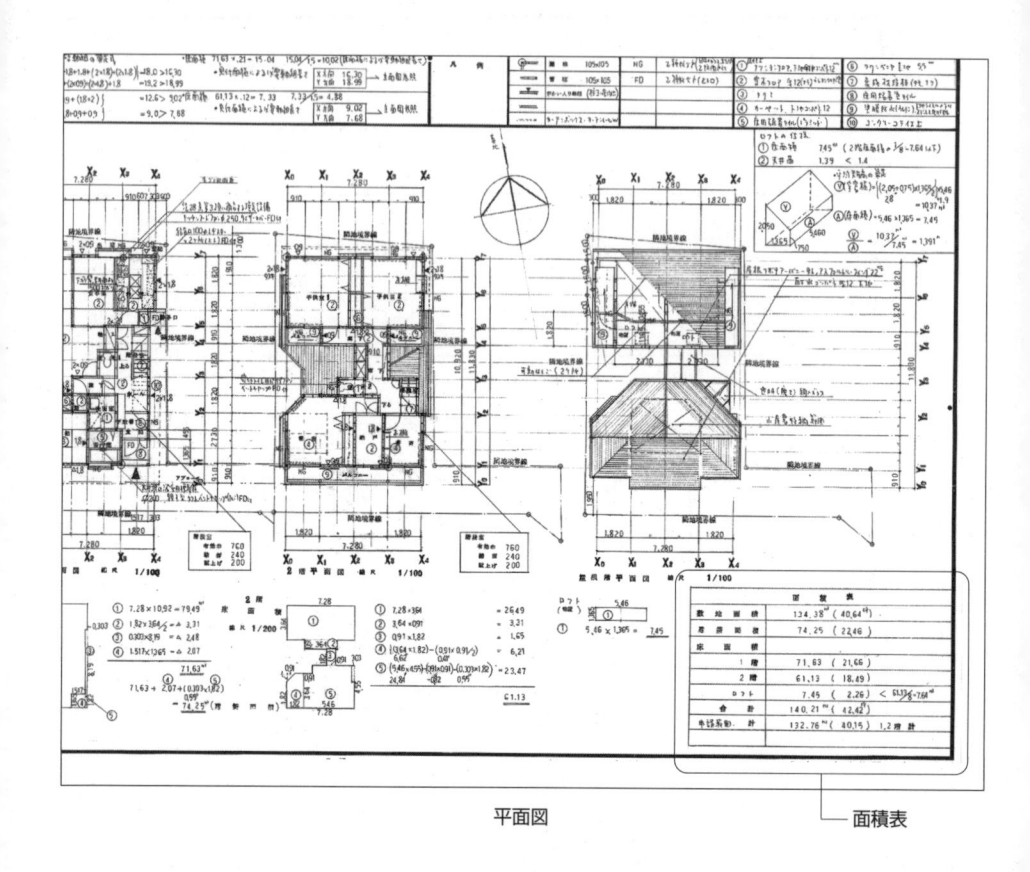

## 【平面図　1/100～1/50】

　一般にいう間取り図で，建物の基本的な図面の一つです。各室の用途や広さ，壁と開口部，筋かいなどのある軸組（耐震壁），室相互の関係など，その建物の成り立つ基本が表示される図面です。建物の立体や空間，構造や開口部のとり方などのイメージは，この平面図をもとに固められていきます。

## 【屋根伏図　1/100～1/50】

　家を空から見おろした屋根の形を平面化した図面です。単純な形の場合は略すことがありますが，屋根の形が複雑であったり，数種の材料が使われるときや，他の図面での説明では不十分なときに描かれます。

## 【立面図　1/100～1/50】

　建物の外観図です。外壁材の種類と取り合い，開口部の位置と大きさ，屋根・ひさしの形状，バルコニーの形状といった外観上の要素が記入されます。外観デザインを決める非常に重要な図面です。建物の高さなどに関す

## 2 設計図書の内容

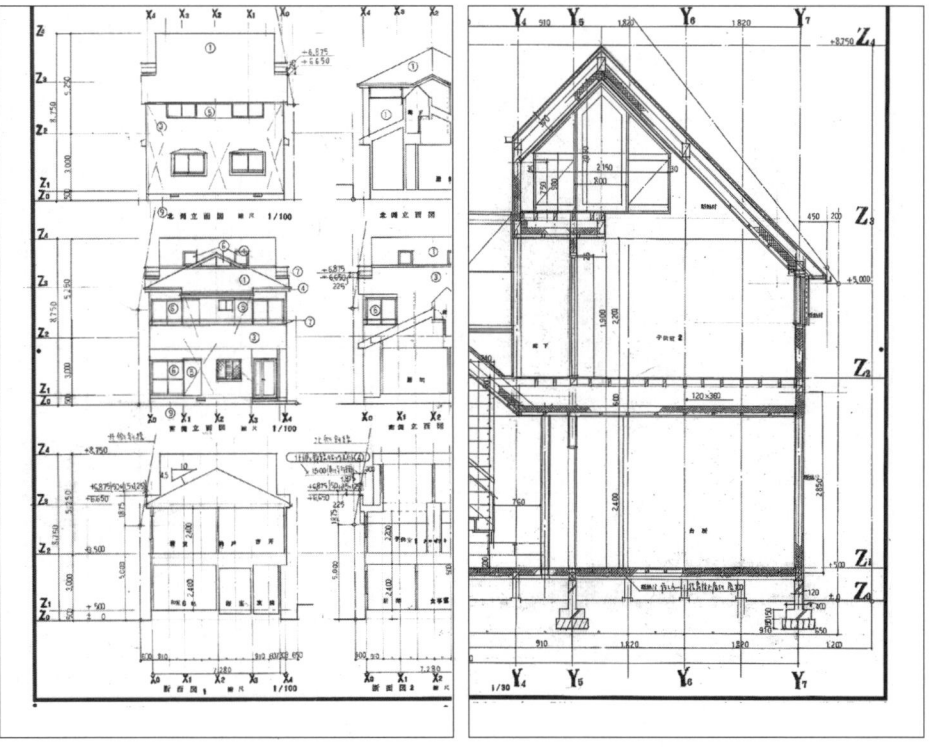

立面図／断面図

矩計図

る法的なチェックにも関係します。
　確認申請に提出する立面図は2面以上でよいことになっていますが，施工するためには4面とも必要です。
【断面図　1/100～1/50】
　垂直方向の断面を表します。床，天井の高さ，階の高さ，屋根勾配やひさし，軒の出，開口部の高さ，地盤面からの建物各部までの高さなどを示す図面です。
【矩計詳細図　1/20～1/30】

　軒先を含む代表的な外壁部分を切断した垂直断面の詳細図です。
　平面図が部屋の構成を示す図面とすれば，矩計図はその建物の構造，各部の高さの諸関係，構造材と下地材，仕上材の断面的な関係や，壁の内部や床下，小屋組の詳細などが記入されます。地盤と基礎の構造，土台の材質，アンカーボルト，床下換気孔，壁の下地および仕上げ，開口部の納まりの詳細，屋根，軒の出や樋の納まり，梁や根太，さらに天井，

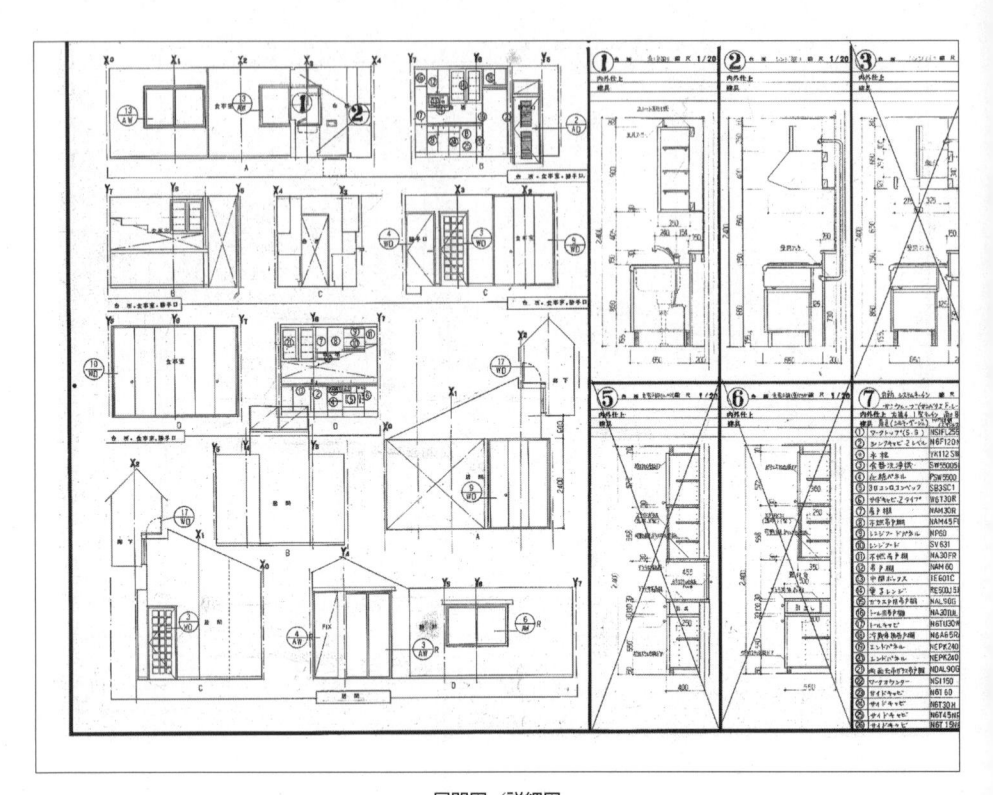

展開図／詳細図

壁などの断熱材を表示するものです。
【天井伏図　1/100〜1/50】
　天井を表した平面図です。天井の仕上材料やさがり天井など高低差をはじめ、吹抜けやトップライトの位置、ボード類が張られる場合はその割付け方法、あるいは照明器具などの設備機器の配置などが記されます。
【展開図　1/50】
　部屋ごとに、壁面を一面ずつ内部から見た図です。天井の高さ、開口部のとり方、床や天井の高低差、仕上材料の種別、造作や家具、ドアの形や位置などが描かれます。必要に応じて設備の機器の位置や大きさも記されます。
【建具表　1/50】
　内外の建具、ドア、窓、ふすま、障子、雨戸、網戸といったもののすべてをリストアップし、キープランという図面に記号を付して位置がわかるようにしたうえで表に示した図面です。

## 2 設計図書の内容

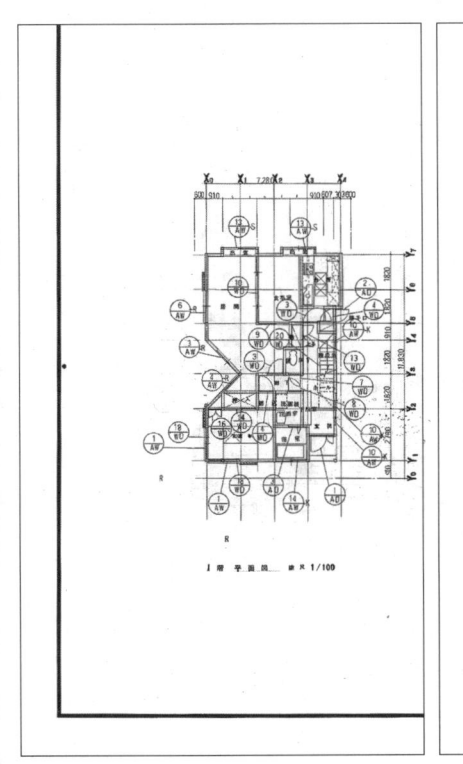

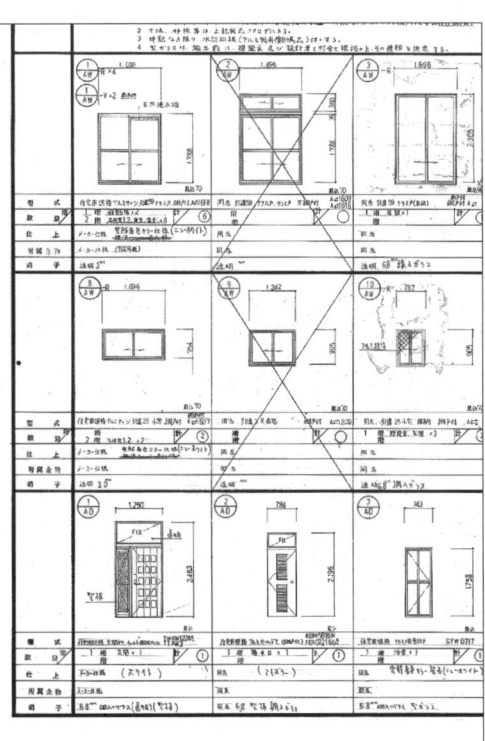

建具キープラン

建具表

　建具の大きさ，使用箇所，個数，材料と仕上げ，ガラスの種類や厚さ，開き勝手をはじめ，建具金物などが必要に応じて姿図（すがたず）とともに記入されます。

### 【家具リスト】
　家具等の詳細を指示する仕様書です。正確には「造作工事」といい，大工と建具屋によって現場で造作されるものと，工場であらかじめ製作されてから搬入，取付けがなされる家具工事とがあり，これらの区別を平面図，展開図に記号を付すなどして明確にわかるようにしたうえで，必要に応じて姿図とともに仕様が記入されたものです。

### 【各部詳細図　1/30〜1/1】
　意図する空間を構成するために，また性能を確保するために必要な各部の納まりを表現するための図面です。また設備との取り合いや階段，開口部の納まりなども描かれます。詳細図には，平面詳細図，断面詳細図，部分詳細図などがあります。

173

## 造園・外構図

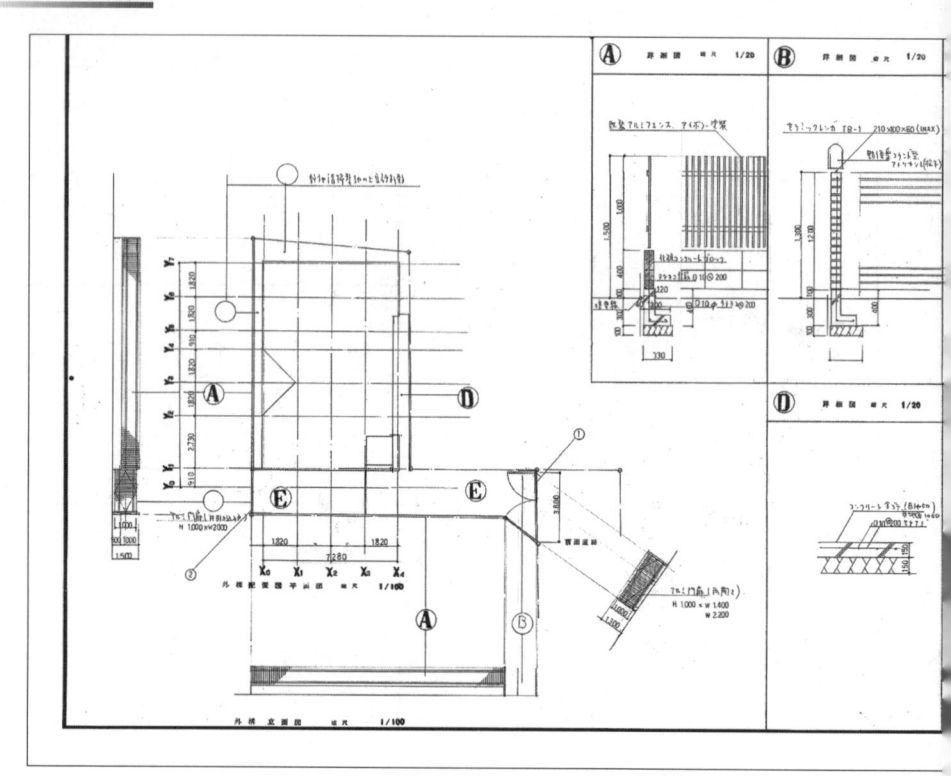

外構図

## 造園・外構図

**【造園・外構図　1/100〜1/20】**

　道路から玄関までのアプローチや門，塀，物置，車庫，テラス，外灯，庭園灯，表札，ドアフォン，郵便受けといった建物の付属物の配置のほか，造園植樹なども表されます。

　また，水栓，排水桝，ガスメーター，電気メーター，エアコンの屋外機，ボイラー，電気温水器など，建物の外観やアプローチに大きく影響するものもあるので，十分な検討が必要です。そのほかに，既存擁壁，周囲との高低差の配慮なども表現します。

　植栽を含む造園工事が別途工事の場合も，設計監理者の外構イメージと造園業者のイメージが大きく異なることがありますので，建物に合った外構・造園工事を行うには，建築家などのもとでの協力関係が必要です。

# 2 設計図書の内容

## 構造図

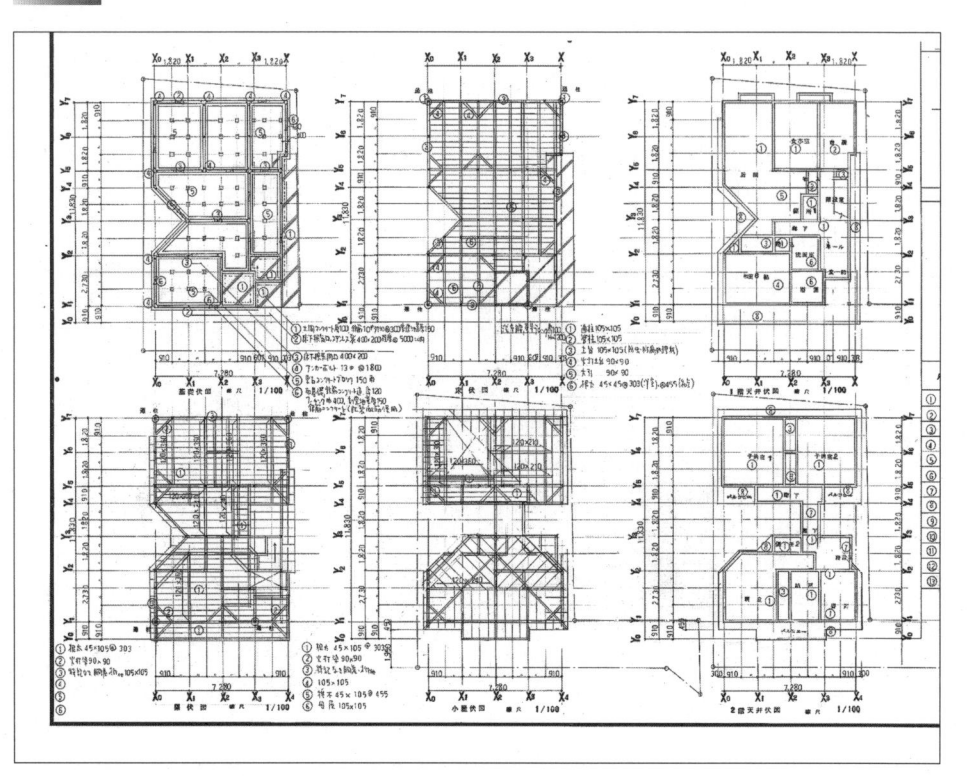

基礎伏図／床伏図／小屋伏図

## 構造図

　本書では，木造軸組工法を前提として図面の構成を説明します。枠組壁工法の場合は表現が異なりますが，ここでは省略します。

**【基礎伏図・基礎詳細図　1/100～1/10】**

　基礎の幅，地盤面よりの立ち上がり高さ，地中に埋設する深さ，割栗石の厚さ，基礎底面の幅，鉄筋のサイズと入れ方，基礎と土台を緊結するためのアンカーボルトの種類や間隔，床下換気孔の大きさと数，つか石，土間コンクリート，ベタ基礎と配筋などが図示されます。

**【各階床伏図　1/100～1/50】**

　各階の床の構造部材の大きさや材種，数量を平面的に示した図面です。土台，大引，束，根太，桁，柱，通し柱，梁，火打ち土台や火打ち梁，構造金物の種類と位置が図示されます。

**【小屋伏図　1/100～1/50】**

　屋根を支える部分の構造と部材を平面的に示した図面です。小屋梁とけた，棟木，母屋，

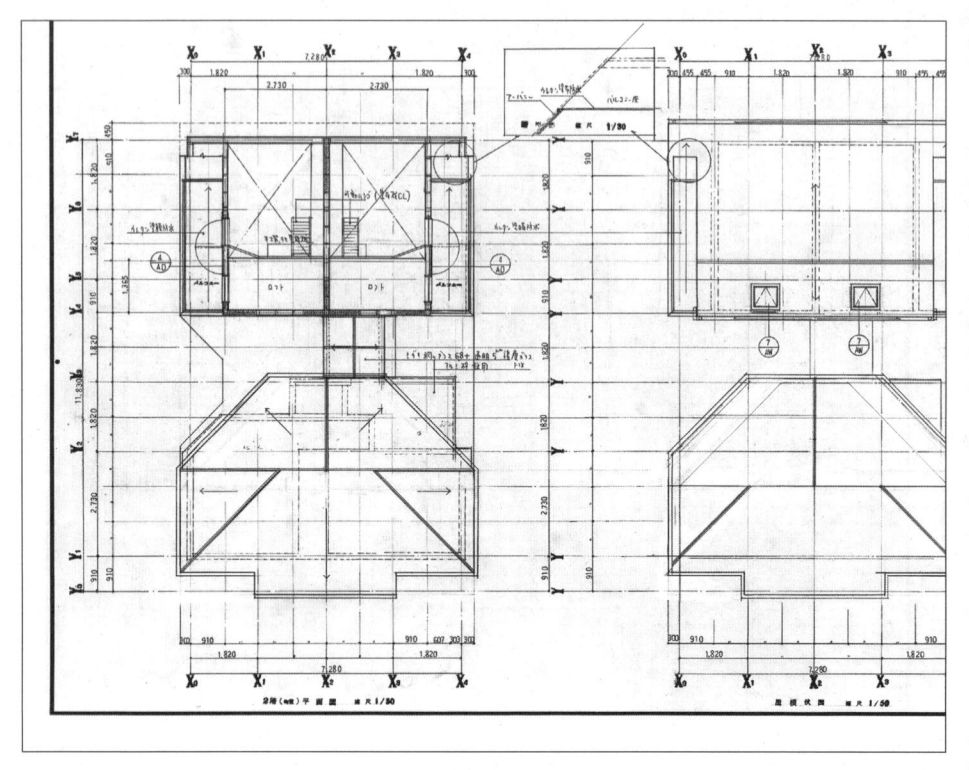

屋根伏図

つか，たる木，火打ち梁，および材種，部材のサイズ，構造金物の種類と位置が記されます。

**【軸組図　1/100〜1/50】**
　垂直面の構造のあり方を示す図を軸組図と呼んでいます。土台，柱，間柱，梁，けた，筋かい，構造用合板の割付け，構造金物の種類と位置などを表現します。

# 2 設計図書の内容

## 設 備 図

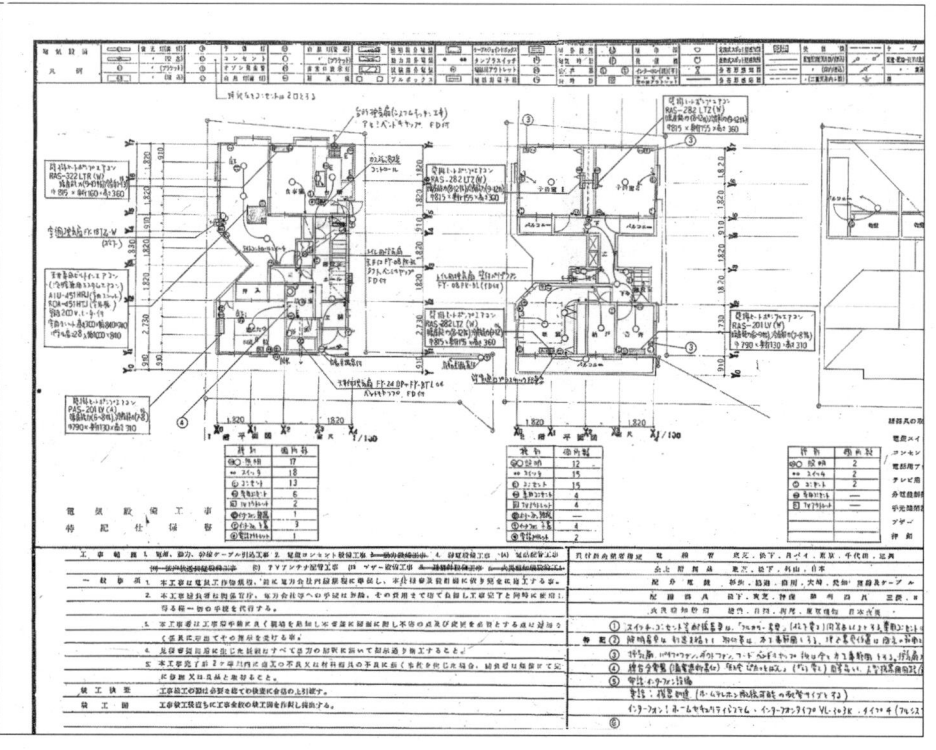

電気設備図

## 設備図

### 【電気設備図　1/100〜1/50】

電気に関する事項を配置図や平面図上に表示した図面です。電力幹線に関しては道路からの引込み方法から、メーターの位置、分電盤、各室の電灯、コンセント、照明器具の位置とそれぞれのスイッチ、換気扇や空調機の電源、深夜電力温水器などが配置され、それぞれに至る配管や容量などが書かれています。また、照明器具の形状、電球の種類と明るさ、メーカー、必要箇数が記されます。

弱電に関しては、電話、ケーブルTVの引込み位置や、インターフォン、ドアフォン、テレビアンテナのための配管配線と系路が図示されます。最近では、セキュリティやIT関連の配線や配管も表示されます。

### 【機械設備図　1/100〜1/50】

給排水、衛生、ガス設備と空調換気設備などが含まれ、配置図や平面図の上に配管の系路や管の材種、太さなどが記されます。

給水関係では、道路の本管からの分岐、引

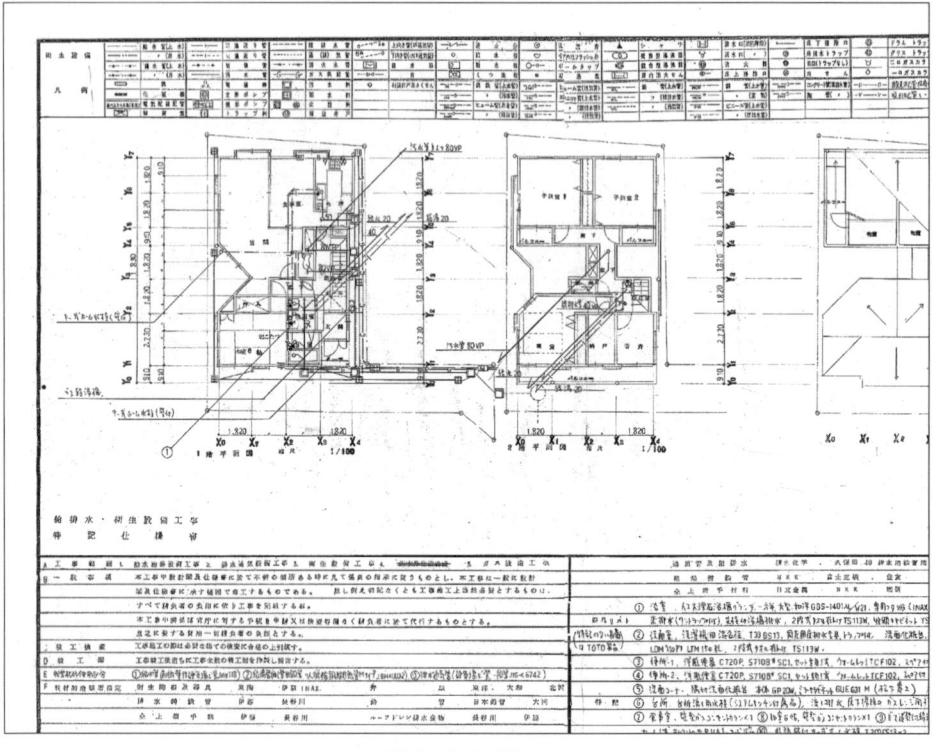

給排水・衛生設備図図

込み位置と管の径, 量水器と主止水栓の位置, 給水を必要とする箇所への配管の系路, 水栓類の形や種類, また庭や玄関前の撒水栓, ガレージの水栓などです。

排水関係では, 便所の汚水や雑排水の系統について各機器からの排水系路, その材質, 管の太さ, マンホールの位置, 点検口や掃除口, 防臭上の配慮などが図示されます。

衛生工事関係では洗面器, 便器, 浴槽, それに付属する水栓の種類や機種などが記されます。

暖冷房関係ではボイラーや電源, 暖冷房の機種, 内外の機械の位置, それぞれを結ぶ配管, 各機種の暖冷房能力などが記入されます。

換気設備は, 台所, 浴室, 洗面, 便所の排気, その他家屋全体の給排気, また床下や天井裏換気など必要に応じて記載されます。

## 2 設計図書の内容

## 3 現場管理と工事監理

工事期間中の建物は，まだ施工者の責任下にあります。建築主といえども，施工者の了解なしに勝手に現場に立ち入ることは許されません。また，職人に直接あれこれ注文するのも避けてください。混乱の原因になります。やりとりは，窓口を決めてすること，これが工事が始まってからの鉄則です。

## 工事の流れ

**○○邸 新築工事　工程表**

| 工事内容 | 1カ月目 | 2カ月目 | 3カ月目 | 4カ月目 | 5カ月目 |
|---|---|---|---|---|---|
| 仮設等 | 着工　やり方，根切り，型枠，鉄筋基礎コンクリート打ち | | | 足場解体 | 検査　竣工　ダメ工事 |
| コンクリート工事　左官 | | 養生，埋戻し | 土間コンクリート，モルタル | しっくい　モルタル　タイル | |
| 内外壁工事　塗装 | | | 屋根　外壁材貼り | タイル左官　外壁吹付け　下地 | 各部塗装　経師　じゅうたん　塩ビシート |
| 木工事 | 軸組，工場加工　土台 | 母屋　野地　根太　周柱　筋かい　発注　外壁下地 | 外部木枠　内部木枠　天井下地 | 内壁材取付け　階段取付け　天井貼り | |
| 金属建具工事　ガラス | | | サッシ図面作成　サッシ組立て　サッシ取付け　ガラス | | |
| 金属・雑工事 | | | 金属手すり加工　金物取付け | コーキング　採寸　タタミ製作 | 敷込み |
| 木製建具工事　家具 | | | 家具　図面作成 | 木製家具製作　家具製作 | 建込み |
| 電気設備工事 | | | | | 引込み　器具取付け |
| 給排水設備工事　冷暖房設備 | スリーブ入り　土間下配管 | | 配管，配線　配管工事 | | 試運転　器具取付け |
| 外構工事 | | | | | |

## 工事の仕組み

**【現場管理】**

工事現場では，さまざまな分野の職人や技術者が段取りにしたがって協力しながら進めていきます。この手順を「工程」といい，施工会社の現場管理者は着工に先立ち，設計図の内容を検討しながら工程表をつくります。これは意外に難しいことで，経験と力量が表れます。工程表を見れば，各工事の順序・期間などがわかり，工事代金の支払い時期の目安もつきます。また，工程表は天候などの状況によって，適時手直しされます。

現場は，過去には大工が統率してきましたが，今では施工技術が複雑かつ多岐にわたっているので，工務店の社員である現場の責任者（現場監督）がその役割を担います。職人の手配など工程管理や資材の発注，支払いなど現場の運営に関する業務を行います。施工の品質をチェックするのも重要な仕事です。「1級，2級建築士」「木造建築士」または「1級，2級建築施工管理技士」の有資格者

## 3 現場管理と工事監理

## 工事監理の業務

### 建築主のために工事監理者が行う工事監理の要点

#### 着工前後
① 設計意図の把握
② 現地の調査・確認
③ 図書・資料の常備
④ 施工計画の確認
⑤ 工事費内訳書の確認
⑥ 業務連絡要領の決定

#### 工事中
① 施工計画の検討
② 施工図の検討・承認
③ 施工の確認
④ 検査・立会い
⑤ 建築主への報告
⑥ 工事費中間支払事務
⑦ 打合せ・調整
⑧ 変更・不測事態への対処

#### 工事完了時
① 施工者の検査確認
② 官公署・公益事業者の検査の立会い
③ 監理者の最終検査
④ 竣工検査の立会い
⑤ 引き渡し立会い
⑥ 工事完了に伴う支払事務
⑦ 業務完了報告書
⑧ 建物管理への引継ぎ

**建築主事または指定確認検査機関による中間検査**
特定行政庁（管轄の役所）は、必要に応じて、一定の構造、用途、規模等の建築物について、どの段階で中間検査を受けるか（特定行程）を指定することができ、指定された建築物は建築主事または指定確認検査機関の中間検査を受けなければ工事を続行できません。
これが指定されている場合、中間検査を実施した規定については、検査が省略されます。なお、各行政庁に対象となる特定工程が異なるので、それぞれ問合せが必要です。

であることが望まれます。

【工事監理】
　工事監理とは、「その者の責任において、工事を設計図書と照合し、それが設計図書のとおりに実施されているかいないかを確認することをいう」と建築士法で定められています。
　建築家が設計監理をしている場合は、「工事監理者」である建築家あるいはそのスタッフが工事監理業務を行います。施工会社に設計施工一括で頼んでいる場合でも、「工事監理者」を必要とする規模の工事では、建築確認申請書の「工事監理者」欄に記名されている人がその業務を行うことになります。
　また、工事監理者は工事監理を終了したときは、建築主に対し書面（工事監理報告書）で報告するように義務付けられています。
　実態のない、書類上の名義だけの「工事監理者」が見うけられますが、それは違法行為です。

## 家づくりのプロセス(在来軸組工法の場合)

### 1 縄張り

**縄張り**
配置図に基づいて敷地に杭を打ち込んで縄(テープ)を張り、建物の位置を決めること。

### 2 やり方・根切り

**やり方**
正確な建物の壁の位置や地盤面からの各部の高さを決めるため、図面の指示にしたがって水貫に印を付けること。

**根切り**
基礎をつくる部分の土を掘ること。

## 工事の内容

**【着工から竣工まで】**

工事はあらかじめ計画された工程表にしたがって進められます。しかし、現場管理者が施工の手順をうまくコントロールできないと工事の手戻りが多くなり、施工ミスも発生しがちになります。木工事が終わっていない段階で左官工事に入ったり、屋根工事の施工中に外壁工事が始まってしまったりというケースです。このようなことは欠陥の原因をつくるようなものです。

現場管理者は、工事の進み方を慎重に見きわめながら、次以降の工事の準備(設計図の検討、設計者との打合せ、資材の発注)、職人の手配などを進めていきます。

工務店の良し悪しは、会社の規模でははかれません。職人や優良な協力会社と質の高い建築技術者を擁しているかどうかにかかっているといっても過言ではありません。

いずれにしても、適正な工事期間をとらなければ品質の確保はできません。

## 3 現場管理と工事監理

### ③ 基礎工事

**基礎工事**
基礎の下に割栗石を敷きつめてから突き固め、型枠を組み立てて鉄筋を入れていく。さらにコンクリートを流し込み、必要な養生期間をおいた後、型枠をはずす。

### ④ 軸組木工事

**軸組木工事**
基礎工事の間、加工場で骨組の材料を加工。土台を現場に持ち込みアンカーボルトで留め付け、その上に柱・梁を組み立てていく。

【工事中の設計変更】

どのような契約形態であれ、工事内容については設計図書と見積書できちんと決めておくことが原則です。しかし工事が始まってから、気づかなかった点が出てきて変更したくなることもあるかもしれません。

軽微な変更ならば、工事の進み具合によっては、問題なく調整できることもありますが、程度によっては工事の進行に重大な影響を及ぼし、物理的な不具合の原因になったり、思わぬ追加費用を必要としますので、工事監理者を通して施工者と十分に検討してから決断すべきです。

工事途中でやむを得ず変更や追加・中止工事をする場合は、必ずその時点で工事費の増減変更見積書を提出してもらい、金額の確認をしておきましょう。また、設計変更をともなう場合は、設計監理報酬の追加が発生することもありますので、この点にも十分な協議が必要です。

## 5 屋根工事

**屋根工事**
- 野地板を施工する。その上にルーフィング（防水紙）を張り付ける。ここまでは，骨組が風雨にさらされるのを防ぐ必要がある。
- 屋根を葺く。

**枠取付け**
- 屋根工事と並行して，敷居，鴨居，無目など，枠の取付け工事にかかる。
- 頻繁に使われる建具に直接からみ，最も精度を要求される仕事である。

## 6 建具工事・ガラス工事

**建具工事・ガラス工事**
- 建具には，金属製（アルミサッシ，スチール雨戸など）と木製（合板の扉，ふすま，障子など）がある。
- 遮音性，断熱性，防火性を考慮した選択が重要である。

工事中の変更は，後で工事の品質低下や金銭問題に発展しかねませんので，そのつど確認する姿勢を忘れないでください。

## 7 床板張り，壁張り，天井下地，設備工事

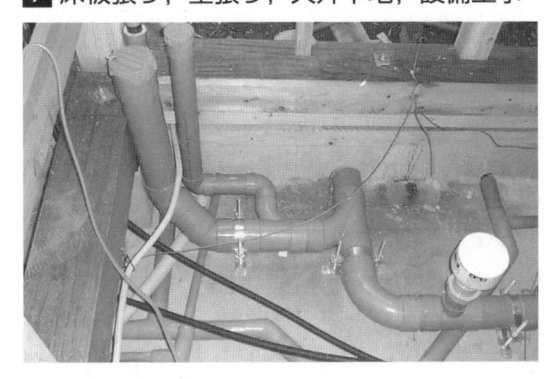

**床板張り，壁張り，天井下地**
床板は特殊な場合を除き，じゅうたん，ビニルシート，畳のいずれにも下地材を張り，その上に敷き込む。最近では，その下地材として，耐水合板を用いるのがほとんどである。

**設備工事**
枠材が取り付いたところで間柱を入れ，壁の下地がつくられる。そこに給排水，冷暖房の配管，電気の配線，コンセントやスイッチボックスなどが取り付けられている。

## 8 仕上工事

**仕上工事**
- 仕上材を傷つけたり汚したりしないよう，表面の保護を行う（養生）。
- 仕上材は，汚れにくさ，暖かさ，耐水性，日に焼けないこと，清掃のしやすさなどを考慮して決定する。色や柄はその後に決めるが，その際はできるだけ大きいサイズの見本で確認する。
- 特に乾燥が必要な仕上材は，剥離や亀裂を起こさないよう，下地も含めて十分な乾燥時間をとってもらう。

## 竣工

**【竣工検査と駄目工事】**
　工事が完了したら，竣工検査を行います。工事監理者が設計図書通りにできているか，また発注者に対して引き渡し可能であるかをひとつずつチェックしてくれますが，建築主としても気が付いた部分についてはダメを出します。遠慮はいりません。
　このときの指摘事項については書面にし，あとで確認できるようにしてください。
　機器類の使い方を施工者に説明させ，自分で使ってみることも肝要です。水やガスや電気類も使える状態かどうかを確認します。使用機器の保証書も忘れずに受け取ります。
　駄目工事の完了を確認してから引き渡しを受けます。

**【竣工検査と検査済証】**
　竣工検査とは，設計図書の通り工事が行われたかを建築主の立場で検査するものです。工事監理者が定められている場合は，工事監理者も立ち会います。建築主の検査のほか

# 竣工

## 1 引き渡し竣工検査

竣工引き渡し検査とは，確認検査機関の完了検査後に，施工者の社内検査と設計監理者の検査を経て，主として目に見える部分，仕上がりの状態について行われることになります。検査の際は，建築主，設計者，施工者の3者で確認することが重要です。

建築士　　設計者　　施工者

検査にあたっては，可動部分は残らず動かしてみること，また必ず電気設備，給排水・衛生設備，空調換気設備の器具の試運転をする必要があります。そのうえで検査項目ごとにチェックをします。

駄目工事がある場合，工事別，部屋別に細かく拾って文書にしたうえで，入居までに完全に補修してもらうことが引き渡しの前提になります。

次に，検査の項目をあげますので，竣工時をチェックする際の参考にしてください。

### 検査項目

| ①外部 | ④内部電気設備 | ⑦外部設備 |
|---|---|---|
| 屋根，樋，軒回り，外壁，目地，窓枠，ひさし，塗装，雨仕舞，基礎，床下換気口 | 照明器具，スイッチ，コンセントなど指定器具の型番，取付け位置，点滅，機器の通電状況 | 外部電灯，インターホン，外部水栓，排水，樋回り排水，給水管・ガス管の本管との接続位置および計器，電気電話の引込みの状態と計器，テレビアンテナ，雑排水，汚水の配管，マンホールと本管との接続位置 |
| ②内部 | ⑤内部給排水・衛生，ガス設備 | |
| 床，幅木，壁，回り縁，天井，造作，家具，棚，金物，出隅，入隅，枠回り，目地，塗装，仕上り程度 | 指定器具の型番，取付け位置，水栓・ガス栓の作動と漏れの有無，排水状態 | |
| ③可動部分（主として建具回り） | ⑥外構工事 | ⑧冷暖房設備 |
| 出入り口扉，外回り窓，障子，襖，内部扉，造作，家具の建具，建具金物，錠前，塗装，仕上り具合，変形 | 門，門扉，塀，ポスト，アプローチ，ポーチ，車庫，物置，物干し，造園，その他屋外施設，地盤高さ，水はけ，擁壁の状態 | 試運転による確認 |
| | | これらの多くの部分は，設計監理者がいる場合は，通常の工事監理中にも行われます。 |

に，建築確認を受けた特定行政庁等（建築主事あるいは確認検査員）の完了検査もあります。

工事が竣工する数日前に，施工者が「工事完了届」を提出すると，1週間以内に特定行政庁等の担当者が現場に来て，建築基準法に関する検査を行います。その日は確認申請の副本（確認済証）一式を用意します。検査の結果，不備があれば手直しを要求されることもありますので，検査に立ち会うことをおすすめします。

検査の結果による指摘事項は，状況によっては再検査が必要になる場合もあります。検査に合格すると，法規を満足している建物であるという証しとして後日「検査済証」が交付されます。確認済証と一緒に大切に保管してください。

【完成建物の引き渡しと最終金の支払い】

建築主による竣工検査の際に指摘した未完成部分と手直し部分がすべて完了したことが

## 3 現場管理と工事監理

### 2 竣工引き渡し書類

- 引き渡し書
- 確認済証（申請図書を含む）・中間検査合格証
- 検査済証
- 品確法に基づく性能評価の建設性能評価書
  （性能評価を受けた場合）
- 鍵引き渡し書（鍵リスト）
- 協力施工者一覧表
- 機器の取扱説明書，カタログ，保証書など
  （その他，完成写真，竣工図など）

**完了検査**
建築主は，建築物の新築，増築大規模の修繕，模様替えをするにあたって，一定の構造，用途，規模，階数等の建築物について確認申請が必要ですが，これに該当する建築物が完成したときには，行政庁の建築主事は，建築物およびその敷地が関連法規に適合しているかを検査し，適合している場合は検査済証を交付しなければなりません。
中間検査を受けた場合も同様です。これがあれば，一定の法律上の手続きは済んでいることになり，一安心です。

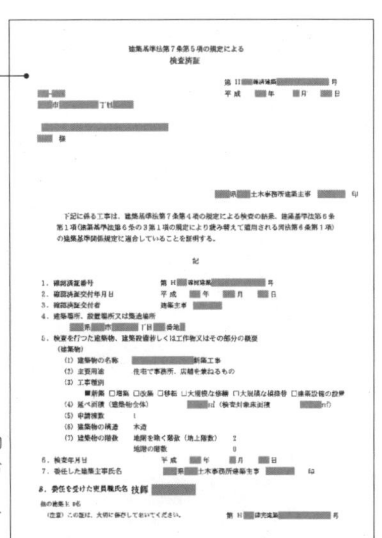

---

**●設計変更と竣工図**

　工事契約書または建築確認通知書に添付されている設計図書は，どちらも同一の一般図であるはずです。この一般図は設計変更届がなされない限り通常，竣工した建物とは違ってはいません。設計図のうち一般図以外の詳細図や，電気・給排水設計図（配線・配管図も含む）は，工事中，施工技術または建築主の要望で些少の変更はあるものです。特に配線・配管関係は，元からの引込みや建築工事などとの取り合いで系統や機器の変更が生じるものです。

　したがって，引き渡しなど，完成されたあなたの住居の状態に正確に修正した設計図，すなわち「竣工図」を工事監理者から受けてください。住んでから家の点検や改装，改築などの折，実態に合った設計図でなければ役に立たないうえ，トラブルの元に成りかねません。

---

確認できたら，完成建物の引き渡しを受け，最終金を支払うことになります。

　当日は「建物引き渡し書」等の書類一式とともに，鍵も添えられて渡されます。これをもって建物が施工者から建築主に移ることになります。その「引き渡し」と引替えに「最終金の支払い」をします。

　上記の「竣工引き渡し書類」の竣工図とは，工事中に変更した部分が訂正された最終の平面図等をいいます。給排水の配管や電気の配線図など，役所や電力会社への申請に使用した図面とともに必ずもらってください。将来修繕やリフォームをするようなときに必要になります。

　なお，引き渡しを受ける前に引越しすることはトラブルの原因になります。

# 儀　式

### 起工式（地鎮祭）

建設予定地の文字通り「地を鎮める」意味をもち，今後の工事の無事を祈ること。ここで「くわ入れ」を行うが，着工式を兼ねていることがほとんどである。
一般に神式で行われているが，自身の宗教によって仏式やキリスト教式でやってもかまわず，無宗教の場合には行わない人もいる。

### 上棟式

「建て前」や「棟上げ」ともいい，家の形が建ち上がり，大工さんとしては大仕事のひとつが完了したこともあり，意義深い式である。
工事にかかわる関係者が一堂に会するめったにない機会のため，事務的に片付けず丹念に付き合うことが大事であり，それが良い建築に結びつく。

上棟式は，地鎮祭のときのように神主さんをよぶ場合もありますが，住宅の場合は，鳶，大工を中心に儀式としてのお清めを行います。最近は，車で来る職人も多く，形ばかりの乾杯と料理のおり，祝儀を土産にさっさと引き上げることも多いと聞きます。建築主や設計者，工事者，職人が一堂に会する機会はあまりなく，ひとつの建物を完成させる労苦や喜びを分かち合う，またとないよいチャンスなのです。建築主にとっては職人さんの，職人さんにとっては建築主の気心を知ることができるよい機会になることと思います。

## 工事に関する儀式

建築工事の儀式の主たるものに"地鎮祭""上棟式""竣工式"の3つがあります。

地鎮祭は建設予定地の文字通り地を鎮める意味を持ち，今後の工事の無事を祈ります。ここでくわ入れを行い，起工式を兼ねることがほとんどです。そのとき備えたお神酒をいただくなおらいを地鎮祭終了後に行います。

上棟式は，"建て前"ともいいます。住まいのかたちが建ち上がって工程の前段階が完了した時点で行う儀式で，それまでの大工さんの労をねぎらうと同時に，今後始まる工事の各職人さんたちに頑張ってもらうため，建築主が催す住まいづくりの最大のイベントといってよいと思います。

竣工式は，正式にはあまり行われないことが多いのですが，なかには，引き渡し後に建築主がパーティー形式で行う場合もあります。

昨今，これらの行事を省略する傾向がありますが，職人さんたちの労をねぎらう気持は忘れないようにしたいものです。

# PART IV 完成, その後

1 住まいの維持管理

2 住まいの更新

# 1 住まいの維持管理

住まいをより安全・快適に長持ちさせるために，メンテナンスの工夫を家族で考えておきましょう。また，時間の経過ともに，好みも変わってきて，多少ともリフォームを考えたくなりますし，家族構成に変化が生じてくれば，増改築も考えなくてはならなくなります。

## 建物の劣化

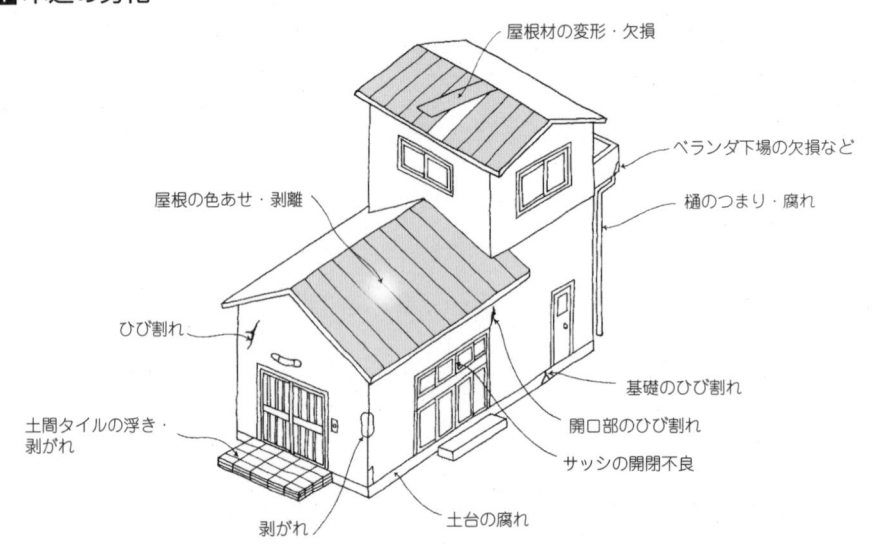

### 1 木造の劣化

- 屋根材の変形・欠損
- ベランダ下場の欠損など
- 屋根の色あせ・剥離
- 樋のつまり・腐れ
- ひび割れ
- 基礎のひび割れ
- 開口部のひび割れ
- サッシの開閉不良
- 土間タイルの浮き・剥がれ
- 剥がれ
- 土台の腐れ

### 老化は竣工時から

人に個人差があるように，住まいも一律ではありません。設計・仕様・構造・工法・使用材料・使用部位・納まり・環境などの相違によって老化現象も異なってきます。

建築の耐用年数に関しては，専門家による研究は少なく，税法上で決められた減価償却の耐用年数が使われています。

先進5カ国の住宅の更新年数は，イギリス141年，アメリカ103年，フランス86年，ドイツ79年，日本30年（1995年資料）となっています。これは，各国の住宅ストック数を毎年建設数で除した数値です。耐久性の質が問題となりますが，実際は保守管理の加減でも耐用年数に差があらわれてきます。

更新年数が小さいことはとりも直さず，スクラップアンドビルドの繰り返しとなり，地球の環境破壊につながります。住宅生産数を1/5以下に軽減し，現在既存の住宅への十分なメンテナンスを考慮するべきでしょう。

## 1 住まいの維持管理

### 2 コンクリート構造の劣化

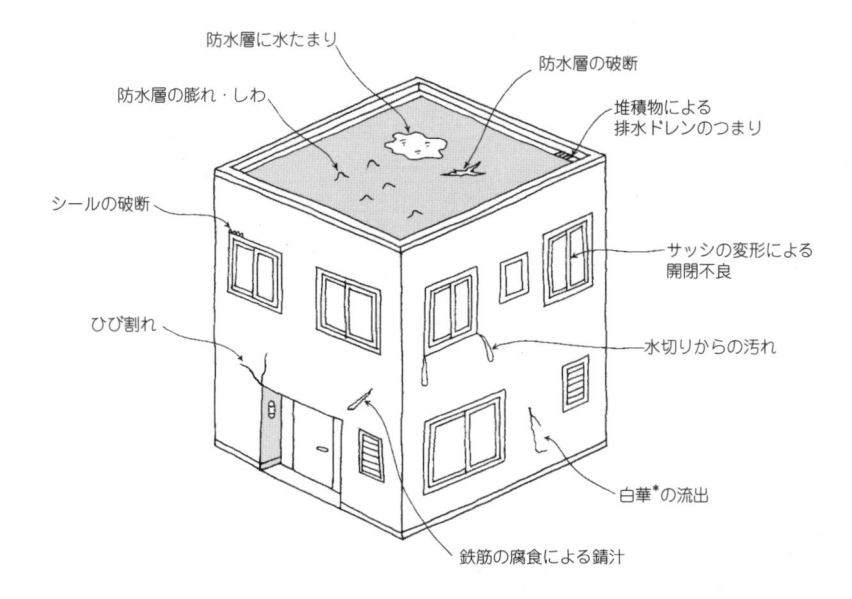

（図中ラベル）
- 防水層に水たまり
- 防水層の膨れ・しわ
- 防水層の破断
- 堆積物による排水ドレンのつまり
- シールの破断
- サッシの変形による開閉不良
- ひび割れ
- 水切りからの汚れ
- 白華*の流出
- 鉄筋の腐食による錆汁

＊白華とは，コンクリート，レンガ，天然石などの表面やモルタル目地などに生じる白色の結晶物のことで，「エフロレッセンス」ともいいます。内在する水酸化カルシウムが材料中の水に溶け出して，不溶解性の炭酸カルシウムに変化したもので，雨や湿気・結露の浸入によっても発生します。

## 日常の維持管理

### 【木造】

同じ木造でも奈良の法隆寺などは1000年以上の寿命を保っています。住宅でも，昔の農家などは建築から100年以上たっているのをしばしば見聞きします。それらの建物は軒やひさしを深くして雨風を防ぎ，空気の流通をよくして木材の腐れなどを防いで十分な補修をしています。さらに柱・梁などの構造材の断面積が大きいことにもよるものです。木材はつねに呼吸をしているので，それを不十分にする使われ方をすれば，結露水分による木材の腐朽菌やシロアリの発生を促します。

### 【鉄骨造】

鉄骨造は大きく分けて重量鉄骨と軽量鉄骨に分けられます。重量と軽量の違いは部材の厚みと形状との違いと理解してよいでしょう。重量は厚さ最低5mm，軽量は2.3mmや3.2mmのものです。観念的に，鉄骨は強くて丈夫と思われています。

欠点として火事に弱く水分によってさびが

# 住まいの点検項目とその時期

## わが家の定期点検

標準的な点検・補修の目安（□欄に、ご自分の住宅に該当する部分を塗りつぶしてください）

| | 点検部位 | 主な点検項目 | 点検時期の目安 | 更新・取り替えの目安 |
|---|---|---|---|---|
| 外部仕上げ | ●屋根 | | | |
| | □瓦葺き | ずれ、割れ | 5〜6年ごと | 20〜30年くらいで全面葺き替えを検討 |
| | □彩色石綿葺き | 褪色、ずれ、割れ、鉄部の錆 | 4〜6年ごと | 15〜30年くらいで全面葺き替えを検討 |
| | □金属板葺き | 褪色、錆、浮き | 2〜3年ごと（3〜5年ごとに塗り替え） | 10〜15年くらいで全面葺き替えを検討 |
| | □雨どい（塩化ビニル製） | 詰まり、はずれ、ひび | 2〜3年ごと | 7〜8年くらいで全面替えを検討 |
| | ●外壁 | | | |
| | □モルタル壁 | 汚れ、褪色、亀裂、はくり | 2〜3年ごと（トップコート吹き替えは3〜4年ごと） | 15〜20年くらいで全面補修を検討（亀裂などの進行状況により相当幅がある） |
| | □サイディング壁（窯業系、ALC系） | 汚れ、褪色、シーリングの劣化 | 3〜4年ごと（トップコート吹き替えは3〜4年ごと） | 15〜20年くらいで全面補修を検討 |
| | □金属板、金属サイディング | 汚れ、錆、変形、緩み | 2〜3年ごと（3〜5年ごとに塗り替え） | 10〜15年くらいで全面補修を検討 |
| | □板張り壁 | 反り、腐れ、隙間、汚れ | 2〜3年ごと（3〜5年ごとに塗り替え） | 15〜20年くらいで全面補修を検討 |
| 構造躯体 | ●基礎 | | | |
| | □コンクリート布基礎 | 亀裂、不同沈下、換気不良 | 5〜6年ごと | 建て替えの際に更新 |
| | ●床組 | | | |
| | □土台 | 腐れ、虫食い | 4〜5年ごと（5〜10年で防腐・防蟻再処理） | 建て替えの際に更新（補修は適宜） |
| | □大引、床束、根太 | 腐れ、虫食い、きしみ、たわみ | 4〜5年ごと（5〜10年で防腐・防蟻再処理） | 20〜30年くらいで全面取り替えを検討 |
| | ●軸組、小屋組 | | | |
| | □柱、間柱、筋かい、胴差し | 腐れ、虫食い、傾斜・変形 | 10〜15年ごと | 建て替えの際に更新（補修は適宜） |

発生しやすく有効断面が減少することがあげられます。厨房・浴室など水を使う場所や、室内の暖房などで蒸発した湿気のために小屋組に使われている鉄骨部材にさびが発生するなどです。したがって、新築時にさびの発生が予想される部位や外部にさらされる部分には防錆塗料を施し、油性や合成樹脂のペイントを2回以上塗ることです。外部の鉄部は3年から5年に1度、さびを落とし、防錆塗料・ペイントの順で塗装を行います。

【鉄筋コンクリート造】

鉄筋コンクリート造は、鉄筋の引張力に強く酸化されやすい性質とコンクリートの圧縮力に優れ、アルカリ性の性質を生かして一体にした構造です。ですから火事にも自然環境にも強く丈夫です。たびたびの地震で専門家たちの研究・実験によって構造基準を厳しくしたにもかかわらず、阪神・淡路大震災では道路・埠頭・建築物の耐震性について、新たに大きな課題をわれわれに投げかけたのです。

# 1 住まいの維持管理

| | 点検部位 | 主な点検項目 | 点検時期の目安 | 更新・取り替えの目安 |
|---|---|---|---|---|
| 建具 | **●外部建具** | | | |
| | □玄関建具 | 建付不良, 腐食, 付属金物異常 | 2〜3年ごと（建付調整は随時） | 木製は15〜20年くらいで, アルミ製は20〜30年くらいで取り替えを検討 |
| | □アルミサッシ | 建付不良, 腐食 | 2〜3年ごと（建付調整は随時） | 20〜30年くらいで取り替えを検討 |
| | □雨戸・網戸 | 建付不良, 腐食 | 2〜3年ごと（建付調整は随時） | 木製は15〜20年くらいで, アルミ製は20〜30年くらいで取り替えを検討 |
| | □窓枠, 戸袋などの木部 | 腐れ, 雨漏り, コーキング不良 | 2〜3年ごと | 建具取り替えの際に全面補修を検討 |
| | **●内部建具** | | | |
| | □木製建具 | 建付不良, 取付金具の異常 | 2〜3年ごと（建付調整は随時） | 15〜20年くらいで取り替えを検討 |
| | □ふすま | 建付不良, 破損, 汚れ | 2〜3年ごとに貼り替え | 10〜15年くらいで取り替えを検討 |
| | □障子 | 建付不良, 破損, 汚れ | 1〜2年ごとに貼り替え | 15〜20年くらいで取り替えを検討 |
| 設備 | **●給水設備** | | | |
| | □給水管 | 水漏れ, 赤水 | 随時（水漏れは直ちに補修） | 15〜20年くらいで全面取り替えを検討 |
| | □水栓器具 | 水漏れ, パッキングの異常 | 随時（3〜5年でパッキング交換） | 給水管取り替えの際に更新 |
| | **●排水設備** | | | |
| | □排水管, トラップ | 水漏れ, 詰まり, 悪臭 | 随時（水漏れは直ちに補修） | 15〜20年くらいで全面取り替えを検討 |
| | □浄化槽 | 悪臭, 汚水流出 | 専門業者との維持管理契約による | 建て替えの際に更新 |
| | **●ガス設備** | | | |
| | □ガス管 | ガス漏れ, ゴム管の老化 | 随時（1〜3年でゴム管交換） | 15〜20年くらいで全面取り替えを検討 |
| | □給湯器 | 水漏れ, ガス漏れ, 器具の異常 | 随時（1〜3年でゴム管交換） | 5〜10年くらいで取り替えを検討 |

（「住宅金融公庫資料」参考）

　また，コンクリートの中性化現象がクローズアップされてきました。最近は世界的な酸性雨の影響も多く，コンクリートが中性化すると鉄がさびて膨張し，外皮のコンクリートを破壊してしまいます。

　鉄骨の工場生産と異なり現場の手作業ですので施工精度によって建物の格差が出てきて，耐久年数は30年から100年のひらきがでてきます。

　そのほか，外壁仕上げがモルタルやタイル貼りの場合，後年，乾燥収縮のために生じる亀裂（ひび），ここから雨水が内部に浸透します。下地に防水処理が必要です。タイル貼りの場合，構造体のいかんにかかわらず，タイル貼りのモルタルと下地との間に空隙ができると，そこに水が浸入，酸性雨はアルカリ性のモルタルとの化学反応で中性化します。白くよだれのように見える「エフロ現象」が生じ，タイルの剥離，落下をまねきます。事前点検を怠らないようにしてください。

# 2 住まいの更新

メンテナンスから増築まで，既存の建物に手を入れる場合は，事前の調査が重要です。このことは，工事金額や工事工程を決めるのに欠かせません。新築と同様，しっかりとした設計図と仕様書を整えることです。

実際に工事にかかってみると思わぬ障害が起きます。事前調査では見落としたりしたところや，特に給排水設備に問題が出てくることもあります。そのような場合，予算もオーバーして支払い時のトラブルにもなりかねません。さらに，手をつけた所とつけない所の相違が目立ち，その点の調整も肝要です。この辺の処理も，普段からのきめ細かいメンテナンスが影響してくるわけです。

なお，増改築の工事は，建築主が住んでいながら工事を行うのが普通です。家族の人や家財，既存部分の安全には，かかわる人々どうしで十分に話し合うことです。

## リフォーム

### 1 リフォーム工事の流れ

|  |  |
|---|---|
| リフォーム相談 | ①要望や条件を設計者（施工者）に正確に伝える |
| 現場調査 | ①既存建物の構造上の確認<br>②既存建物の電気・給排水の確認 |
| プランの作成（設計） | ①基本プランの作成<br>②基本のプランに基づき概算見積りの提示<br>③詳細プランの作成（カタログ，見本帳の確認） |
| 工事請負契約 | ①民間連合協定の約款に準じたものを使用<br>②図面と明細見積り，工程表の添付<br>③工事金の支払い方法の明示 |
| 着工 | ①着工期間の確定<br>②竣工期間の確定 |

## リフォーム

リフォームを行うのは，必ずしも建物の耐用年数によるものではありません。生活様式の変化や心理的要因によっています。

家の骨組を改造せず表面の仕上げを変えたり，軽微な改造を行ったりすることを，リフォーム（模様替え）といっています。

これには，単に気分を変えるために壁紙を張り替える場合もあれば，外壁の汚れがひどくなったり，ひび割れが入ったりしてきたから，手入れをしたうえで塗り直す場合もあります。また，台所の流し台が老朽化したので，この際だからグレードアップしてシステムキッチンにしようとか，和室を洋間に変えようというのは生活の変化が要求した場合でしょう。

きっかけが何であれ，リフォームの時期には何らかの老朽がともなっていると考えたほうがよいのです。表面の仕上材（表面材）を選ぶときの注意点を述べておきましょう。

床のじゅうたん，壁紙または，照明器具な

## 2 住まいの更新

### 2 リフォーム例

**Before**

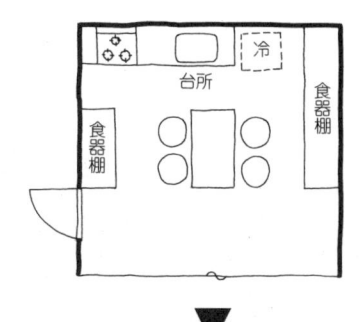

**After**

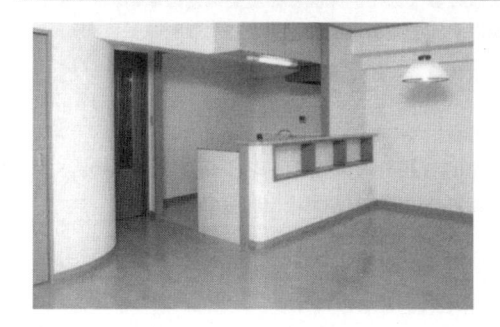

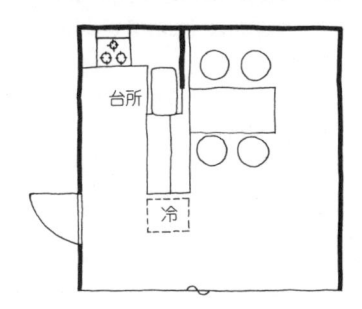

キッチンを対面式にした例です。
リビングと一体感が増して、さらに明るく広々とした感じになります。

---

どを変える際の選択は、色見本やサンプルによって行います。それらは光線によって変わるので、まずは昼間の光線で選び、さらに各部屋の照明の下でもう一度確かめるのです。季節にも影響されるので、春秋に決めるのが適切です。リフォームには家具配置の変更もよくあることです。ピアノや金庫、書庫など重いものの配置替えするときは、その床下の補強を考える必要があります。

表面材の不具合が起こったときは（たとえば床・壁・天井のはがれ・割れなど）、その下地や構造材を点検する必要があります。

雨漏りが起きた場合もその原因を確かめることです。したがって、リフォームをしようと考えたときは、その前に事前調査をすることが大切です。どう対処するかを専門家に相談すべきです。

リフォームの機会はそうたびたびあるものではありません。この機会に建物の傷み具合を総点検しておくことをお勧めします。

# PART IV 完成，その後

## 改 築

> わが家の老朽化もはなはだしい…
> さて，工事は改築？増築？リフォーム？修繕？

●改築・増築・リフォーム・修繕
　改築，増築，リフォーム（模様替え），修繕などについて説明していますが，ここに『建築大辞典』からこれらの用語を引いて見ましょう

改築……………災害や何かで建物が消滅した後，規模，用途，構造の変わらないものを建てること。
増築……………建築主の要望で規模を増やして大きく建てること。
リフォーム……建物の仕上げ，造作，装飾などを改めることで，床面積の変更は含めない。
修繕……………機能の衰えた設備や損傷部分を実質上，支障のないほどまで回復させる。

上記のうち，増改築について考えてみると
1）建築基準法的にみる
　用途地域，防火指定，建ぺい率，容積率，全面道路拡幅計画の有無，採光，換気面積の検討，床面積，高さの変更などを行うようならば，地方自治体に建築申請を提出認可が必要です。
2）構造上考えてみる
　前述の構造の種類（30ページ，「住まいの種類」）を読み返してください。ただし，構造体を一部除去し，または増築する場合は，既存の構造体を検討しなければなりません。建物がゆがんでいないか，水平，垂直の調査が必要です。
3）給排水設備，電気設備の検討
　増築する場合，当然これらの設備のキャパシティーも増えます。

## 改 築

　「改築」とは従前の建物を一部除去して，それと同様の建築物を建て替えることをいい，社会通念としての新築も法律上「改築」として扱われることもあります（公共建築）。しかし，通念としては，家全体の広さを拡大しない場合で，リフォームと違う点は，間取りの変更，構造の変更をともなう工事だということです。

　同じ家族でも年月が経てば，子供たちの成長・結婚，親との同居・病気療養・死亡などと生活環境の変化によって，現在の家に生活上支障が生じた場合，改築を考えることになります。

　もちろん建物の老朽化によって，改築の必要が生じてきます。その場合，老朽化がはなはだしかったり，間取りの変更による構造材の変更・補強・取替えなどによって工事費がかさみ，建て替えたのと同額になる場合があります。新築のときと同様，家族で希望を箇条書きにし，間取りのスケッチを専門家に説

## 2 住まいの更新

●改築時における注意点

　既存の住まいをよくご存知なのは，建築主の方々です。長所も短所も心得ているはずです。家族構成の変化，使い勝手が悪く我慢できない，また雨漏り，老朽化など機能的な不具合により住まいに手を入れたい等々，いろいろな問題が生じてくるものです。

　法的・構造的な面を考慮し，具体的にどのように計画するのか，また工事費はどのくらいになるのか，その資金繰りはどうするか，いつ着手して完成するのかはいつごろかを考えなければなりません。

　これらの計画を具体的に進めるには専門家，特に既存の住まいを手がけた人にまず相談することが近道です。

明して調査やアドバイスを受けることです。専門家に相談なしで失敗した例をあげてみましょう。

■柱を取り除く

　上下階にかかわらず間取りの変更の場合，じゃまになるのが柱です。ほとんどの柱は上の屋根や2階の床を支えています。その柱をとることは，上の構造体が宙に浮いてしまうことになるので大変危険です。特に大切な柱とは，たとえば，梁の交差する直下の柱や，屋根の荷重を2階から1階の基礎まで伝えている柱や通し柱です。

　柱の数を減らすことは，風圧や地震に弱い構造になることです。

■筋かい壁をとる

　既存の壁をとって，窓や出入り口に変更する場合，ほかの位置に同等以上の筋かいを設けなければなりません。これも風圧や地震に抵抗することを考えることです。

## PART IV 完成，その後▶▶

# 増築

## 融資対象工事

### 住宅金融公庫の融資を受けることができる工事

工事完了後の住宅部分の床面積が50㎡（共同建ての場合が40㎡）以上あることが必要です。
※リフォームをしようとする建物に住宅部分がない場合は融資の対象になりません。

**(1) 増築工事**
住宅部分の床面積が増加する工事（住宅と併用されている非住宅部分を住宅部分に変える工事も含みます）。

**(2) 改築工事**
- 建替工事（全部改築工事）…住宅の全部を取り壊し，改めて住宅部分を建築する工事をいいます。
- 一部改築工事…住宅の一部を取り壊し，改めて住宅部分を建築する工事をいいます。
- 水回り設備の設置工事（設備改築工事）…次のいずれかの設備の一式取替工事または新設工事をいいます。
  ・キッチンシステム　・浴槽　・浴室ユニット　・給湯器ユニット　・暖房システム
  ・太陽熱利用給湯システム　・洗面化粧ユニット　・便器　・小規模合併処理浄化槽

**(3) 修繕・模様替えなどの工事**
住宅本体の工事のほか，植樹・造園・外構などの工事を含みます。たとえば，次の図のような工事です。なお，「水回り設備の設置工事（設備改築工事）」以外の水回り工事は，修繕・模様替えなどの工事として融資します。

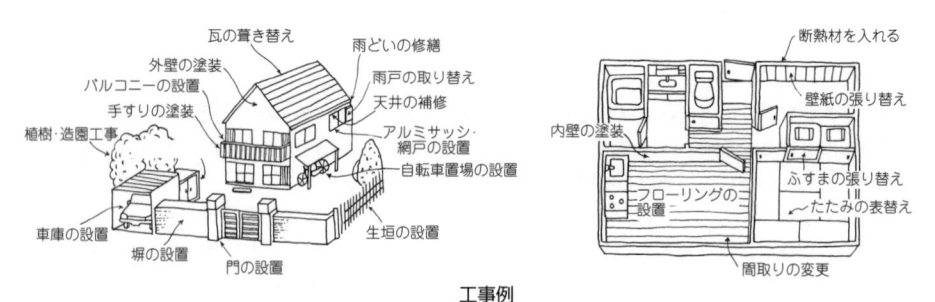

工事例

**(4) 耐震改修工事**
「建築物の耐震改修の促進に関する法律」に定める計画の認定を受けた耐震改修計画にしたがって行う工事，または公庫の耐震性基準に適合する工事（耐震補強工事）のことをいいます。

# 増築

　同じ階で建て増すか，上の階に乗せるかです。これは床面積が増えるか高さが高くなるので，まず建築基準法をにあわせなければなりません。建ぺい率，容積率，高さ・斜線制限などの違反があっては増築できません。10㎡以上の増築は確認申請が必要です。また10㎡未満であっても，地域によっては申請が必要になります。構造上のことは，改築で述べた事柄がこの場合にもあてはまります。
　横の増築はつなぎの部分に留意のこと。

　上の階に増築する場合，既存の建物は1階だけを支える程度の基礎や柱や梁であるはずです。場合によっては，その重さにたえかねるでしょう。したがって，基礎の補強か新規に打ち直しが必要となりますし，すべての柱は管柱（1〜2階まで通っていない柱）になってしまうので，主要の柱（少なくとも四隅）は通し柱を添えるなど構造補強を考える必要があります。鉄骨造や鉄筋コンクリート造は強度計算に基づいて増築を行いましょう。

# 付 録

耐震診断

欠陥住宅と瑕疵担保責任

# 耐震診断

## 1．過去の大地震と耐震診断

　1995年1月に起きた「阪神・淡路大震災（兵庫県南部地震）」や2004年10月の「新潟中越地震」の記憶は，私たちにはいまだになまなましく残っています。兵庫県南部地震の直後にボランティアで現地に赴いた際，信じられない現実を目の当たりにしました。木造家屋の圧壊によるものは，今まで経験したこともない大規模なものでした。

　この教訓を生かして，木造住宅の地震対策を考えるため，まず自分の家の耐震性の程度を大まかでも知っておくことが大切です。国土交通省の指導のもと，各地方自治体が有識者と一緒に簡便な「診断法」をつくりました。この診断法の特徴は以下のとおりです。

（1）木造一戸建住宅を対象
（2）建築専門知識は不要
（3）現地調査も図面も不要
（4）診断の結果はあくまでも目安

## 2．耐震診断の実施

　前述のとおり，自分の家の耐震性の程度を把握しておくことは大切なことです。次ページに，自分でできる簡易の耐震診断表の一例を示しました。これによって得られた診断結果はあくまでも目安ですので，より正確な耐震診断を受けることをお勧めします。特に，この簡易耐震診断で「やや危険」の判定結果がでた場合は，ぜひ専門家による精密耐震診断を受けてください。詳細については，自宅所在地の役所・担当課，あるいは専門家に相談するとよいでしょう。

　耐震診断を行うにあたって，地方自治体で耐震診断に要する費用の補助制度を設けているところもあります。補助の対象や負担率は地方自治体によって異なります。この制度の窓口は，役所の建築指導課などになっています。

## 1 簡易耐震診断

この診断法は，一般的な木造一戸建住宅についてだれでも簡単に耐震診断できるようにつくられたものです。判定結果はあくまでも目安と考えてください。

### 簡易耐震診断表

説明をよく読んで各項目の該当する評点の数値を1つ選び□の中に記入する（注）

| | 基礎＼地盤 | 良い・普通 | やや悪い | 非常に悪い | |
|---|---|---|---|---|---|
| A | 地盤・基礎 | | | | |
| | 鉄筋コンクリート造布基礎 | 1.0 | 0.8 | 0.7 | |
| | 無筋コンクリート造布基礎 | 1.0 | 0.7 | 0.5 | □ |
| | ひびわれのあるコンクリート造布基礎 | 0.7 | 0.5 | 0.3 | |
| | その他の基礎（玉石・石積・ブロック積） | 0.6 | 0.3 | 0.1 | |

| | 建物の形 | | |
|---|---|---|---|
| B | 整形 | 1.0 | |
| | 平面的に不整形 | 0.9 | □ |
| | 立面的に不整形 | 0.8 | |

| | 壁の配置 | | |
|---|---|---|---|
| C | つりあいのよい配置 | 1.0 | |
| | 外壁の一面に壁が1/5未満 | 0.9 | □ |
| | 外壁の一面に壁が無い（全開口） | 0.7 | |

| | 筋かい | | |
|---|---|---|---|
| D | 筋かいあり | 1.5 | □ |
| | 筋かいなし | 1.0 | |

| | 壁の量＼階数 | 平屋建 | 2階建 | |
|---|---|---|---|---|
| E | 多い | 1.5 | 1.2 | |
| | やや多い | 1.5 | 1.0 | |
| | 普通 | 1.2 | 0.7 | □ |
| | やや少ない | 1.0 | 0.5 | |
| | 少ない | 0.7 | 0.3 | |

| | 老巧度 | | |
|---|---|---|---|
| F | 健全 | 1.0 | |
| | 老巧化している | 0.9 | □ |
| | 腐ったり，シロアリに喰われている | 0.8 | |

総合評点　A □ × B □ × C □ × D □ × E □ × F □ ＝

注1．2階建ての場合は，1階部分だけで判断します。
　2．同じ項目内で，該当するものが2つ以上ある場合は，評点の低い数値を選びます。

## 2 判定方法

簡易耐震診断表の総合評点の数値が右の表のどのランクにあるかによって判定します。総合評点の数値が高ければ高いほど安全性が高い建物であるといえます。

### 診断結果判定表

| 総合評点 | 判定 | 今後の対策 |
|---|---|---|
| 1.5 以上 | 安全だと思います | |
| 1.0 以上～1.5 未満 | 一応安全だと思います | 専門家による診断を受ければ，なお安心です |
| 0.7 以上～1.0 未満 | やや危険です | 専門家による診断を受けて下さい |
| 0.7 未満 | 倒壊または大破壊の危険があります | ぜひ専門家と補強について相談して下さい |

# 欠陥住宅と瑕疵担保責任

## 1. 欠陥住宅

　最近，欠陥住宅という言葉をよく耳にします。ここで欠陥とは，その物が本来保有すべき性能を有していないことです。法律的には，瑕疵という言葉を使うことがありますが，ほとんど欠陥と同じ意味に使われています。建物に関しては，基礎や構造に手抜きがあったり，材料を安いものに変えたりしても，簡単にはわからないことがあります。したがって，当初は気づかず時間が経過してから不具合がわかることが珍しくありません。建物の設計や施工に最初から十分な注意を払っていれば，瑕疵はある程度防げますが，工事を最初から最後まで現場で直接見ていない以上，工事の手抜きやずさんさはわかりません。また，瑕疵の原因はこれまたなかなかつきとめにくいことが多く，原因がわかったとしても，その責任はだれにあるのかを決めるのも容易ではありません。

　瑕疵がある場合は，補修工事を求めたり，補修に代わる費用の支払いを求めたり，あるいは損害があればその賠償を求めたりできますが，瑕疵の立証，費用の算定などの問題があり，また責任の所在や因果関係が争われたりして，建築主の苦労は並大抵ではありません。

## 2. 瑕疵担保責任

　建物の瑕疵については，売主または建設業者は，一定の範囲で損害賠償その他の責任を負うことが義務づけられています。これを「瑕疵担保責任」と呼んでいます。しかし，瑕疵の指摘は工事完了・引渡しから何年以内と契約や約款で決められていたりしますので，この瑕疵担保期間が比較的短い場合は，瑕疵が発見されても，売主または建設業者に責任を問うことができないこともあります。瑕疵担保責任の問題は，これまた頭の痛い問題です。

　瑕疵担保期間は，契約や約款で決められていればそれによりますが，決められていなければ民法によります。民法では，売買の場合，契約の解除（一定の場合にしか認められません）または損害賠償の請求は「事実を知りたる時より1年以内」にしなければなりません。請負契約の場合は，「引渡の後5年間はその担保の責に任ず。ただし，この期間は石造，土造，煉瓦造または金属造の工作物については之を10年とす」とされています。最近では，新しい法律で新築住宅における構造安全性と雨漏りに関しては，瑕疵担保期間が請負・売買を問わず10年と定められました。

　工事が堅実になされるよう，万全を期すること，瑕疵が発見されたらいちはやく工事施工業者や売主に連絡し，善処を求めることが重要です。

### 住宅の瑕疵担保に関する対照表

| | | 工事請負契約約款 | 民　　法 | 住宅品質確保促進法 |
|---|---|---|---|---|
| 瑕疵担保期間 | 木　造 | 1年間（5年の場合もあり，家具なども含む） | 請負では5年間（地盤共） | 10年（基本構造部分）<br>協議により20年以内（基本構造部分） |
| | その他 | 2年間（10年の場合もある） | 請負では10年間（地盤共） | |
| 請求行為 | 請負契約 | 補修請求<br>賠償請求 | 補修請求<br>賠償請求 | 補修請求<br>賠償請求 |
| | 売買契約 | | 補修請求<br>賠償請求<br>契約解除 | 補修請求<br>賠償請求<br>契約解除 |
| 請求期限 | 請負契約 | 遅くない期間<br>滅失毀損は1年以内 | 滅失または毀損の場合はそのときより1年以内 | 滅失または毀損の場合はそのときより1年以内 |
| | 売買契約 | | 知ったときより1年以内 | 知ったときより1年以内 |
| 対象範囲 | | 無限定な瑕疵 | 無限定な瑕疵（重要でなく補修に過大な費用がかかる場合を除く） | 建物の基本構造部に限る |

## 3．建築相談窓口

(社)日本建築家協会(JIA)　建築相談室

　各支部のJIA会員が担当している相談窓口で受け付けています。相談は無料ですべて予約制です。相談内容は，建築基準法などの規制や設計の相談，技術的な問題，工事費の問題など。なお，現地調査，コンサルタント依頼などについては有料となることがあります。
　建築相談室の開設場所，日時，会場などの詳細は，下記のJIA各支部までお問い合わせください。

本　部 ･･････････････････････････････････････････････････････TEL 03-3408-7125／FAX 03-3408-7129
　〒150-0001　東京都渋谷区神宮前2-3-18　JIA館

北海道支部 ･･････････････････････････････････････････････････TEL 011-261-7708／FAX 011-251-4866
　〒060-0042　北海道札幌市中央区大通西7丁目2　ダイヤビル2F

東北支部 ････････････････････････････････････････････････････TEL 022-225-1120／FAX 022-213-2077
　〒980-0802　宮城県仙台市青葉区二日町17-21　北四ビル3F

関東甲信越支部 ･･････････････････････････････････････････････TEL 03-3408-8291／FAX 03-3408-8294
　〒150-0001　東京都渋谷区神宮前2-3-18　JIA館

東海支部 ････････････････････････････････････････････････････TEL 052-263-4636／FAX 052-251-8495
　〒460-0008　愛知県名古屋市中区栄4-3-26　昭和ビル

北陸支部 ････････････････････････････････････････････････････TEL 076-264-3844／FAX 076-264-3846
　〒920-0863　石川県金沢市玉川町15-1　パークサイドビル3F

近畿支部 ････････････････････････････････････････････････････TEL 06-6229-3371／FAX 06-6229-3374
　〒541-0051　大阪市中央区備後町2-5-8　綿業会館4F

中国支部 ････････････････････････････････････････････････････TEL 082-222-8810／FAX 082-222-8755
　〒760-0017　広島県広島市中区八丁堀5-23　オガワビル2F

四国支部 ････････････････････････････････････････････････････TEL 089-933-7545／FAX 089-933-7545
　〒790-0854　愛媛県松山市岩崎町2-4-39　(株)建築工学研究所内

九州支部 ････････････････････････････････････････････････････TEL 092-761-5267／FAX 092-752-2378
　〒810-0022　福岡県福岡市中央区薬院1-4-8　あづまビル

沖縄支部 ････････････････････････････････････････････････････TEL 098-941-1064／FAX 098-941-1079
　〒900-0014　沖縄県那覇市松尾1-12-8　松尾ハウス6F

### 参考図書

- 日本建築家協会関東甲信越支部編『欠陥住宅の見抜き方・直し方　77のポイント』2001，同文舘出版
- 日本建築家協会関東甲信越支部編『手抜きをさせない家づくり』1997，主婦と生活社
- 第二東京弁護士会消費者問題対策委員会・99建築問題研究会共編『欠陥住宅紛争解決のための建築知識』2004，ぎょうせい
- 「ひと・環境計画」・石原和久・大川健・嶋津民男・白石巖・高橋元・濱田ゆかり『健康な住まいづくりハンドブック』2001，建築資料研究社
- 吉田桂二編著『これからのエコロジー住宅　21世紀のトータルな健康のために』1996，ほたる出版
- 立花隆『エコロジー的思考のすすめ　思考の技術』1990，中央公論社
- 『構造用教材』1995，日本建築学会
- 『木造住宅工事共通仕様書（解説付）全国版 建築主用　平成15年改訂第2版』2004，住宅金融普及協会
- 『枠組壁工法住宅工事共通仕様書（解説付）全国版 建築主用　平成15年改訂第2版』2004，住宅金融普及協会

●図・写真協力
42ページ・写真：竹ノ内洋一郎（竹ノ内設計）
142〜159ページ・図（プラン例-1〜11）：江口征男（江口征男建築設計事務所）
164〜165ページ・図：小林一元（小林一元建築設計室）
168〜178ページ・図：永森一夫（永森一夫建築設計事務所）
182〜188ページ・写真：新井聡（アトリエ・ヌック）

●『イラストによる 家づくりハンドブック』（1986年刊）の執筆者
井上恒治（いのうえ こうじ）
大森康幹（おおもり やすみき）
小川耕一（おがわ こういち）物故
清瀬　永（きよせ ながし）物故
小林道夫（こばやし みちお）
竹ノ内洋一郎（たけのうち よういちろう）
福富啓爾（ふくとみ けいじ）
松浦基之（まつうら もとゆき）
吉中道夫（よしなか みちを）物故

# 社団法人・日本建築家協会について

　㈳日本建築家協会（JIA）は国際建築家連合（UIA）の日本支部でもあり，アメリカのAIA，イギリスのRIBAなどにあたるもので，設計監理を専業として行う建築家の団体です。

　建築家は世界の大半の国においてプロフェッション（職能人）として位置づけられておりますが，残念ながらわが国では，建築家の役割が一般に十分理解されていないのが現状です。

　欧米諸国では，医師，弁護士，建築家を三つのプロフェッションといい，医師は人間の健康を守り，弁護士は社会正義を守り，建築家は人間生存の基盤を守ると理解されています。

　JIAの目的は建築家プロフェッションの確立です。日本の建築家が国際通念の外に置かれていることは誠に不本意なことでありますので，国際的に通用する位置づけを法的に明確にしたいと考えています。プロフェッションに欠くことのできないのは倫理性です。私たちは技術の向上のみならず，建築家としての質の向上のために努力したいと考えております。

　　　　　　　　　　　　　　　　　　　　　　　文責　小林道夫（当委員会・元委員長）

# おわりに

　住宅を物として，また一種の耐久消費財と見て，その取得の仕方や便利でクレームの少ない方法などをお話してきました。そしてユーザーであるあなた方も，以上のことをマスターすれば，おのおのの条件のなかで理想的な住宅を手に入れられると思っておられるでしょう。そのとおりです。私たち専門家がいままでの経験と研究の積み重ねを持ちより長時間，いく度も協議をしまとめた内容なのですから。しかし，私たちが住宅（建物）に対して客観的に説明するからにはどうしても技術的な面，そしてそれらの手続き，手順が前面に出てきますし，あなた方もまた，それを期待されただろうと思います。すなわち，その内容はハードな面からみたものになります。

　住宅は，「家」とも「住居」ともいいます。
　家という文字は，昔中国では下階に豕，すなわち豚（家畜）を飼い，上階に人が生活することを意味し，住居すなわち住まいは澄むこと——コップに注いだ水はそれが濁っていても時間がたつにつれ澄んでくる——澄みつく→住みつく，すなわち生活に根ざすことであります。
　宅は，ウ冠を辞書で引くと「屋根が家をおう」とあります。作りの乇は「たむろする」であり，「すまい」「やしき」を意味します。ほかにウ冠の付く文字で宇，室なども家屋を意味します。家庭は家族の心と，そして周囲の自然とともに生きることであると思います。正に農家などに見られる家は，そこで働き，安息し，語らい，また近隣の人々の集いの場にもなります。すなわち職住一体の見本です。

　世の中は，近代化され職住分離の時代です。しかし，近い将来見直されるときがくるのではないでしょうか。戦後，アメリカ型民主主義と高度経済成長よって核家族化が進み，住戸の戸数不足とそれを補うための単位面積の狭少化につながり，「兎小屋」を増やす結果となりました。さらにそれは世代の生活伝承の欠除をまねいて，家族制度の良い部分までも捨て去りました。ある教育学者が核家族の子供たちに，「オジイサン，オバアサン」との同居が望ましいか否かと問うたところ，ほとんどの子供が同居を望んでいた事実の意外さに戸惑ったと語っていました。三世代住居をもう一度考え直す必要があろうかと思います。
　住居は，そこに生活する人の「住まい方」が大切です。自然を大切に，そして人の心を大切に——そんな傾向が個々の住居に，そして住宅政策にまで反映すれば，それでこそ日本国の謳い文句の平和なムードが本物になってくるのではないでしょうか。
　私ども建築家は，住宅や他の建物を設計するにあたり，常々そんなことも考え続けていることをご理解くだされば幸いです。

文責　竹ノ内洋一郎

●執筆者（五十音順）

**江口征男**＊（えぐち ゆきお）
1941年生まれ　日本大学卒業　江口征男建築設計事務所
〒248-0027　神奈川県鎌倉市笛田5-53-6

**尾崎英二**（おざき しげじ）
1937年生まれ　東京大学卒業　㈱尾崎建築事務所
〒151-0071　東京都渋谷区本町3-43-4　エース渋谷本町ビル

**木村ひろ子**（きむら ひろこ）
1945年生まれ　芝浦工業大学卒業　㈱シグマ設計工房
〒102-0072　東京都千代田区飯田橋4-5-14

**坂野　茂**（さかの しげる）
1965年生まれ　工学院大学卒業　㈱BELL建築研究所
〒166-0004　東京都杉並区阿佐谷南3-31-14　モリタビルディング

**嶋津民男**＊（しまづ たみお）
1947年生まれ　東海大学卒業　㈱圓建築設計事務所
〒207-0012　東京都東大和市新堀2-1453-65

**関　洋之**（せき ひろゆき）
1954年生まれ　早稲田大学卒業　㈱梓設計
〒140-0002　東京都品川区東品川2-1-11

**竹ノ内洋一郎**＊（たけのうち よういちろう）
1927年生まれ　日本大学卒業　㈱竹ノ内設計
〒157-0072　東京都世田谷区祖師谷5-21-10

**葉山成三**（はやま しげそう）
1929年生まれ　旧制東京府立工芸学校卒業　(有)テーテンス事務所
〒146-0083　東京都大田区千鳥1-6-7

**福富啓爾**＊（ふくとみ けいじ）
1934年生まれ　東京芸術大学卒業　㈱R設計社
〒177-0051　東京都練馬区関町北2-1-11

**松浦基之**（まつうら もとゆき）
1933年生まれ　東京大学卒業　TOKYO大樹法律事務所
〒160-0022　東京都新宿区新宿1-10-3　太田紙興新宿ビル8F

**米田耕司**＊（よねだ こうじ）
1949年生まれ　東京理科大学卒業　米田耕司建築研究室
〒154-0012　東京都世田谷区駒沢3-2-8　トリプルハット駒沢

＊印：編集ワーキンググループ

---

住まいをつくる相談室

2005年7月30日　第1版第1刷発行

- 本書の複製権・翻訳権・上映権・譲渡権・公衆送信権（送信可能化権を含む）は株式会社井上書院が保有します。
- **JCLS**〈㈱日本著作出版権管理システム委託出版物〉
本書の無断複写は著作権法上での例外を除き禁じられています。複写される場合は、そのつど事前に㈱日本著作出版権管理システム（電話03-3817-5670, FAX03-3815-8199)の許諾を得てください。

| | |
|---|---|
| 編　者 | 社団法人　日本建築家協会<br>関東甲信越支部建築相談委員会© |
| 発行者 | 関谷　勉 |
| 発行所 | 株式会社　井上書院<br>東京都文京区湯島2-17-15　斎藤ビル<br>電話 (03)5689-5481　FAX (03)5689-5483<br>http://www.inoueshoin.co.jp/<br>振替 00110-2-100535 |
| 装　幀 | 川畑博昭 |
| 装　画 | 村上基浩 |
| 印刷所 | 秋元印刷所 |

ISBN 4-7530-1986-1　C3052　　　Printed in Japan

# 図解 高齢者・障害者を考えた建築設計 [改訂版]

楢崎雄之　B5判・212頁　定価3150円

高齢者や障害者が安心で快適に生活できる住宅・公共建築のバリアフリー、ユニバーサルデザインを実現するための計画・設計マニュアルとして、高齢者の身体機能や障害の種類などバリアフリーの基本事項から、長寿社会対応住宅設計指針や最新ハートビル法などの関係法令に基づき、部屋・場所別の設計基準やポイントをきめ細かく図表を駆使して解説する。

# 住まいQ&A 高齢者対応リフォーム

片岡泰子・貝塚恭子・小池和子　A5判・178頁　定価2415円

高齢者の自立と安全で快適な日常生活を支えるバリアフリー対応住宅。そのリフォーム計画・設計においておさえておきたいポイントを、住まい手の疑問や不安、要望を明確にしながら、Q&A方式でわかりやすく解説する。高齢者対応リフォームの基本事項から、玄関、廊下・階段、台所、寝室、浴室、トイレなどの部屋・場所別に、設計上配慮すべき事項を、図解中心で具体的に示した。

# 住まいQ&A 室内汚染とアレルギー

吉川翠・阿部恵子・小峯裕己・松村年郎　A5判・216頁　定価2205円

アレルギーはなぜ起こるのか。本書は、住宅内でアレルギー症の原因の大部分を占めるダニ・カビや、化学物質過敏症やシックハウス症候群発症の引き金となっている化学物質による室内空気汚染を取りあげ、アレルギーとの相関性、アレルゲンの低減化対策の具体例、またそれらの健康被害を少なくする住まいづくりの方法を、換気計画、気密・断熱性、内装仕上げなどの観点から解説する。

# 住まいQ&A ダニ・カビ・結露

吉川翠・芦澤達・山田雅士　A5判・250頁　定価2100円

快適な生活の妨げとなる「ダニ」「カビ」「結露」。これらの現象が根ざす一連の因果関係を踏まえ、この現代的な居住環境の問題について、専門家から一般読者までを想定した適切な設問と解答により、原因・被害状況・対策等をわかりやすく解説。さらに、その他の主要な生活害虫の知識や被害発生後の改修方法とその費用、裁判の事例などの予備知識もあわせて紹介している。

# 住まいQ&A 寝室・寝具のダニ・カビ汚染

吉川翠・田中正敏・須貝高・戸矢崎紀紘＋生協・科学情報センター共著　A5判・190頁　定価1995円

われわれの生活の基本である眠りを中心にとりあげ、快適な睡眠に必要な寝室・寝具、特に近年問題となっているダニ・カビ汚染について詳述する。内容としては、眠りの生理から、寝室環境、寝室・寝具に発生するダニ・カビの実態と防除法などを、図表・データなどを多数活用し、Q&A方式でわかりやすく、しかも医学、建築環境工学、公衆衛生学の面からも解説する。

＊上記価格は、消費税5%を含んだ総額表示となっております。